久保義三 著

教育の経済的生産性と公共性

ホレース・マンとアメリカ公教育思想

東信堂

まえがき

本書は、ホレース・マン (Horace Mann, 1796-1859) が、一八三七年アメリカ最初の教育委員会がマサチューセッツ州に創設されたとき、初代の教育長として一二年間在職した際、公立小学校(コモン・スクール)問題にとりくみ、アメリカ的公教育思想の形成に重要な役割を演じた、その内容の分析に主眼を置いている。

マンは、二三才でブラウン大学を首席で卒業し、翌年母校の古典語講師に任ぜられた。しかし、その後弁護士の資格をとり、法律事務所を開いた。一八二七年には、マサチューセッツ州下院議員になり、教育長に就任したときは、上院議長の要職にあった。かれが知事エベレットから教育長に選任されたとき、自他ともに驚きで一杯であった。教育長は、これまで公教育問題の解決に指導性を発揮してきた下院教育部会長であるジェームズ・カーター (James Gordon Carter, 1795-1849) が当然就任するものと思われていたからである。マンは、日記に「今朝私は教育長就任を承諾すると連絡した。したがって教育委員会委員は辞任することにした。今や私は世界にたいし新しい関係にたっている。今までのような勤務や責任は解除されるが、しかし、より高い、より重要な責務が以前の地位にとって代わるのである。かくて、この職に在る限り、私は、地上における人類の最高の福祉に自己を捧げることとなる。——一八三七年六月三〇日——」と記し、また妹への書翰で、「貴女は、私が今までの職を捨てて、この新しい職務に就任したことに大変驚いていることと思います。他の人たちも私にたいし、政治的に高い、また経済的にも有利な職を捨てることは、本当につまらないことではないかと言っています。しかし、私は子どもたちの教育を通じて無知、偏見、バーバリズムを除去し、子どもの福祉のために、また社会人類のために微力を尽したいと考えているのです」と書き、新しい職務教育長就任にたいする決意のほどを意気高く示していた。

新設された教育委員会の任務は、何ら権力作用を持つことなく、州内の学校に関する統計資料の作成、情報の蒐集を行い、議会にたいしてそれらを報告し、改善を勧告することが主たる任務であった。しかし、マンは、ただこれらの職務を履行するにとどまらず、公立小学校制度の改善、改革のために、議会、一般民衆にたいし演説、雑誌の論文、年次報告書を通じて、民衆教育の必要を説得し、納得させ、そして、すべての人々が、すべての子どもたちを教育する制度の改革に賛同するように、熱意に満ちた活動を展開したのである。

この期は、産業革命が進行し、アメリカ資本主義確立の過程であった。工業化に先行し、公立小学校制度は成立し、発展していた。もちろん資本主義経済がもたらす社会的問題、児童労働、貧困児童の増大、少年非行の大量発生等は、公立小学校制度の在り方にたいして、質的改善と改革を強く迫るものであった。

聖書が読めるように、読み、書き、計算の基礎教育を、万人共通の教育、無月謝教育の理念を掲げて、すべての子どもに要求したのは、一七世紀植民地時代のマサチューセッツ州の清教徒たちであった。宗教的動機からであったにせよ、このような教育理念の発想は注目に値するものであり、建国期のジェファーソンや知識人等の共和主義思想に基づく民主主義的国民教育制度案とともに、それらは、コモン・スクールの中核的概念となっていた。

マンの教育改革は、教育の全分野にわたっており、したがって、かれの教育思想も広汎な領域に及んでいるが、しかし、その中でもかれの教育思想を集約的に示しているのは、教育の経済的生産性論と教育の公共性すなわち教育の社会改善力論を通じての公教育論ないし民衆教育論においてであった。

コモン・スクールの一層の普及および水準の向上による、社会的病弊の排除ないし根絶は、マンの一大悲願であり、宗教的願望ですらあった。コモン・スクールの万人共通の普遍的教育は、人間の諸条件の「偉大な平衡装置」「社会という機械の平衡輪」となり得るものであった。それについて、マンは、第十二年報でつぎのように述べた。

「……社会の両極間（資本と労働との間）の距離は、短縮されるかわりに益々延長しつつある。徐々に財産が増加する一方、反面には貧困が著しくなってきている。それぞれ人間の精神を非人間化し、生命の最低限度の維持に必要な欲求のために、闘争が人々を貪欲なものにしている。巨大な私有財産は、民衆の幸福をふみにじる最も危険なものの一つである。このような財産は、新しいタイプの封建制を創り出すものである。イギリスおよび大陸における封建領主は、民衆を、今日における工場経営者や資本家が、かれの労働者にたいして負わせている苛酷な状態ほどには放置しておかなかった。今日の労働階級の状態は、奴隷階級のそれよりも、絶望的なものである。マサチューセッツにおいては、合衆国の他のいかなる州におけるよりも、はるかに過大な富と絶望的な貧困との恐るべき両極が露呈されつつある。すべての資本は、一階級の掌中にあり、そして、すべての労働は他の階級に投げかけられている。」

と、アメリカ資本主義の現状を指摘したのである。アメリカ資本主義の急速な発展に伴う、資本と労働の対立の中で、教育そのものの存立を危うくする現状にたいして、マンは眼をそらすことはできなかった。したがって、資本と労働との対立の渦中において、教育の果たすべき役割を把握し、それを、それぞれの階級にたいして、説得しなければならなかった。この事態の中で、教育の価値を説得する場合、マンは、教育の経済的生産性の意義を力説しなければならなかった。すなわち経済的独立なくしては、人間の平等は在り得ないという前提にたって、この経済的独立に役立ち得るものとして、教育の役割を評価したのである。

マンはつづけて言った。

「今やたしかに教育の普遍化以外のいかなるものをもってしても、資本の支配と労働の隷属とへのこの傾向を抑止することは不可能である。もし一つの階級がすべての富と教育とを占有し、社会の残余が無知であり貧しいというのであるならば、この両者の関係がいかなる名でよばれようともそんなことにかかわりはない。事実において、真実のところ、後者は前者の奴隷的な下属者である。しかし、もし教育が平等に普及するならば、教育はその及ぶところに最強の力をもって財産を引きよせるであろう。なぜならば知識のある役に立つ人間が永久に貧乏でいるというようなことはかつてあったためしがないし、また在り得るはずがないからである。したがって、教育は、人間が考えだした他のあらゆる工夫にまさって人々の状態を平等化する偉大な働きをするものである。教育は、社会という機械の平衡輪である。教育は、人間に独立を与え、他人の利己主義をしりぞける以上のことをする。すなわち教育は貧者であることを止めさせるからである。教育の普及は、社会における人為的な区別を阻止する以上に、新しき富を創造する特権を有している。」

――と。

このように、マンは、イギリスおよびヨーロッパ大陸に見られ、そして、アメリカにも遅れて発達した資本主義の社会に見られる、厳しい貧富の階級対立の激化を目前にして、その対抗措置として、教育の普遍化によって、階級対立の激化を抑止し、人間条件の平等化を図ろうとした。片やマルクスとエンゲルスはヨーロッパにおいて殆ど同時期に「共産党宣言」（一八四八年）を出版し、ブルジョアとプロレタリアの階級対立を階級闘争によって克服しようとしたのである。

さらに、マンは、教育は、人々の状態を平等化する偉大な働きをする、偉大な平衡装置である以上に、新しき富を創造する能力を持っている、という教育の経済的生産性論を主張したのである。これは、まさに歴史上独創的な発想であった。

これまで、教育にたいする支出は、非生産的なものであり、消費的性格であって、何ら生産的性格を有しない、消費支出と見なされて来た。したがって、不況期には、無駄な消費支出である教育経費は、つねに縮減の対象となってきた。現に州教育委員会や教員養成機関の廃止議案が、州下院に提案されるに及んで、これを契機に、マンはこれまでの持論を展開した。教育の経済的生産性論を実業界の指導的人物の証言を基礎に、信憑性を高めて、第五年報において公表するにいたった。

そこにおいて、マンは、下層階級ないし労働階級にたいして、教育のある労働者は、無学の労働者と比較して、労働の生産性が高いだけ、したがって賃金も高く、立身出世にも繋がり、富を手に入れる道である、と説き、さらに、他方では、富裕階級ないし資本家階級にたいしては、教育された労働者は、無知なる労働者よりも、より生産的であり、有利であること、すなわち労働力の価値を増大させる手段として、教育の価値を説き、それによって、租税による教育費支出の有利なる根拠を与えようとしたのである。

マンは、教育は経済的生産性を有していると主張し、教育を経済的範疇において把握し、これを評価しようとした。

すなわち「教育のある国民は、つねにより勤勉にして生産力のある国民であって、知識と富とは相互に因果の関係を保つ。そして、知性は国民の富の第一の要件である」という命題である。またしたがって、「教育は、単に道徳的革新者や知力の増殖者であるのみならず、物質的富の最も多産な親である。それ故、それは、財産を蓄積するのに最も誠実にして、最も確実な手段である」としている。コモン・スクールで教育される読み、書き、計算についてすら、一定期間教育されることにより、工場制工業生産が要求する労働の質が増進され、生産性が高まり、したがって、労働者の賃金が上昇することが、証言によって明らかに確認されたのである。これは、すべての人に理解され得る問題提起の方法であった。それに加えて、コモン・スクールは、「夢想だにしなかった富の創造者」であることが明示されることによって、人々に驚愕さえ与えたのであった。

子どもの教育について無関心であった貧困階級および富裕階級は、子どもの教育のために費された貨幣が、経済的価値によって償われることを理解するにいたれば、これまでとは異なった態度を示すであろう、ということは明らかであった。教育のための課税は、かれらにとって、負担と考えられていたが、今や利潤ある投資として考えられるにいたったのである。

ちなみに、我が国の明治政府が、日本の学校教育制度を欧米流の近代的組織に編成するために、明治五（一八七二）年に、「学制につき被仰出書《おおせいだされしょ》」を公布した。それは、「学問ハ身ヲ立《たつ》ルノ財本共《とも》云ベキ者」であると規定し、「人々自《みずか》ラ其身ヲ立テ其産ヲ治メ其業ヲ昌《さかん》ニシテ以テ其生ヲ遂ゲ」るためには「身ヲ修メ智ヲ開キ才芸ヲ長ズル」ようにしなければならない、そのために学校が設立されるのである、と述べた（山住正己『教育の体系』岩波書店、一九九〇年、三一ページ）。すなわち学校における教育の目的は、すぐれて個人の経済的利益を求めるという観点からとらえられている。これは、福沢諭吉の『学問のすすめ』の影響を受けているとされているが、福沢自身の発想というよりは、かれが欧米から学んだ啓蒙思想に依るものであることは言うまでもない。しかも消去法でいくと、イギリスでもない、ヨーロッパ大陸でもない、アメリカならマンしか存在しない、したがってホレース・マンの第五年報、「教育の経済的生産性論」に酷似していることから、推定の域を出るものではないが、そこから学んだ公算が大であると言えよう。その証明は、今後の課題である。

再び、マンの所論に戻るが、前述したことにも増して重要なことは、読み、書き、計算のできる労働者は、単に生産性において、高いだけでなく、勤勉、節約、節度、従順など、道徳的性格においても際立っていたということである。したがって、紛争に際しても、かれらは、冷静に対応し、経営者にきわめて協力的姿勢を示したのである。これらの徳性の涵養は、コモン・スクールにおける宗教教育を基礎とする道徳教育の結果であることは言うまでもない。

マンは、第十二年報で、「われわれの公立学校は、神学のセミナリーでないということは納得できる。……しかしながら、われわれの制度は、熱心にあらゆるキリスト教の道徳を教える。それは、道徳を宗教の基礎の上におく。それは、聖書の信仰を歓迎する。そして、聖書を受入れることにおいては、他の制度においては許されていないことが、この制度では許されている。すなわち聖書を註釈なしに読ませること――聖書自体が語ること――である。しかし、そこで聖書の教授は停止する」ことを主張していた。これは、明らかに、プロテスタンティズムの教義すなわち各人は聖書を自分自身で読み、そして、解釈することができるという考えに基づいていた。プロテスタンティズムは、固有の倫理観を形成し、アメリカ公教育の道徳教育に重要な影響を与えたのである。

マックス・ウェーバーは、『プロテスタンティズムの倫理と資本主義の精神』の中で、「資本主義の精神」は、企業家・

資本家だけに担われるのではなく、労働者にも担われなければ、近代資本主義は発展しないということを明らかにした。このことは、アメリカのコモン・スクールの性格を明らかにする上で、重要な関係を持っているので、無視することはできない。アメリカ資本主義の労働者層は、圧倒的にコモン・スクールにおいて育成されるからである。ウェーバーは、「資本主義の精神」の例示として、ベンジャミン・フランクリンの「若い商人に与える忠告」をとりあげ、事業において成功する心得を示した。

そこには、一切の幸福主義や快楽主義には目もくれずに生涯を職業的な労働に捧げるのだ、という観点が、徹底して終始一貫、あたかもそれが自己目的であるかのように、貫かれている。さらに、職業的な義務を、神から負わされた義務として、死の瞬間にいたるまで、自分の手足が動く限り実践しつづけ、それ以外に人生の目的はないとすることが指摘される。その意味では非合理主義に徹していくのである。それが、プロテスタンティズムの倫理として、ウェーバーが抽出した禁欲的職業労働の精神であり、言いかえれば、それが、「資本主義の精神」であった。

ウェーバーは、このような「資本主義の精神」が、労働者にも持たれなければ、近代資本主義は成立し得ない、と分析するのである。労働者が、そのような「資本主義の精神」を身につけることができるのは、長年月の教育の結果であり、しかも宗教的教育によって、その結果は最大になる、と指摘したのである。

このようなウェーバーの主張する「資本主義の精神」を身につけた近代的労働者の育成は、前述のマンの主張するコモン・スクールとりわけ土着プロテスタントに依拠する宗教教育に基礎を置く道徳教育を重視するコモン・スクールによって、継続的に果たされることによって、アメリカ資本主義経済を支えたのである。したがって、この観念は、マンの公教育思想にとって鍵概念を構成しているものである。

ちなみに、アメリカの公立学校における宗教教育は、二〇世紀の後半すなわち一九六二年の祈祷の禁止、一九六三年の聖書朗読の禁止の合衆国最高裁判所判決によって、政教分離が確定されたのである。この点では、日本の場合よりも遅れたものとなった。

マンは、教育の経済的生産性論と並んで教育の公共性すなわち教育の社会改善力論を携えて、コモン・スクールの強制就学制を主張したのである。コモン・スクールが積極的に富の創造に貢献したとしても、その資本主義社会に絶え間なく迫り来たり、その存立を脅かす社会的病弊である悪徳と犯罪の発生を阻止し、抑止し得ないならば、マンのめざす道徳の改革と社会的進歩も覚束《おぼつか》ず、全く絶望的ですらある。したがって、マンは、現状のコモン・スクールの教育条件の手近の改善――専門的訓練を経た教員の配置、組織化された教育課程、すべての子どもが四才から一六才まで毎年一〇ヵ月就学する――によって、これらの社会的病弊を排除し得るか否かを、経験豊かな著名な現場教員に質問を行った。その回答は、異口同音に、そのような改善されたコモン・スクールの教育の結果として、九九％以上の子どもたちは、社会にとって有用な市民として形成されるであろう、と証言したのである。このような証言は、教育の経済的生産性論の場合に、指導的な実業界の証言を得ることによって、その論旨に一層の信憑性を与えようとした手法と全く同じであった。経験豊かな著名な現場教員の証言を基礎にした強制就学制度のマンの主張は、州の政治指導者たちに賛同をもって迎えられた。この主張の三年後に、すなわち一八五二年に合衆国最初の義務教育制度がマサチューセッツ州に成立したが、その成立の思想的基盤はマンによって形成されたと言っていい。

本書は、以上の視点にたって、マンの公教育思想の形成を跡づけるものである。筆者のマンとの掛かり合いについて一言述べておきたい。一九五四（昭和二九）年に公刊された海後勝雄、広岡亮蔵編『近代教育史』第二巻（誠文堂新光社）

に、「アメリカ公教育の成立」の論文を執筆したが、その際マサチューセッツ州教育委員会の第五年報をとりあげ、その教育の経済的生産性論に言及し、大いに、マンの論述に興味を惹かれたのを覚えている。一九六〇（昭和三五）年には、上述のマンの第五年報、第十年報および第十二年報の全文を翻訳し、ホレース・マン著 久保義三訳『民衆教育論』（明治図書出版）として出版した。その際、巻末に解説として、「ホレース・マンとその教育思想――その社会的性格――」の小論を論述した。

その間、川崎源氏の『ホレース・マン 十九世紀のヨーロッパ教育――ホレース・マン第七年報――』（理想社、一九五八年）の訳書と川崎源著『ホレース・マン研究――アメリカ公立学校発達史――』（理想社、一九五九年）が出版された。とくに後者は、我が国初のホレース・マン研究であり、水準の高いものである、と評価された。しかし、筆者は、その頃アメリカにおけるホレース・マンに関する著作を蒐集していたが、その中に、B.A. Hinsdale, *Horace Mann and The Common School Revival in The United States*, 1900. が手に入った。これは、クレメン L.A. Cremin が編集した *The Republic and The School Horace Mann — on the Education of Free Men —*, 1957. の中で、ホレース・マン研究の上での基本文献として掲げている著作である。川崎氏の著作は、そのヒンスデールのホレース・マン研究に殆ど依拠していると言っていい程依拠しているので、川崎氏の独自の研究書というよりはむしろ翻訳書と言った方が正しいと思われた。

一九八一（昭和五六）年には、渡部晶氏による『ホレース・マン 教育思想の研究』（学芸図書）が公刊された。これは、マンの教育思想に関する日本における本格的研究と言っていい著作であろう。マンの教育思想の全貌を知るには相応しいものであるが、しかし、マンが置かれた歴史的状況の中で、かれの中核概念となる基本的要因は何かと問うた場合、それに回答してくれるものを用意していないのである。広く浅く教育問題に言及しているが、深く、背後にある真実の追求には迫力を欠いていると言わざるを得ない。

一九九九(平成一一)年には、南新秀一著『アメリカ公教育の成立――十九世紀マサチューセッツにおける思想と制度――』(ミネルヴァ書房)が公刊された。これは、ホレース・マンの教育費思想に焦点を当てた専門的研究で、地味で着実な研究であるが、展開が不十分であり、従来の研究水準をどれだけ押し上げたかは不明確である。原典に直接向き合う必要があるであろう。

この間筆者は、一九八〇(昭和五五)年度に在外研究の機会に恵まれ、所属大学から一年間のアメリカ出張を認められた。ハーバード大学図書館、マサチューセッツ歴史協会 Massachusetts Historical Society、州下院図書館、ボストン図書館等において、マン関係の資料を収集した。とくにマサチューセッツ歴史協会には、マン文書が保存されており、書翰などを複写することができた。二〇〇〇(平成一二)年大学退職後、漸く本書を纏《まと》めることができた。その際一九九〇年代のアメリカ教育史研究の動向について、中央大学教授森田尚人氏から貴重な示唆を戴いたことは、大変有益なことであった。出版に際しては、お茶の水女子大学教授米田敏彦氏に御世話になった。畏友東京大学名誉教授寺﨑昌男氏には、書名について貴重なアドバイスを戴いた。それぞれ記して謝意を表したい。

二〇〇四年三月三日　　喜寿の誕生日

著　者

教育の経済的生産性と公共性——ホレース・マンとアメリカ公教育思想——／目　次

教育の経済的生産性と公共性——ホレース・マンとアメリカ公教育思想——

第一章　コモン・スクール（公立小学校）の歴史的背景

一　コモン・スクールの概念

1　無月謝および万人共通の教育

アメリカ個有の概念

このコモン・スクールという用語は、一九世紀前半において、植民地時代のマサチューセッツ州の教育伝統とアメリカ独立後の民主主義、資本主義および宗教思想等の変動、発展の中で形成されていった、アメリカ固有の概念である。マンは、マサチューセッツ州教育委員会第十年報（以下年報とする）で、マサチューセッツの植民地建設者たちは、窮乏と危険のさなかにおいて、「民衆のための無月謝および万人共通の教育」の宏大な理念を案出した、と述べている(1)。

つづけて、「最近において、またアメリカ独立以来、無月謝学校支持のための一般的議論は、一般的知性は、共和政治の維持存続にとって欠くべからざるものであるということであった。また、それは、無月謝学校によってのみ普及することができ、それ以外の手段によっては不可能である、とされたのである。すなわち、無月謝学校は、共和政治の唯一の基礎である」と述べるのである(2)。

それでは、マンはなぜ、万人共通の教育であるコモン・スクールは無月謝でなければならないかについての理由を、つぎのように主張するのであった。

「それゆえ、これと関係して、人が所有する財産権の性質について吟味することが重要であると思われる。また、その社会の子どもたちが、その社会諸制度や社会の福祉にとって必要とされる資質を獲得するまで、教育を受けることができる費用を負担するために財産権の一部を教育費に充当することは、財産権あるいはその絶対的所有権にたいする侵害にあたり、また不当であるという考え方についての疑問を明らかにすることは、的外れのことではないと思われる。

私は、自然法あるいは自然論理の偉大にして不変の原理――すべての人間の諸制度に先行し、そして人間のいかなる法令によっても廃棄することのできぬ原理――の存在を確信している。それは、これらが自然の秩序に、また人類の歴史に顕示されるように、摂理の道の中において、明確に理解できる神の案出した原理なのである。この原理は、生を享《う》けるすべての人間が、教育をうける絶対的権利を持っていることを証明する。そして、それは、その教育の財源をすべてのものにととのえることを配慮するのは、それぞれの政府の関連せる義務であることも証明する。……

自然の秩序および神が人々の間に設定した諸関係の中に顕示されているような神の意志は、生を享けるすべての子どもの教育権を、自然法および正義の基礎の上に位置づけたのである。すなわち、それは、すべての子どもに対してすべての家庭的、社会的、市民的そして道徳的義務を果たすことができ、またできるだけ、そのような素地を養うような教育をうける権利を、まさに彼が生まれるやいなや、肺がすべてのものに共有されている空気の一部を吸って膨脹し、あるいは眼がすべてのものに共有されている光に見ひらき、あるいは生命の維持に必要な、栄養、住居、保護をうけることを、子どもの権利として位置づけられているのと同様に位置づけたのである。財産所有者に対し、この神の力によって定められた事業たる子どもの教育のために、かれらに出資を要請することは、不当もしくは困難であるどころか、かえって正当でありかつ容易なことである。したがって、かれらが、それを逃避したり、あるいはそれに抵抗しようとすることは、最も不正な罪を犯していることなのである。また、それについて不平をいうものは、ひとしく罪を犯している人たちであるといえる。」(3)

とさえ断定的に主張した。

この教育に対する租税負担の根拠を、さらに理論化することが、マンにとって痛感されてきた。租税は一般に認められているように、私有財産制の支配する社会に特有な公経済の形態である。この社会では、一方に財産や労働によって生活する個人と、他方租税によって公共費を賄《まかな》う国家および公共団体が存在する。この両者は切離し難い関係にあるにもかかわらず、私有財産社会の現実においても、その社会の市民の観念においても、互いに分裂し対立し合う場合が少なくない。たとえば、租税は個人の財産権を侵害し、個人は租税にたいして反撥するという様にしてである。コモン・スクールの場合も例外ではなかった。教育のための課税は、個人の財産権の不当な侵害であると考えられていた。これが強く市民の観念を束縛していたのである。マンは、さらにこれに関して、人が所有する財産の権利の性質すなわち教育への租税負担は、不当であるという財産に対する全く弁護の余地のない程の権利、あるいは財産の絶対的所有権は妥当であるかどうかに関する論――富に関する理論――を展開したのである。

かれに従えば、財産（Property）は神の創造物――実質的には、自然資源と人間の諸世代にわたる努力の結果――であり、個人的私的なものとしての絶対的な権利ではなく、公的社会的性格を有しているものである、と言う。富は、自然資源の開発に知性を適用する人間の能力によって、過去において創出され累積されたものである。したがって、いかなる特定の個人あるいは特定の世代のために財産が与えられたのではなく、すべての世代の生存および利益のために賦与されたものなのである。財産所有者は、その財産をつぎの世代まで維持する被信託人としてのみ、財産にたいする権利を保有し得るのであって、かれは、この信託財産をかれの独占的な権利として行使することはできない。この信託財産をつぎの世代に移行させる一つの方途は、近づき来る世代の教育のために、現在において支払われる租税を通じて可能となる。財産所有者が、その一定部分をコモン・スクール維持のために充当することは、当時にあっては資本家がその資本の一定部分を教育費負担のために支出することは、社会的義務であるということを強調することに外ならなかった。

こうして、マンは、マサチューセッツのコモン・スクールが立脚している広大にして恒久的な基礎について、つぎのように述べている。

「相つぐ世代の人々は、一団として考えるならば、一つの大なる国家を構成する。この国家の財産は、そのすべての青少年に貧困と悪徳とを免れさせ、そして社会的、市民的義務の充分な履行を準備させるそのような程度までの教育を保証している。

この財産の相次ぐ所有者は、被信託人であり、最も神聖な義務によって、その信託の忠実な執行を義務づけられている。子どもたちや子孫からの費消と掠奪《りゃくだつ》は、同時代者に対して犯した罪と同種類の犯罪となる。」(4)

――と。

この論は、アメリカにおけるコモン・スクール確立運動の過程で一般的に主張されたスローガン「州の富は、州のすべての子どもを教育しなければならぬ」の基礎理論となったものでもある(5)。

このマンの財産権と教育にたいする租税負担の合理化の理論にたいして、クレメン（Lawrence A. Cremin）は、いわばキリスト教地方自治主義と空想的社会主義の混合物である、と位置づけている。そして、それは、マンの第五年報において論証された「教育の経済的生産性」（これについては第二章で詳論する）ほど多くの関心を惹きつけなかったが、それにもかかわらず、誰も横領者――とくに子どもたちから――であることを好むものはいなかった。そして、その後のこの事態の成行きをみると、そのイデオロギーの影響力の大であることが実証された、と述べているのである(6)。

子どもの生得権としてのコモン・スクール

マンが主張するコモン・スクールの概念は、貴族階級、富裕階級にたいする一般民衆（Common people）のための伝統的なヨーロッパの学校観念においてではなく、すべての人民にとって共通（Common）である、新しい観念での学校を意味した。そして、それはあらゆるアメリカの子どもの生得権の一部として、すべてに利用され、そして平等でなくてはならない。それは、富者にも貧者にも同一であるべきであり、無月謝であるだけでなく、いかなる匹敵し得る私立学校とも質において同水準であるべきものである(7)と考えられた。

キースル(C. F. Kaestle)も、コモン・スクールの用語によって、地域におけるすべての子どもに利用されることを意図した小学校を意味する、としている。明らかに授業料の高い私立学校は「コモン・スクール」ではないが、貧民にのみ開かれた慈善学校もコモン・スクールではない。アメリカ国家形成期の初期には、"Common Pay School" 公立有料小学校とよばれるものも存在した。したがってコモン・スクールは、〝無月謝学校〟と同義語ではなかった。北部および南部の両方において、州範囲のコモン・スクール制度の創設後でさえも、コモン・スクール就学の子どもたちの親たちは、子どもの授業の経費の一部の支払をしばしば要求されたのであった。逆に〝無月謝学校〟はつねにコモン・スクールではなかった。なぜならば、〝無月謝学校〟の用語はしばしば貧困の子どもたちによってのみ就学されていた慈善学校にたいして用いられたのであった(8)。

したがって、コモン・スクールの歴史的発展は、無限の地域的差異だけでなく、州によっても状況が大きく変化していた。それだけにマンの直接かかわったマサチューセッツ州のそれは、コモン・スクールの典型的性格を有していたと言わなければならない。

2　共和政治の唯一の基礎

自由と教育の関連

「無月謝学校は、共和政治の唯一の基礎である」とマンが述べたことを前に記したが、一八二一年には、マサチューセッツ州などで普通選挙権資格の財産、課税制限が撤廃されて、成人白人普通選挙が実現するに及んで、ますます民衆教育と共和主義政治との間の重要な関係が認識されてきた。イギリスでは二〇世紀に入ってからようやく実現した制度が、アメリカではすでに一八三〇年代に全土で現実となっていた。

国家はもはや人民が無知であり、自由であるということは不可能である。政治構造は、いかに人為的に工夫考案されたとしても、内在的に市民の権利や自由を保証することはできない。なぜならば、自由は知識が大衆の中に広く普及したときにのみ、確保し得るものであるからである。かくて、普遍的な大衆教育は、そこに共和主義政府が確実に依存し得る唯一の基礎なのである。

「一般的知力の必要――すなわち教育の必要（私は、これらの用語を実質的に同義語として使用する。なぜならば一般的知力は、一般教育なしにはけっして存在することができないからである。そして、一般教育が一般的知力を生み出すことは確実であろう）――共和政体の下における一般的知力の必要は、他の多くのきわめて重要な真実のように、全く陳腐のものとなってきた。それは、実際のところ、その用語に慣れてしまったので、その威力の大半を失なってしまったほど陳腐なものである。殆どすべての教育の擁護者は、この論法を、まず第一に利用する。その理由は、それが無知なものにも理解できるほど簡単なものであり、また懐疑論者を得心させるほどの強靭さを持っているからである」(9)と、マンが述べるほど、この問題は自明なものとして承認されたところのものであった。マンにとって、問題はより深い処にあった。それは、徳性とも深く関係を持った価値観もしくは世界観に関連する問題であった。

マンは、「共和国を創るということは、容易なことかも知れない。しかし共和主義者をつくることは至難なことである」(10)と述べ、その形成の困難性を指摘したのである。共和主義者を形成する問題は、一つには知的問題であり、他面において道徳的問題であった。したがって、マンは、またつぎのように、コモン・スクールの理念上の要請を述べねばならなかった。すなわち「コモン・スクール――あるいは、それと同等の力を持つ別の機関、それはまだ発明されていないが――が、人間社会にかつて存在したものより遠謀深慮の知性と高潔な徳性とを創造するまでは、議事堂において叡知が議長となり、深遠な知識ある言説が法令全書のページに記録されることは、けっして在り得ないであろう。立法者たちが、公共の利益にたいする重要なる後見人としての職務を執行する上で、かれらの徳性を犠牲にしてそれを遂行しようとする間は、州のために最大量の富でさえ確保することは不可能であろう。敬虔《けいけん》ということがすべての事柄にたいして有益であるという聖書の持つ包括的な意味を人民が見出すのは、人民の徳が非常に関心を持たれたときのみ可能である」と(11)。

土着プロテスタントのイデオロギー

コモン・スクールが拠って立つ共和主義教育の本質は、知性や徳性を統合する、一定の歴史的社会的に制約された考え方――共通の価値体系すなわちイデオロギー――に支えられて、その社会的存在や基盤を確立することが可能なのである。州コモン・スクール制度の究極的承認は、共和主義政体へのアメリカ人の委任、土着のプロテスタント文化の支配および資本主義の発展とによって得られたのである。そして、共和主義、プロテスタントおよび資本主義の価値を、政策として表現される教育改革のイデオロギーは、多種多様な住民を国家の政治的および文化的制度に統合し、同化するために、州規制のコモン・スクールを要求したのである(12)。共和主義、プロテスタンティズムおよび資本主義は、社会的信念の三つの源泉であり、相互に絡み合い、そして相互に支えあっているものであった。土着のプロテスタントのイデオロギーは、一〇の糸あるいは主要な命題を列挙することによって、最もよく概括することができる、とキースルは主張したのである。すなわち、共和主義政体の神聖性と脆弱性(個人主義、自由および徳性についての思想を含む)。

社会道徳を育成する際の個人的人格の重要性。

個人の勤勉というものが、清廉および賞すべき価値の正確な意味を与える際に果たす中心的役割。

高く評価されているが、しかし限定された女性の家庭的役割を描くこと。

慣れ親しんだ社会環境の人格形成にたいする重要性(ある人種的、民族的範囲内での)財産の神聖性とその社会的価値。

アメリカ合衆国における経済的機会の平等とその機会の多いということ。

アメリカのプロテスタント文化の優秀性。

アメリカの壮大な命運。

数ヵ国語が話されているアメリカ人を、主として教育によって統合する断固とした公的努力の必要性(13)。


このイデオロギーにかかわるマンの所論を考察していこう。共和主義と教育とくにコモン・スクールとの関係については前述したが、若干補足しておく必要がある。

合衆国憲法は、「秩序」と「自由」の共存という政治思想の伝統的な課題に一定の方向を示したものであった。そこには、いかにして民衆の自由に一定の歯止めをかけ、動揺する政治秩序を立て直し、安定させるかの課題が残されていた。すなわち、そのための強力な連邦政府の設立という目的を、いかにして人民の自由の確保という目的と両立させるかの問題であった。それは、今日までの課題となっているものであった。

マンは、「合衆国の憲法やマサチューセッツ州の憲法は、われわれの公立学校において学習されなくてはならない。政府権力を三つの同格の部門——立法、司法および行政——に、それぞれに適切に帰属する義務を伴なわせて分配すること。正当なる根拠に基づいている選挙方式、すべての官吏任命方式。そしてとくに確かな不正行為によって危害を加えられる場合、暴力によって自己の権利を擁護する代わりに、救済手段である法廷に訴えることは、法の支配下においては、暴力によってではなく、投票に訴えることによって、法律や支配者を変える義務があること、これらすべてのことは、すべての子どもたちにたいして十分かれらが理解するまで教えられねばならない」(14)と述べるとともに、政治教育には一定の限界が存在することを強く訴えるのであった。すなわち、

「政治的利害対立の大嵐が、われわれのコモン・スクールのうえに襲来すれば、このコモン・スクールは急激な破壊で圧し潰されてしまう、ということは明らかである。教室が、政党政治のための合法的な劇場であり、そして、敵対的な党派的闘争がどんな暴力でもって役を演じようとするかを、一度考えて見よう。この舞台には、論争者が抗争する唯一の場所ではない。これらは、この舞台に通ずるあらゆる街道において高調に達するであろう。……そして、すべてこれ以上に悲しむべき何らかの事態を想像することができるとするならば、それは政党支配の変動——それらの勝利と敗北の交替——のさ中で、どのような種類の政治教義が子どもたちに与えられるのであろうかということである。今年は、一方の政治的優位の下で憲法が一つの事柄を宣言する。そして註解、説明、および著名人の権威、これらすべてがその決定を是認し、確実なものとする。しかし、勝利というものは、定めなき女神である。翌年になって勝利を獲得した政治権力の下では、憲法、註解および権威は以前致命的な誤りであったものを、たしかな教義となし、また以前には真実であったものを誤謬とするのである。正と誤りは、その位置を変

えたのである。子どもたちは、今や以前尊敬すべきものであると教えられてきたものを弾劾し、弾劾すべきものであると教えられたものを尊敬する合唱団に参加しなければならない。……このような破局を回避するためには、われわれの政治の性質に関するあらゆる教育が、われわれの学校から排除されるべきなのだろうか。そして、われわれの子どもたちは、自国の政治史に関してはまったく無知のまま成長していくことが許されるべきなのだろうか。共和制の学校においては、子どもたちは、共和政治の性質に関する明確ないかなる知識もなしに放置されるべきなのだろうか。……これら両極の中間には、発見するのにそんなに困難ではない方策があるにちがいない。そして、つぎのようなことは、すべての思慮分別のある人たち、すべての愛国者そしてすべての真の共和主義者が承認するにちがいない中庸の道ではないのだろうか。言いかえれば、すべてによって承認され、信頼され、そして、われわれの政治的信念の共通の基盤である共和政体論の信条の中にある条項が、すべての子どもに教授されるべきである、ということである。しかし、教師が基本法についての学習や授業において、論争をふくんでいる条文に到達したとき、かれは、批評とか意見をさしはさまないでそれを読むべきである。あるいはせいぜいこの条文は論争のある主題であり、教室は判決を下す法廷でもなくそれを討議する公的な場所でもない、と言うべきである。」(15)

——と。

このように、政治教育は、共通の信念を強調したり、共和政体に関して知力を行使することを賛美したり、法律を尊重することを力説したりするが、現実に発生する諸問題、党派的、論争的問題は、コモン・スクールにおいては教授されるべきではない、とマンは主張していたのである。その背景には、一九世紀前半の三、四〇年代の時代的危機感が存在した。共和政治は、広く普及した、知的な自由な言論の行使に依存していると、マンのような教育改革者たちは、一様に確信していた。しかし、かれらもまた、かれらの時代の安定にたいする数多くの脅威を認識していた。すなわち急速に進展する資本主義生産、大量に到来する外国人移民、土地所有機会の下降、プロテスタント宗教の宗派抗争、都市の成長拡大および貧富の存在と増大等から発生する騒乱および狼藉の脅威であった。そして、アメリカ人の生活の中に存在する多くの遠心的な勢力を認識していたのである。それ故に、かれらもまた自由と同様に秩序を強調しなければならなかった。共和主義の市民としての行動の責任は厳しく重大であった。そのために、コモン・スクールの教育は、統一、服従、抑制、自己犠牲、勤勉および慎重な知力の行使を強調すべきである、とかれらは考え、前述のように、共和主義の存続は、市民の徳性に依存している、とマンは述べたのであった。これらは、土着プロテスタントのイデオロギーの中心的教義と全く両立するものであった(16)。

3　教育の経済的生産性

階級対立融和と教育の役割

マンは、第十二年報(一八四八年度)において、「貧困を除き富裕を獲得する手段としての知育論」を論じたのである。かれは、アメリカにおける資本の支配と労働の隷属の傾向を抑止することのできるのは、コモン・スクールの普遍化以外にはいかなるものをもってしても不可能であることを力説したのであった。この一八四八年という年は、マルクスとエンゲルスが、階級闘争におけるプロレタリアートの役割を明確にした文書である「共産党宣言」を発表した年であった(17)。かたや貧富の階級対立抗争を教育という平和的手段によって、他方階級闘争という物理的力によっての目的達成が図られるという、対照的アプローチであった。そこに、アメリカにおける土着プロテスタントのイデオロギーの特質が見られるのであった。

マンは、つぎのように述べる。

「ヨーロッパの理論に従えば、人々は二つの階級に分割される。すなわち一つの階級は、辛い労働によって生活の資を得るが、別の階級は強奪することによって享楽するのである。マサチューセッツの理論に従えば、すべてのものは働いて獲得物の享受を平等に保証されている。……しかし、マサチューセッツはある点において、マサチューセッツ理論をより忠実に守っていくというよりはむしろ、あの憎悪すべきヨーロッパの実例に負けじと競っているようになってきているのが真実ではないだろうか。社会の両極間の距離は、せばめられるというよりはむしろ広くなっていきつつある。世代が進行するごとに、一方では財産が増加し、そして他方では新しい窮乏が貧困の度を深めてきている。われわれは、富裕と貧困とに分極しつつある。そして、両極のそれぞれは、人間精神を非人間化している。……いまや、マサチューセッツは、工業生産の状態と企業活動とによって、この国の他のどの州よりもはるかに過大な富と絶望的な貧困との恐るべき両極限にさらされている。……

たしかに万人共通の教育以外のいかなるものをもってしても資本の支配と労働の隷属とへのこの傾向を抑止することは不可能である。……もし教育が平等に普及するならば、教育はその及ぶところに最強の力をもって財産を引き寄せるであろう。なぜならば、知識のある経験に富んだ人が永久に貧乏でいるというようなことはかつてあったためしがないし、またあり得るはずがないからである。……されば、教育は、人間が考えだした他のあらゆる工夫にまさって、人々の状態を平等化する偉大なはたらきをするものである。教育は社会という機械の平衡輪である。……教育は人間に独立をあたえ、他人の利己主義をしりぞける手段をあたえるものであるということを私は言っているのである。教育は富める人々にたいする貧しい人々の敵意をとりのぞく以上のことをする。というのは教育はそもそも貧者であることを止めさせるからである。……そして、もしこの教育が普遍的でかつ完全であるならば、それは、社会における人為的な差別をとり除く以上のことをするであろう。……

教育は高度の機能を持っている。それは、既存の富を伝播させる力以上に新しき富を創造する能力を持っている。……教育は新しい富を創造し発展させる。それは、以前にいかなる人によっても所有されず、夢想もされなかった富である。」(18)

マンは、このように述べることによって、アメリカ、とくにマサチューセッツ州において急速に進展する資本主義経済の下で脅威となっている、資本と労働との厳しい対立の渦中において、教育の果たすべき役割を特徴づけたのであった。対抗する階級の存在と対立を平衡化する力すなわち水平にする発動機の役割を教育に期待したのは、教育作用が有する経済的効果、言いかえれば富、財産の形成力に依拠することができるからであった。なぜ教育が富、財産の形成に寄与することができるかについては、マンの所論を通じて説明しなければならないが、その前に土着プロテスタントのイデオロギーにおける財産に関する位置づけを見ておきたい。家庭と同様に、財産所有は、アメリカにおける社会的安定にとって伝統的支柱であった。建国期の指導者たちは、財産所有は、自然的権利であり、その侵害は国家によって防止されなければならない、と主張していた。キリスト教なかんずく土着プロテスタントは、私有財産を支持したし、私有財産は、勤勉と行動への動機の拍車となっていた。かくて、私有財産は物質的進歩と繁栄の原因であり、財産権は、共和主義の大目的の中心的なものである。プロテスタントのキリスト教の諸原則は、民主主義の共和主義政府の原則と同一である。経済生活における個人の自由は、政治的自由を強化するものであり、このような適切な環境は、教育および改革にとってきわめて重要なものとなる。千年至福のプロテスタントのキリスト教は、道徳改革と社会進歩を支持している。コモン・スクールは、多くの面で、この信条の網状組織に関係づけられていた。コモン・スクールは、子どもたちを良き市民に成るべく教育したし、とくに道徳教育においてはキリスト教の原理に基づき勤勉、節約、労働の慣習を発展させ、土着のプロテスタントのイデオロギーに基礎づけられた共通の文化にまで引き入れてきたのである。同時にコモン・スクールは、読み・書き・計算の能力を広め、個人的な地位の向上のための機会を提供してきたのであった(19)。

このように土着プロテスタントのイデオロギーにおける私有財産の位置づけを見ると、私有財産とコモン・スクールの関係もおのずと明らかになってくるのである。マンは、これに関し、つぎのように論じるのであった。

マンは、前述したように、万人の平等とか、独立ということ、あるいは教育の本源的権利やあるべき姿について説得するときは、自然法を主張してやまなかったが、しかし、いったん人間の現実行動の基準に説き及ぶやいなや、忽ち功利主義の原則に従って説き始めるのである。それ故、マンは、「一般民衆が、かれらの子どもの教育について現在無関心でいるのは、子どもの教育に支出された貨幣が、どれだけの現物による払戻しあるいは貨幣的価値をもたらすかについて、予知していないからだ」(20)と言っていた。マンは、かつて禁酒運動に従ったとき、これを推進するためには、利己心に訴えることが得策であると気づいたが、それと同様に教育の有利なることを民衆に説くためには、利己心に訴えることが必要であると考えたのである。

コモン・スクールの改善に伴う租税負担の増加に反対する人たちは、多くの場合、無知な労働者を雇傭している富裕階級の層であった。マンは、これらに属する人たちとともに教育に無関心である一般大衆にたいして、アピールを向けたのである。マンは、富裕階級にたいしては、教育のある労働者は、無知な労働者よりも、より生産的であり、また経済的に有利なものであること、すなわち労働の生産性を増大させる手段として教育の価値を説き、他方下層階級にたいしては、子どもたちの教育は経済的繁栄を促進し、貧困からの脱却を可能にするものであると説得した。

マンは、教育の経済的生産性を主張し、教育を経済的範疇において把握し、これを評価しようとした(21)。すなわち「教育ある国民は、つねに勤勉にして生産力ある国民であって、知識と富は相互に因果の関係を保つ。そして、知性は国民の富の第一の要件である」(22)という命題である。またしたがって、「教育は、単に道徳的革新者や知力の増殖者であるのみならず、物質的富の最も多産な親である。それ故、それは、財産を蓄積するのに最も誠実にして最も確実な手段である」(23)というものであった。

教育ある労働者はより生産的である

この教育の経済的生産性に関しては、第二章において詳論することになっているので、ここでは、本節の文脈に関係する範囲内で言及することにしたい。

マンは、この論点を明らかにするために、マサチューセッツ州の多くの工場経営者、工場長、技術者および鉄道敷設請負人等に面接したり、質問紙の回状を送付したりして、労働者の状態を調査したのである。その質問の内容は、おおよそつぎのようなものであった。雇用している労働者の労働の能率、技能、創意等に見られる個人差は、教育による差異であるのか、それとも自然的能力によるものであるのか。またしたがって、マサチューセッツにおけるコモン・スクールの教育を受けた労働者と教育が顧みられず無知の中に成長した労働者とを比較した場合、多くの労働量、より良い労働の質の獲得は、いずれに求めることができるのか。これら二つの階級の稼ぎ高、言いかえれば窮極的にはかれらの賃金にどのような差異が生ずるのか。労働者の家庭および社会的慣習に及ぼす教育の効果は、どのようなものであるのか。コモン・スクールにおいて与えられる教育ほど、人間および財産の権利の保護にとって有効なものが他に存在しうると考えられるだろうか。このような教育を行うために、租税を支払うことは、自己保全の最も安価な手段ではないだろうか、というような問題を問うたのであった。このような問題提起にたいして、多くの回答をマンは前述の人々から手にすることができたのである。その一つは、一八四一年一〇月二九日の日付で、ボストンのミルズから送られてきた。

「ホレース・マン殿

貴下の書翰を受けとってから、私は、貴下の質問に答えるために必要な資料を蒐集するのに努力いたしました。私が関係してきた工場は、過去一〇年間紡績工場、機械製造所、更紗捺染工場で、常時三、〇〇〇人の労働者を雇用していました。以下申しあげます工場労働者に及ぼす、コモン・スクール教育の影響についての結果は、私の観察探究と監督者、職工長、支配人による証言によって確実にされたものであります。

1　コモン・スクールの教育は、労働者としての技能および熟練の獲得にとって基本的なものであります。

2　コモン・スクールの恩恵を享受しなかったものは、労働者層の最下級から殆ど昇進しませんでした。この最下級の労働者は、工場作業に従事するとき――それは、手作業あるいは知的敏捷さを必要とするのであるが――非生産的である。

3　最近三年間に年々雇用した労働者の平均数は、一、二〇〇人でありました。この労働者の四五人は、自分の姓名がかけないものであった。最も技能を必要とする作業場に従事する婦人労働者の平均賃金は、週二ドル五〇セントであり、最低の作業場に従事するものの平均賃銀は、週一ドル二五セントです。書くことのできない労働者の三分の二は、そこに従事していました。書くことのできない労働者の平均賃金と教育を受けた労働者の同数の平均賃金の差異は、後者の方が二七％高となっています。最低クラスの賃金所得と教育を受けた同人数の賃金所得との差異は、後者の方が六六％も高くなっています。

以上の陳述から、貴下は、労働者および職工にとって、僅かの教育でさえも、ドルにおいて利益を獲得することができると評価し得るでしょう。これによって雇用者もひとしく利益を享受するのであります。資本家の所有する機械および工場――それはかれの資本の大部分を構成する――が最高度の能力を発揮するのかどうか、あるいは不必要な価値の下落を防止し得るのかどうかは、技術を有する労働者の掌中にあります。紡績工場におけるそれぞれの職工は、工場およびその機械に投資された資本の一、〇〇〇ドルから一、二〇〇ドルに相当すると想像されます。資本家は、この資本(労働者に投資された資本)の勤勉と経済的使用からのみ利潤を期待し得るのであります。もし生産された商品が、以上に注意された労働者の二階級(教育を受けたものと受けないもの)の能力の比率に還元されるなら、そのコストは複合比率に応じて増大されるでありましょう。私の信念では、ニューイングランドにおいて、四五人の読み・書き不能の労働者を雇用している紡績工場は、資本家をして利潤をあげしめないであろうと思っています。コモン・スクールの教育の不足ということは、いかに耐えがたいものであるかは、全く想像することができないくらいであります。

ジェームス・K・ミルズ」(24)

実業家の教育観と教育の経済的生産性

これと全く同様な回答が、ローエル、その他の都市の工場主等から送られてきた。マンは、これらの多くの回答は、最も信憑すべきものであり、また公正な見本であって、前述の命題である「教育は、単に道徳的革新者や知力の増殖者であるのみならず、物質的富の最も多産な親である」ことを立証していると言っていた。これは、教育の経済的価値を主張するものであり、教育が市場価値を有することから帰結される命題であった。

他の実業家からの報告には、教育を受けた労働者たちは、知的であるだけでなく、「勤勉で、倹約家であり、そして道徳的である、ということ」、「一様に、立派な徳性をそなえ、かれらの挙止態度は秩序正しく、丁寧であり、さらに会社が定めている、有為なかつ必要である諸規定をよく守っているのを知っております。規則や賃金の変更のために紛争が生じた際、私はつねに、最も知性があり、教育のある、そして最も徳性のそなわった労働者の加勢を当てにしましたし、そして殆ど期待はずれはありませんでした」という評価も多く見られたのである(25)。後述するように、これらの徳性は、プロテスタントの倫理に基礎を置いた教育によって形成されたものであった。

当時の読み・書き・計算や道徳教育を中心とする教育課程ですら、コモン・スクールで教育されることによって、労働の能率が増進され、したがって賃金が上昇することが、明らかに確認されたのである。これは、すべての人に理解し得る問題提起の仕方であった。子どもたちの教育について無関心であった一般民衆および富裕階級は、かれらの子どもたちの教育に費やされた貨幣が、何らかの経済的価値によって、償われることを理解するにいたれば、異なった態度をとるであろうということは、当然の成り行きであった。これまで、教育にたいする課税は、かれらにとって負担と考えられていたが、今やそれは、利潤のある投資として考えられるようになってきたことを意味する。

教育の経済的生産性あるいは功利主義的教育観を強調するこの考え方は、その時代の土着プロテスタントのイデオロギーと全く調和していたし、資本家階級に属する実業家たちには、労働の価値を増大させ、富を獲得する手段として、また下層階級や労働者たちには、貧困を脱却し栄達の道にいたらしめる方策として、重要な影響を持ち得た。これによって、コモン・スクールにたいする公共負担の意識が強く覚醒されたことも確実であった。

現に、ローレンス（Abbott Lawrence は、かれの名前が町名になるほどのマサチューセッツの大実業家）ほど、コモン・スクールを支持することに熱心な実業家はいなかったであろう。この偉大な実業家はつぎのように警告した。われわれが、イギリスと経済の競争において成功裡に事を進めようとするならば、教育によって、知性の一般的水準を高めるために努力を惜しんではならない。工場がより生産的であり、豊富な利潤を得んがためには、労働者の技能と創意を必要とする。かくて、普通大衆教育は職業教育と同様に欠くべからざるものであると。ローレンスは、かれ自身の財布からこれに援助を惜しまなかったのである(26)。また実業家ポッター（Alonza Potter）は、つぎのように言った。教育は、人々をして生産者として、より能率的に、また財産の保存者として、より能率的に育成せしめるものである。かくて、かれらは、かれら自身に利益をもたらすと同様に、社会にたいして便宜をもたらすような方法で雇用されるのである。さらに精神が文化的に訓練された労働者は、より敏速に、また活発に労働し、無知と怠惰に放置されたものより、より生産的に労働するのである。教育が国家の産業を発展させ、その繁栄を促進させるものであるということは、最も確実な、そして有効な手段であることを信じて、ポッターはその充分な支援を惜しまなかったのである(27)。

アダム・スミスの著書『国富論』（一七七六年）は、一九世紀の資本主義諸国の経済政策の基調となったものであるが、そこでは、教育の公共関与に関しては消極的であり、ましてや教育の経済的価値については論及するにはいたっていなかった。大衆教育に関しては、つぎのように述べるにとどまっていた。

「下級階層の人々の教化から国家は何の利益を得ないとしても、彼らをま全く教化されないままにしておくべきではないということは、やはりその配慮に値するだろう。ところが彼らの教化から国家は少なからぬ利益を得ているのである。彼らは教化されればされるほど、無知な諸国民のあいだでしばしば最も恐るべき無秩序を引き起こす熱狂や迷信の惑わしにかかることが、それだけ少なくなる。そればかりでなく、教化された知的な人々は、無知で愚鈍な人々よりも、つねに礼儀があり、秩序正しい。彼らは個人個人が、より尊敬されていると感じていて、合法的な目上の人々の尊重を受けやすく、したがってまた目上の人々を尊重する気持もより大きい。彼らは党派や反徒の利害に基づいた不平を検討しようという気持もより大きいし、そのため、政府の方策にたいして気ままな、あるいは不必要な反対をするように誤導される傾向も少ない。自由な国ぐにでは、政府の安泰は、国民が政府の行動にたいしてくだす好意的な判断に依存するところがきわめて大きいから、それについて彼らが性質に、あるいは気まぐれに判断する気にならないようにすることは、たしかに最高に重要であるにちがいない。」(28)

教育された人々は、そうでない人々よりは、礼儀正しく、秩序正しいので、政府の安泰にとって重要な要因であることを指摘したにとどまったのである。

それにたいして、このマンの理論は、単にマサチューセッツ州だけでなく、授業料徴集の廃止やコモン・スクール運動が展開されていた他の州にも強い影響を与えたが、中でもニューヨーク州にたいしては、この第五年報が一八、〇〇〇部も当局に出版されたほど、無月謝学校の設立、教育費公共化促進に重要な役割を演じたのである(29)。二〇世紀の中期に、比較教育学の専門家であるカンデル（I.L. Kandel）が、アメリカ教育の発展に与えたこのマンの教育観の影響力を高く評価している。「世界各国のうち、アメリカほど国家および個人の福祉、進歩と教育との緊密な関係を認識している国はない。教育に注ぎこむ経費が配当を生むという考えは、大多数の国では新しいのであるが、それは、マサチューセッツ州教育委員会の初代教育長ホレース・マンによって一世紀以前に主張された。……ホレース・マンの教育と生産との関係に関する見解が、教育理論に重要な影響を及ぼすにいたるのには数十年を経過しなければならなかった。現実への変化は、アメリカでは功利主義的教育目的の認識に伴い約三〇年前に起ってきた」(30)と、その影響を述べていた。二〇世紀後半になって、アメリカの教育史家や経済史家が、このマンの理論を論評したり、史的位置づけをしたりすることが多くなって来た。これらについては、第二章で詳論することにしたい。

4　公教育とプロテスタンティズムの教育

コモン・スクールの教育課程

マンは、コモン・スクールの教育課程にたいして、読み方、書き方、綴り字に加えて算数、英文法および地理の普通の教科目の編成を認めていこうとしていた(31)。かれが、これらに付け加えたいと希望していた教科目は、人体生理学と声楽であった。マンにとって、人体生理学は、「健康と生命の諸法則についての説明」を意味した(32)。マンは、衛生に関する諸原理については、多くの研究成果が示されているにもかかわらず、人々の間に普及伝播していないということは全く愚かなことであると思っていた。健康教育を普及することによって、地域社会の社会的、経済的および道徳的恩恵は測り知れないものとなるであろう。教育という偉大な作用においては、「われわれの身体的条件は、重要性という点で第一歩ではないにせよ、時間の順序においては第一位である」「広範なそして強固な健康の基礎の上にのみ、知性の最も高度で、そして最も永続的な構造物が構築され得るのである」とマンは結論づけたのである(33)。したがって、当時、校舎として充当されていた小屋やあばら屋にとって代って、採光、換気および広い室を整えた建物であることを求めることにおいて、マンをして先駆者たらしめたのも、かれのこのような健康にたいする関心があったからである(34)。

声楽の教授の必要を、マンは多面的に力説していた。声楽は、肺の活動を活発にさせ、その結果血液の循環を刺戟し、それを浄化し、そして消化を速進させることになろう。これによって、声楽は、健康を促進することになる、とマンは考えたのである。事実、それは、究極的には結核による年々死亡を減少させることができるであろう、と述べたのである(35)。また、すべての音楽上の音調は数学的関係を持っている以上、声楽は知的習練を意味するであろうと、マンは考えた。さらに、声楽は、その身体的および知的効用のすべてをはるかに越えて、道徳的影響を子どもたちに与えるであろう。声楽は、青少年特有の熱情を制御し、そして教室における訓育を高め、かれらの大なる鎮静剤として役立ち得るし、また、人々の間の「すぐれた調停者あるいは和解者」として役立つであろう、と考えたのである(36)。

おそらく、コモン・スクールの教育課程に関するマンの見解に関して、最も重要であるところのものは、かれが、そこに、すべての者にとって共通である教育目標を見出した、ということである。コモン・スクールは、理想的には今日われわれが一般教育とよんでいるところのものに専念することである(37)。「人間は樹幹である」とマンは主張する。すなわち、「職業および専門職は、その樹幹が産み出す異なった果実の質に過ぎない」と。かくて、コモン・スクールは、特殊化した職業訓練に専心すべきではない。言いかえれば、そのようなことは、コモン・スクールの目標とは性質を異にするものである。マンは、徒弟制度の計画を、コモン・スクールに導入することを主張することによって、好評である実用主義の要求を容易に満たすことはできた。しかし、かれは、それはしなかった。マンは、古典的な哲学者たちに反して、真の文化は、民主化され得るし、また普遍化され得る、と信じ、より広い社会的目標を導入しようとしたのである。「共通の性質をもったものの発達、すなわち知性、誠実、慈善心、真理の萌芽の培養、これらは、すべての者が所有すべきものである。これらが、教育の主要なものであり、目的であり、目標である。他方農場あるいは商店のための、法廷あるいは説教壇のための、陸軍あるいは海軍のための特別の準備は、枝葉的なものにすぎない」(38)と主張したのである。

これまでのマンの主張や立論から考えれば、コモン・スクールの教育課程における道徳教育の重要性の力説は、当然であった。

「道徳教育は、社会の存在にとって欠くことのできない要件である。……『子どもが進むべき道に子どもを訓育せよ。そうすれば、子どもが大人になったときその道からそれることはないであろう』……実際、大人の習慣や人格にたいする早期の訓育の効果というものは決定的なものなので、最も有能な、経験に富める教師――子どもたちの誤りや、優ぐれた点、かれらの不従順、また従順性に通ずるようになる最もふさわしい機会を持った人たち――は、もし社会の一四才から一六才にいたるすべての子どもたちが、感化力のある、そして、高潔な影響力のある立派な学校に就学できるならば、現在家庭内の平和をつらいものにし、現代の文明を汚す多くの個人的な悪徳や社会的犯罪の暗黒さは、この世界から排除できるというのが、かれら一〇〇人のうち九九人までの信念であることを異口同音に言明した」(39-A)とマンは述べた。このように、道徳教育の重要性とその早期教育の必要性を、マンは強調した。しかし、そこには、困難な問題が潜在していた。「しかし、この高遠な成果（道徳教育を指す―筆者）は、実践的な道徳においては、宗教なしにはけっして達成することができないものである」(39-B)と、マンが指摘するように、道徳教育の背骨には、宗教的基礎が存在しなければ、真の道徳教育は成立し得ないものと、考えられていた。大部分の一九世紀前半のアメリカ人にとって、徳性の源泉はキリスト教であった。コモン・スクールの教育の主たる目標が道徳教育であるならば、学校に宗教を設ける若干の方法が考えられなくてはならなかった。しかし、プロテスタント宗派やローマ・カトリックの移民の急増とともに、宗教は、すべての子どもたちが同じ公費負担のコモン・スクールに就学すべきであるということを主張する教育改革家にとって、重大な問題となってきたのである。

一七世紀初頭のマサチューセッツ湾岸植民地を中心とする北部植民地は、ピューリタンの信仰理解（ピューリタニズム）に基づく社会形成をめざした。その人たちは、かれらが神から受けた「恵みとしての救い」への応答を、個人のレベルだけでなく、社会的あるいは国家的レベルにおいても行おうとしたのである。言いかえれば、社会あるいは国家として、神の前に正しくあろうとしたのである。ニューイングランド社会の建設は、ピューリタニズムという信仰的動機に基づいた社会建設であり、また子どもたちにたいする就学を義務づけた目的は、聖書を理解することができるように、読み・書きを学習させることにあった（これについては、次節で述べる）。

コモン・スクールと宗教教育

このピューリタンの信仰理解の伝統と遺産を継承したのが、一七八〇年に制定されたマサチューセッツ州憲法条項であった。その第二条は、「天地の偉大なる創造者であり維持者である神を、公に、また一定の時期に礼拝することは、社会のすべての人々の権利であると同時に義務である……。」(40)そして、第三条は、「人民の幸福、及び政府の良き秩序と維持は、本来、敬神、宗教及び道徳によるものであるから、またこれらのものは神に対する公然たる信仰、並びに宗教及び道徳における公立教育の制度による以外は、一般に全社会に普及しえないものであるから、人民の幸福を促進し、人民の政府の良き秩序と維持を確保するために、この州の人民は、議会に対し、各部落、教区、小区及びその他の政治団体、あるいは宗教結社に、彼等自身の費用をもって、神を公に礼拝する制度のための適当なる規定を設けなければならない」(41)と規定していた。これらの規定は、明らかに国教制度すなわち州の法定宗教を承認し、その宗派の維持のために課税を容認したものであり、公教育もその宗教教育を独占的に行うことを明示したものであった。その意味で信仰の自由は認められていなかったことを意味するのである。そして同憲法の第五章でつぎのように公立学校普及に関する規定をしていた。

「学問、知識および道徳をあまねく人民大衆の間に普及することは、かれらの権利と自由を保持するために不可欠である。そして、これらの事柄は州内のあらゆる地方およびあらゆる階層の人民に教育の機会と利益を拡充することに依存しており、文学や科学の関心ならびにそれらを教えるすべての学校なかんずくケンブリッジの大学と各タウンの公立学校やグラマー・スクールを奨励することは、……この州の将来のあらゆる時代において立法府と行政官の任務でなければならない。」(42)

――と。

奨励されるべきこれらの公的教育機関における教育は、国教制度に基づく宗教教育とそれを背景にもった道徳教育が実施されることは当然であった。さらに、一七八九年の教育法すなわち「青少年に教育を与え、有益な教育を奨励するための法律」(An Act to Provide for the Instruction of Youth, and for the Promotion of Good Education)(43)が制定された。この法律は、明確にかつ厳粛にいかなる例外もなく、すべての教員につぎのことを義務として課している。すなわち「教員たちにその保護と教育とが託されている子どもたちや青少年の精神に、敬虔、正義の原則や真実にたいする神聖な尊敬、祖国愛、人類愛や普遍的慈悲、禁酒、勤勉、節約、純潔、節度、克己、人間社会に名誉を加える他の道徳、そして共和国憲法が基礎づけられている根底を印象づけるために最善の努力を傾けること」の義務である。これは、明らかに土着プロテスタントの倫理観に基礎を置く徳目の教授を教員たちに義務づけた教育法に外ならなかった。

これにたいして、マンは、つぎのように注釈している。

「これらは、キリスト教の道徳であり、またその神から授かった徳の分野であり、その一部分ではないのだろうか。言いかえるならば、キリスト教というものは、そのような道徳なしには存在しえないのではなかろうか。……そして、なおかつわれわれの学校制度は、上述した道徳やキリスト教の教義を子どもたちすべてに教えるべく、すべての『福音の弁理公使』に特別に義務づけている。したがって、われわれの学校制度を反キリスト教あるいは非キリスト教的なものである、と断言するものは、法令が熱意をもって課している道徳的属性や美点の普及を促進し、あるいは努力する『福音の弁理公使』を反キリスト教的そして非キリスト教的である、と断言することになる。」(44)

マンがこの教育法にたいして注釈したのは、一八四八年の時点におけるマサチューセッツ州コモン・スクールで実施されている道徳教育の性格に関してである。その神から授かった道徳の分野であることを力説し、それらは反キリスト教的でもなければ非キリスト教的でもないことを必要以上に強調しているのである。その背景には、その時点で実施されているコモン・スクールでの宗教教育そして道徳教育は、土着プロテスタントの宗派以外から、そのような批判や反対が、マンや州教育委員会にたいして激しく向けられていたからであった。この点に関しては、第二章において触れることとする。それにしても、マンは、前述のマサチューセッツ州憲法における反動的とも言える宗教に関する条項やそれに基づく宗教教育や道徳教育の在り方について、どのような見解をいだいており、現実的にどのように対処しようとしていたのかについて、見てみることにしよう。

まず近代市民社会ないし近代国家における理念であり、市民の権利である信仰の自由という立場から、マサチューセッツの歴史的推移について、つぎのように述べている。

「マサチューセッツの植民地、領地そして州の歴史は、われわれ自身の法律の苛酷さが緩慢な速度で、長い過去の暗い夜のあと宗教的自由の明星がゆっくりと昇ってくるように緩和されてきたことを示している。法律上の罰則あるいは圧制のすべての形跡が、われわれの法律全書から一掃され、そしてすべての宗派や教派が法律の前に絶対的な平等の地歩を占めるようになったのは、事実つい最近のことであった。一八二一年四月九日までは、マサチューセッツにおいては、州によって採択され、また認可された特別の形態の宗教的信条に誓宣しなければ、知事、副知事、法律顧問、裁判所の判事もしくはその代理人になることはできなかった。そして、一八二一年一一月一一日まで、すべての市民は、かれが、プロテスタントであれ、カソリックであれ、あるいは他の信条の信者であれ、州の憲法および法律によってプロテスタントの宗教を支持するために税金を支払わねばならなかった。一八二七年三月一〇日まで、特定の宗派の教義をもつ信条に、子どもたちを改宗させる手段として、州のコモン・スクールを使用することは、かれらの親がこれらの教義を信ずるにせよ、信じないにせよ非合法とはされなかったのである。」(45)

このように、一九世紀に入っても、一八二七年まで、マサチューセッツ州では、国教と同様の法定宗教であるプロテスタント教会のために課税され、またコモン・スクールにおいては特定宗派の教義が教授されていたことが明らかにされた。しかし、宗派教授の禁止の法律が制定されてから一〇年以上経過しても、多くのコモン・スクールで、神学関係の図書館の書架にあるような厳密にして専門的な教義上の教科書が存在したり、説教壇からきこえたような厳密にして純粋な教義上の口述をしている教師がいたという(46)。

マンにとって、宗派による宗教教育を回避し、しかも道徳教育の基礎としての宗教教育をいかにして実施するかが大きな課題であった。かれは、多様なキリスト教の宗派の信条から、一定の共通の原則を抽出し、そして、それを、すべてのものが同意し得る一群の宗教教義の中核にし得ると確信するようになってきた。マンにとって、これらは、「自然宗教」の大原則であり、聖書のなかに与えられてきたところの真理であり、歴史の過程に示威されてきたところのものである、と思われた。したがって、神の語――欽定英訳聖書(King James Bible. 一六一一年英国王ジェームス一世の命によって翻訳編集された英訳聖書)――が注釈なしに教授されるならば、それは、宗派教授にはならないと確信されたのである(47)。

マンは、つぎのように、それについて主張したのである。

「われわれの学校制度は、熱意をもってあらゆるキリスト教道徳を教えるのである。それは、その道徳を宗教の基礎の上に置く。それは、聖書の宗教をよろこんで迎え入れる。そして、聖書を受入れることにおいては、他の制度においては許されていないことが、この制度では許されている。すなわち聖書を註釈なしに読ませること――聖書自体が語ること――である。しかし、そこで聖書の教授は停止する。というのは、それは、すべての真実を手に入れることを要求するためではなく、敵対する宗教上の見解の審判者として行為することを棄権するためである。」(48)

これは、大部分のプロテスタントにとって共通の聖書講読と祈祷を、コモン・スクールにおいて行うことを主張することであり、他方において、「三位一体」に関する当否などの教義論争の討議にたいしては、慎重でなくてはならない、ということであった。この宗教教育の在り方にたいして、反対者は、それは、ユニテリアニズム（Unitarianism）に類似している、と批判したのである(49)。プロテスタンティズムがカトリックと異なるのは、プロテスタンティズムの三大原理である。①「信仰のみ」②「聖書のみ」③「万人祭司」の三つがそれであるが、ここでは②の「聖書のみ」を見てみよう。それは、信仰生活の窮極的な拠り所は聖書の啓示にのみ存するというものであり、これを煎じ詰めれば、「聖書がそれ自身の解釈者である」という「聖書原理」に行き着くのである(50)。これは、マンが提案した「聖書を註釈なしに読ませること」言いかえれば「聖書自らをして語らしめる」ことを意味した。またプロテスタントの一宗派である、ユニテリアニズムは、三位一体論を否定、単一人格の神を主張し、キリストの神性を認めず、その贖罪《しょくざい》を無意味とし、聖霊を神の現存とする教派であり、人類愛を唱え社会改革にも関心が強かった(51)。マンやマサチューセッツ教育委員会の委員の大部分は、ユニテリアニズムの信徒であった。

このような註釈なしの聖書講読と祈祷は、コモン・スクールの教員を養成する州立師範学校においても実施されており、その目的は、「あらゆるキリスト教徒の宗派に共通な敬虔と道徳の原理」を教授することにあった(52)。マン自身も、教育長在任最後の年度において、この大部分のプロテスタントにとって共通の聖書講読と祈祷にたいして、つぎのように述べていた。「私の過去一二年間の州のすべての教育行政官や一万人にものぼる個人との面接や書翰によって、一、二の場合の例外はあったにせよ、学校における聖書使用にたいする反対というものはけっして耳にしなかった。そして、この例外の場合も、その反対は、学校での聖書使用が毎日のことであり、慣れてしまったためにかえって聖書にたいする尊敬の念をなくしがちであるという理由によるものであった」と(53)。

しかし、現実には多様な対応が見られたのである。この宗教教育の在り方にたいしては、プロテスタントの間でも、若干の異論が存在したが、大部分は窮極的には、それを承認したのである。プロテスタントの信徒以外では、ユダヤ教徒は一般的には、コモン・スクールの教育理念を黙認し、その充実策に従い、他方学校の正式な時間外に、ユダヤ教教育を設けていた。もちろん、このプロテスタントによって方向づけられた、コモン・スクールの宗教教育にたいして、異議を唱えた最大の集団は、カトリックであった。しかし、この時代にプロテスタントとカトリックとの間の増大する対立は、コモン・スクールにおける宗教教育問題を通じて、カトリックをしてプロテスタントの立場に近接させるのに貢献した可能性をもった。教育行政官、立法家および評論家は、コモン・スクールにおける聖書講読の妥当性については、同意したのである。プロテスタント自身、キリスト教徒の間には、聖書と信条の共通の核が存在するという考え方を、圧倒的に承認したのである。そして、かれらは、公にはキリスト教であり、公然と非宗派的であり、そしてそれとはなしにプロテスタントである、コモン・スクールの宗教教育方策を支持することについては疑いはなかったのである(54)。

現実に、コモン・スクールにおいて、どのような種類の宗教教育が実施されていたかを知ることは困難であり、そして断片的証拠によれば、地方ごとに大きな差異があったという。しかし、コモン・スクールにたいする一般化されたキリスト教の汎プロテスタント政策が、この問題にたいする教育家たちの標準的な回答となったのである。教科書として、新約聖書を使用することに加えて、ブルックリンの教育長は、つぎのようなキリスト教教義が論争なしに教えることができる、と確信していた。すなわち、

「一つの神が存在するということ、

私達は、神の創られたものであるということ

私達は、神の慈悲に依存していること、
私達の振舞いは、神に責任を負っていること、
私達は、罪深いものであるので救世主を必要としていること、
そして、一人の力強い救済者が用意されてきたということ」

これらは、われわれの公立学校を通じて、率直に認められ、そして当然それに伴って教えられた真理である、とかれは述べたのである(55)。

このような宗教教育を基礎にして、前述のマサチューセッツ州教育法が規定した徳目、すなわち禁酒、勤勉、節約、節度そして克己などの徳育が強調されたのである。これらの徳目は、プロテスタンティズムの倫理が強く求めるものであった。これらの徳目を強調する中で、勤勉な労働の必要性を訴えることが、南北戦争以前のアメリカにおける学校教科書や子どもたちの読物の中心的使命であった。コッブ（Cobb）の「児童向き読本・第二巻」（一八三三年）には、「勤勉な生徒は……できるだけ早く帰宅し、両親に帰宅を告げるや否や両親のために労働しなければならなかった」と記されていた。結果として、「かれが商店に奉公したり、徒弟方向に入ろうとすれば、かれの良い性格を知った多くの人たちは、かれを雇いたいと思うであろう」と結ばれていた。文法の教科書は、「清い水を手にしようとすれば、深い井戸を掘らなければならない」「有名になる道は、全く骨の折れる路である」そして「怠惰は、苦難の卵を生む巣窟である」というような勤勉の金言を特筆大書したのである(56)。

一八三〇年代においては、貧困問題、移民による文化的多様性および都市生活の諸問題にたいしては、比較的楽観的であったが、一八四〇年代には、それらは、想像以上に手に負えないものに映ったのである。したがって、そのよう

な勤勉に関する警句は、フランクリン(Benjamin Franklin, 1706-1790)の『自伝』や初期の清教徒の労働の重要性に人々の眼を向けさせ、勤勉と職業上の成功との関係が、四〇年代に入って頻繁にとりあげられ、明白な論点になってきた。フランクリンの『自伝』は、かれの「富に至る道」(「貧しいリチャードの暦」)と「若い商人に与える忠告」との組み合せで、南北戦争前二〇年間に出版され、急速に拡まっていったのである(57)。フランクリンは「アメリカ資本主義の育て親」と言われてきたが、マックス・ウェーバーの『プロテスタンティズムの倫理と資本主義の精神』には、「資本主義の精神」を明らかにするために、「若い商人に与える忠告」をはじめ、フランクリンからの引用、かれへの言及が見られる。「資本主義の精神」の担い手は経営者だけでなく、資本主義を支える労働者もまた含まれている、ということは重要な視点である。コモン・スクールの大部分の就学者は、アメリカ資本主義を支える労働者として育成されていくことになるので、コモン・スクールの宗教・道徳教育とプロテスタンティズムの倫理との関係は、きわめて重要であり、注目すべき分析視角である。これについては後述することとする。

5　コモン・スクールと「資本主義の精神」

ウェーバーの「資本主義の精神」

ウェーバー(Max Weber, 1864-1920)は、『プロテスタンティズムの倫理と資本主義の精神』の中で、「資本主義の精神」は、企業家、資本家だけに担われるのではなく、労働者にも担われなければ、近代資本主義は発展しないことを明らかにした。このことは、アメリカのコモン・スクールの性格を明らかにする上で、重要な関係を有しているので、無視することはできない。アメリカ資本主義の労働者は、圧倒的にコモン・スクールにおいて育成されるからである。ウェーバーは、「資本主義の精神」の例示として、ベンジャミン・フランクリンの「若い商人に与える忠告」をとりあげ、事業において成功する心得を示したのである。そこには、

「フランクリンの道徳的訓戒はすべて、正直は信用を生むから有益だ、時間の正確や勤勉・節約もそうだ、だからそれらは善徳だというふうに、功利的な傾向をもっている。……がしかし、真実のところ、事実は決してそう単純ではない。自伝に現われているベンジャミン・フランクリン自身の世にも稀なる誠実な性格だとか、さらには善徳が『有益』だということが分かったのは神の啓示によるので、それによって、神は自分に善をなさしめようとしておられるのだと考えていることに照らしても、そこに示されているものがひたすら自己中心的原理の粉飾などではないことは明瞭だ。それればかりか、この『倫理』の『最高善』ともいうべき、一切の自然な享楽を厳しく斥《しりぞ》けてひたむきに貨幣を獲得しようとする努力は、幸福主義や快楽主義などの観点を全く帯びていず、純粋に自己目的と考えられているために、個々人の『幸福』や『利益』といったものに対立して、ともかく、全く超越的なまたおよそ非合理なものとして立ち現れている。営利は人生の目的と考えられ、人間が物質的生活の要求を充たすための手段とは考えられていない。これは、とらわれない立場から見れば、『自然』の事態を倒錯したおよそ無意味なことと言えようが、また資本主義にとっては明白に無条件の基調《ライトモティーフ》であって、その空気に触れない者にはちょっと理解し得ないものだ。」(58)

と強調されていた。

このように、フランクリンの助言を読んでいくと、そこには、一切の幸福主義や快楽主義には目もくれずに生涯を

職業的な労働に捧げるのだ、という観点が、徹底して終始一貫、あたかもそれが自己目的であるかのように、貫かれている。これは世俗的な意味での人生への指針といったものからかけ離れていた。そして、厳格で禁欲的なエートス、倫理的精神が、そこに含まれていることを指摘している。さらに、職業的な義務を、神から負わされた義務として、死の瞬間にいたるまで、自分の手足が動く限り実践しつづけ、それ以外に人生の目的はないとすることが指摘される。その意味で非合理主義に徹していくのである。それが、プロテスタンティズムの倫理としてウェーバーが抽出した禁欲的職業労働の精神であり、言いかえればそれが「資本主義の精神」であった。

コモン・スクールと「資本主義の精神」

ウェーバーは、このような「資本主義の精神」が、労働者にも持たれなければ、近代資本主義は成立し得ない、と分析するのである。すなわち、

「〔工場の内部では〕端的に高度の責任感が必要であるばかりか、少なくとも勤務時間の間は、どうすればできるだけ楽に、できるだけ働かないで、しかもふだんと同じ賃銀がとれるか、などということを絶えず考えたりするのではなくて、あたかも労働が絶対的な自己目的――》Beruf《『天職』――であるかのように励むという心情が一般に必要となるからだ。しかしこうした心情は、けっして、人間が生まれつき持っているものではない。また、高賃銀や低賃銀という操作で直接作り出すことができるものでもなくて、むしろ、長年月の教育の結果として初めて生まれてくるものなのだ。……思考の集中能力と、『労働を義務とする』この上なくひたむきな態度、しかも、これに結びついてこの場合とくにしばしば見出されるのは、賃銀とその額を勘定する厳しい経済性、および労働能力の著しい向上をもたらす冷静な克己心と節制だ。労働を自己目的、すなわち》Beruf《『天職』と考えるべきだという、

あの資本主義の要求にまさしく合致するところの考え方は、このような場合いちばん受け容れられやすく、伝統的慣習を克服する可能性も宗教的教育の結果最大となる。」(59)

と述べ、労働者が、そのような「資本主義の精神」を身につけることができるのは、長年月の教育の結果であり、しかも宗教的教育によって、その結果は最大になる、と指摘したのである。さらにウェーバーはその重要性をつぎのように指摘した。「幾世紀にもわたる伝統のうちで硬化していた技能などよりは、資本主義の労働者(ある程度まで企業家も)に必要とされる(いわば)倫理的資質の方が一層『稀少価値』の高いことがしばしばだった。また現在の工業でも、立地の選択に当っては、住民がそうした長い伝統と教育の結果得られた集約度の高い労働への適性を持つか否かに、全く左右されぬわけにはいかない」(60)と。

このように、ウェーバーの主張する「資本主義の精神」を身につけた近代的労働者の養成は、前述のマンの主張するコモン・スクール、とりわけ土着プロテスタントに依拠する宗教教育に基礎を置く道徳教育を重視するコモン・スクールによって、継続的に果されることによって、アメリカ資本主義経済を支えたのである。

一九世紀前半における二、三〇年代の産業革命の進行と、それにつづくアメリカ資本主義の形成と併行して、コモン・スクールは確立されていった。教育改革者を中心とする教育関係者たちは、コモン・スクールの最高の教育目標として、徳性の涵養と社会的責任の形成とを強調した。プロテスタントの徳性——「資本主義の精神」——、そして拡大する資本主義経済、充分な読み・書き能力と個人の地位の向上は、社会的進歩と調和と全く両立するものであった。異なった階級に属する人々は、異なった政治的展望あるいは異なった教育の在り方をいだいていたが、コモン・スクールの教育目標の在り方については、意見の一致を見ることができたのであった。それらは、従順な子どもたちを、勤勉、節約、克己の徳性を持つように育む道徳教育、その結果、犯罪を減少させ、悪徳を思いとどまらせるものとなる。共和主義政治を擁護するための市民の資質の形成、生産性を高める読み・書き・計算の教育、移民者を同化し統合するための文化教育等々である。コモン・スクールの充実を主張する人たちは、とくにマンは、納税者にたいして説得するときは、コモン・スクールの教育を受けた子どもたちは財産を保護し、治安・秩序の維持に心がけ、経営者や企業家にたいしては、教育された労働者は、無知な労働者よりも、より生産的であり、高い倫理性を有し、増大した価値の労働力であることを訴えた。下層階級および労働者階級にたいしては、子どもの教育は、経済的利益を促進し、貧困からの脱却を可能にし、富を手に入れる道でもある、と説いたのである。人々を惹きつけるコモン・スクールの魅力は、このような多様な方向においての、その優れた役割を土着のプロテスタントのイデオロギーによって説明するのに役立つのである(61)。

二　マサチューセッツ州の教育伝統と遺産

清教徒の教育対応

マンは、マサチューセッツ州の公教育（コモン・スクールを含む）に関する良き伝統と教育遺産を、ニューイングランド植民地において果たした清教徒たちの教育対応に求めている。かれは、それについてつぎのように述べている。

「一六四七年に森林の奥深くに入りこみ、小人数に分散し、そしてかよわい移民者は、そこでマサチューセッツの植民地を構成した。そのときの全人口は、二一、〇〇〇人であり、かれらの資力は貧弱であり、住民は粗雑で、衣服や食事はとぼしくかつ質素であった。……未開地に生活する人々の荒々しい眼は、それをとりまく山野の端から夜のようにぎらぎら光って見えた。また防備あるいは救助の手段も何一つ手近にはなかった。この植民地の建設者たちが、『民衆のための無月謝および万人共通の教育』の宏大な理念を案出したのは、すべてこのような窮乏と危険のさなかにおいてであった。かれらは、この偉大な理念を実行するに必要な時間と資本を見出すために、全く貧困のなかで乏しい食糧を切りつめ、過度の労働のなかで、さらに重労働をなし、恐るべき危険のさなかにあって、つねに大なる危険を冒していったのである。それは、神に対する義務と子孫に対する義務である。前者に対しては、教会をつくり、後者に対しては、学校を創設したのである。宗教と学問——二つは同じ栄光と永遠の真理の属性である——、またその真理は、永遠のあるいは現世の幸福が確実に基礎づけられ得る唯一のものである。」(62)

このように、マンは、マサチューセッツの植民地を開拓した人々が、窮乏の中でピューリタンの信仰理解（ピューリタニズム）に基づく社会形成の一環として、「民衆のための無月謝および万人共通の教育」の遠大な理念を案出した状況をヴィヴィットに画いたのである。この植民者であるピューリタンは、かれらが神から受けた「恵みとしての救い」への応答を、個人のレベルだけでなく、社会的あるいは国家的レベルにおいても行おうとした点に、その特徴が見られる。すなわち社会あるいは国家として、神の前に正しくあろうとしたのである。その基礎として、民衆の学校教育を教会設立と同様に最重視したのであった。

ニューイングランドの清教徒たちは、敬虔であるとともに学問もあった。かれらは、宗教にたいすると同様に、教育にも熱心であった。ある時期には、かれらの二五〇人に一人はケンブリッジ大学を卒業した者を数え、そのほかにオックスフォード大学の卒業生も少なくなかった。教員は牧師についで信用ある地位に立っていた。植民地の指導者たちは、ルネサンスと宗教改革の精神をよくわきまえ、両者は分離し得ないものであると認識していた。したがって、かれらは移民後、可及的すみやかに、かれらの住居と並んで学校と教会の設置にとりかかったのである(63)。

このように、一九世紀末に『ホレース・マンとアメリカにおけるコモン・スクールの復興』(一八九八)を公刊したヒンスデール(B.A. Hinsdale)は、前述のマンの「民衆のための無月謝および万人共通の教育」の遠大な理念案出の歴史的背景についての叙述を、補強したのである。

以下、暫くヒンスデールの分析に依拠してみよう。

一六三五年には、ボストン市にあの有名なラテン語学校が設立された。ドーチェスターのタウンでは、一六三九年に無月謝学校を維持するために土地に課税したが、これは、アメリカの歴史において、かかる目的のために課税する最初の明確な実例であった。他のタウンもボストン市の例にならい、一六四七年までに同様な学校が七校以上マサチューセッツ湾沿岸に設置されるようになった。さらに一六三六年には、植民地議会は、アメリカにおける高等教育機関のうちで最古のハーバード大学を創設した。民衆教育に関する最初の植民地活動は、一六四一年、植民地議会が、「長老は宗教を基盤にして青少年の教育のために教義問答書を作成すべし」と命じたときに始まるのである。この要求は、その後まもなく一層強制的なものとなってきた。グラマー・スクール(アメリカにおけるハイ・スクールの前身)と大学は、ともに教育制度における上位の二段階を構成したが、教育制度は、固有の小学校が設置され、そしてグラマー・スクールがより強固な基盤に置かれるまでは、完全なものとはならなかった(64)。かくて、一六四二年六月一四日、植民地議会は、義務教育法を制定したのである。

当時、多くの親たちや徒弟制度の親方たちは、植民地社会に有益な学問や職業に関して、子どもたちの教育に無関心であったので、議会はつぎのようなことを命じた。すなわちすべてのタウンの行政委員は、爾後《じご》かかる弊害を改める責任を負うべきであり、そして、そのためにかれらにたいして、すべての子どもたちが職業に関する技能を、またとくに「宗教の原理および主要な法律」を読み、かつ理解する能力を充分に訓練されるように、親たちや親方たちを督励する権限が与えられるべきことを命じたのである。そして、子どもたちの訓練を怠り、あるいはタウン行政委員に申し開きをすることを拒否するものには罰金が課せられるべきとした(65)。

この法律によって小学校は一つも設置されなかったが、その意図するところは、子どもたちを保護する責任のある成人に教育の義務を負わせることであった。クレメンとバッツは、そこには三つの意図があったことを明らかにした。すなわち、子どもたちが共和国のために、その法律を理解することができるように相応に教育されるべきであるという政治的欲求の反映が、その第一である。そして、子どもたちがかれら自身にも社会にも有益であるような職業を学び、未熟な細民階級の出現を防ぐための経済的意図を示したのが、その第二であった。さらに、子どもたちを正統性の宗教的原理に基づき育成すべきであるという宗教的動機を表したのが、その第三であった(66)。もちろん、英語を読む能力は、これらの三つの目的達成に基本である、ということは言うまでもない。

この義務教育法は、以上のような教育意図を持っていたけれども、学校もしくは教員に関しては何ら言及するところがなかったので、民衆は依然として、家庭教育や家庭教師を雇ったり、その他かれら自身で設立する私立学校でかれらの子どもたちを教育することが継続された。そのような状況は、不都合であることはもちろん、不合理である、と少なくとも植民地の政治家たちは考えたので、植民地議会は、一六四七年一一月一一日、アメリカ史において最初に見られた一般教育法を制定したのである。それは、つぎのように述べている。

「人々を惑わす悪魔の主な企ては、聖書の知識が人々の間にひろがることを押し止めることである。かつては、人々が理解できない言葉を用いて、それを果たした。しかし、今日では少なくとも原典の真の意味が、聖者を装った欺瞞者の偽りの言葉によって曇らされることである。しかしながら、学問が教会や共和国の父祖の墓地に埋もれてしまわないように、神はわれわれの努力を助けるであろう。

それ故につぎのことを命ずる。この管轄区域のすべてのタウンは、神がそれを五〇家族以上に増加した後は、直ちにそのタウンに読み・書きを学習するすべての子どもたちを教えるために、一名の教員を任命すべきである。その給与は、子どもたちの親もしくは親方によって支払われるか、あるいはタウンの重要事項を決定する人々の多数の意志に従って、住民一般によって補助として支払われるべきである。ただし、子どもたちを学校に学ばせるものは、他の町で教育されるよりも多くの金額を支払わされてはならない。

さらにつぎのことを命ずる、一〇〇家族、ないし一〇〇戸以上に増加した町は、グラマー・スクールを設置すべきである。その教員は大学に進学するのに適切な青少年を教育することが可能なものでなければならない。もし一年以上にわたって、それを履行しない場合、そのタウンは、それを履行するまで最寄りの学校に五ポンドを支払わなければならない。」(67)

一六四七年におけるマサチューセッツは、約二三、〇〇〇人が生活する三〇タウンから構成されていた。一六四七年の法律は、一九世紀末期に存在したようなアメリカ公教育制度の輪郭を完成したものである、と言われた(68)。カバリも、一六四二年および一六四七年の教育法は、「英語圏において、新教育理念を提示しただけでなく、すべてのタウンにたいして教育にたいする均等な、そして強制的課税を課すことによって、その後のアメリカ公教育制度が創設された礎石となった」(69)と指摘した。これにたいしては、後述するように反論がなされた。

この四七年の教育法は、三つの教育の慣習的段階——初等、中等および高等教育——を認め、そしてすべての教育機関が州の統制下に置かれたのである。この教育法は、州にたいする教育の関係に重点を置いている。州にとってどのような利益があるのか、が植民地議会の行動を律する価値基準となっていた。子どもたちを教育する責任は、第一義的には親と親方にあり、州はかれらがその義務をいかに履行するかどうかを監督することにあった。公教育の費用を支弁するために、一般的課税によって調達することができるが、そうするか否かはタウン自身の判断に委ねられている。学校設置は義務とされたが、子どもたちの就学は強制されることはなかった。この教育法における「すべきである」という表現は、タウンにたいする命令であって、親や親方にたいするものではない。そして、その不履行にたいする罰金もタウンにたいするものであって、親や親方にたいするものではない。市民たちは、以前と同様に家庭において、または私立学校で子どもたちの教育を行うことができたのである。したがって、学校は正式には無月謝ではなかった。なぜならば、学校は、学校を利用するもの、あるいは補助としてタウン住民一般によって、もしくは、これらの両者によって負担されるべきであるからである(70)。

これらの教育法の主たる教育目標は、聖書を理解することができるように、英語の読み・書きを、子どもたちに学習させることにあった。清教徒は、「道徳的運動家」であった。理想的、模範的な社会を創出するために、怒れる海や荒野の苦難の連続的体験を克服してきたかれらは、怠惰や混乱を眼にして寛容であることはできなかった。親たちが、かれらの子どもたちにたいするキリスト教育——カルヴィニズムの宗教的正統性——を軽視したとき、マサチューセッツ植民地の指導者たちは、ただ茫然として為すこともなく、見過すことはできなかった。前述の二教育法は、子どもたちにたいする学問や労働に関する教育を、非常に無視する多くの親や教員に向けての怒りを表明したものであった。

同時にそれらは、家庭の教育的役割の覚醒と青少年の非行にたいする社会不安への懸念を指示していたのである。親や親方が、そのような子どもにたいする教育義務を怠ったとき、その時、州は、親や親方から子どもたちをとりあげ、干渉しなければならなかった。州は、子どもたちが、「粗野で、強情で、我が儘で成長すること」を許し得なかった。一六四六年に植民地議会は、「一六才という、かなり理解ができる十分な年令の息子が、強情で反抗的になり、父母の声に従おうともせず、さらに、親たちがかれを懲戒したとき聴く耳を持たないならば、かれの自然の親である父母は、かれを捕えて、裁判所の治安判事のところに連行し、以上の所業を充分な証拠によって判事たちに証言すべきであるとし、『そのような息子は処刑される』」と規定していたのである(71)。

清教徒の宗教教育

明らかに、マサチューセッツの清教徒の市民たちは、増大する道徳的・宗教的な罪や行為を許すことはできなかった。その根底には、清教徒の親たちの児童観が大きな役割を果たしていたのである。子どもは、無知であるだけでなく、性質において罪深いものであった。子どもは、地獄の縁に立たされていることを警告されるのである。「お前は全く生れつき哀れな状態と条件に置かれている。子どもの時代に、お前は来世に行くことになろう。ある者は直ぐに、ある者は暫く後になって、……神は毎日お前にたいして怒っている。お前にたいして怒っている神を知ることは、何と恐ろしいことであろうか。悪魔に囲まれて地獄に居ることになること、また未来永劫お前はそこに居なくてはならない、ということを知ることは、何と恐ろしいことであろうか。お前が死んだとき、そして改宗しないとき、どうなるかを考えても見よ」と、一八世紀の神学者ジョナサン・エドワーズ（Jonathan Edwards）は、述べていた(72)。

そして、一〇〇年以上もの間アメリカで最も広く読まれた教科書である『ニューイングランド・プリマー』(*New England Primer*)には、清教徒の宗教観に満ちた内容であった。その一部を見てみよう。


「賢い息子は、父親をうれしがらせるが、愚かな息子は、母親を耐え難いものにする。

沢山の財宝やそれに伴う苦労よりは、神の恐れを少しばかり感じる方が、より良いものである。

労働者や重荷を背負っているお前たちよ、キリストを支えなさい。そうすればキリストは、お前たちに憩を与えるでしょう。

私が憎悪する、憎たらしい事は、神は口にすることはない。

人間以外のものは二度生れるが、人間は神の王国を見ることはできない。

愚かさは、子どもの心と密接な関係にあるが、しかし矯正の鞭は子どもから愚かさを追い出すことができる。

聖霊を悲しませるな、お前から聖霊が離れないように。

清浄、潔白は、神の永遠の住み家となる。

神に近づくことは、私にとって愉快なことである。」


つぎに、年少児のための詩歌として、題材になっているのは、以下のものである。

「私は幼い子どもあるけれど

もし話ができ、一人で行くことができるなら
そのとき、私は神を知る方法を学ばなければならない。

そして、神の聖なる言葉の読み方を学ばなければならない。

神を探し求め、そして祈る時、
私は、毎日何を望むべきであろうか。

私は、救済されるべき貴重な魂を持っている、そして私は、死を免れない身体を持っている。

私は幼いけれども、それでも私は死ぬかもしれない。

だから永遠不滅であることを急ぐのである。

恐怖で燃えさかる地獄が存在する。

そこは、不道徳な者が常住しなければならないところだ。

歓喜に満ちた天国が存在する。

そこは、信仰厚き者が常住するに違いない。

その地に私の魂は飛んで行かねばならない。

私が死んだ時、神が私の家に立ち寄らせようとしたとき、私はそこにとどまってはならず、天国に行かなければいけない。

神は、私に生命を与え、そして胡弓を与えてくれた。

だから神は、私の魂を死から救済することができるのだ。

イエス・キリストこそ、私の唯一の神である。

かれの聖なる言葉に従って
神は、私の背中を衣服で覆い、そして私を暖くしてくれた。

神は、私の肉と骨を危害から守り、そして私にパンとミルクと肉を与えて下さった。

そして、私が手にしたすべては、食べるに相応しい良いものであった。

私が病気になったとき、神様どうぞお願いします。私を元気にさせて下さい。そして私を安心させてください。

神は、私に睡眠と静かな憩を与え下さった。

それによって、私の身体は元気をとり戻しました。

神は、善良で、そして私に親切であった。

そして、私は心から感謝しなければならない。

私は、他の者がするように、罪を犯してはならないのだ。

私は悲しみに打ち負かされないようにしなければいけない。

なぜならば、神は毎日怒っているからである。

悪に走っていく不道徳な者にたいして、私は罪深いすべての言葉を慎しまねばいけない。

私は、みだりに神の名を唱えてはいけない。

神の聖なる安息日に、労働したり遊んだりしてはいけない。

そして、私の両親が私に命令したならば

両親に神かけて従わねばいけない。
盗みも嘘もつかない、無駄話や愚かな遊びで日を過ごさないようにする。
私は、私の神の命令に従わねばならない……。」(73)

今日、以上のような説教や『ニューイングランド・プリマー』の陰鬱《いんうつ》な内容は、不健全なものであり、病的残酷さを持っていると思われるが、しかし、地獄は清教徒にとっては事実であった。恐怖心は後悔を早め、そして後悔は、神に罪の許しを求めたり、再生の行為に先行するのである。清教徒は、正しい信仰および高潔な行為のみが、子どもたちを救済するであろうとは信じなかったが、しかし、かれらは、それらなしには子どもたちが救済されるであろうということは、あり得ない、と考えたのである。

これは、神の力と怒り、原罪、神の尊厳と畏怖、神の戒律への服従、両親および長上者の権威への服従を強調するカルヴィニストの宗教的正統性に直接由来したのである。子どもは生来的に悪であり、罪を犯しがちであるが故に、子どもを指導し、教育する最善の方法は、神の掟を破ることの恐怖と罪にたいする畏怖を、子どもに染みこませることであった。植民地マサチューセッツにおける宗教的正統性を有するカルヴィニズムの教育方法は、子どもの本性に対応するものとして、恐怖と訓練と服従が重視されたのである(74)。

この宗教観に基づく教育方法は、一七、八世紀はもちろん、一九世紀初期においても見られたのである。一七九六年生れのマンは、マサチューセッツのフランクリンのタウン教会に、少年時代行っていた。そこには、著名な神学者エモンズ（Nathanael Emmons. 1745-1840）が五〇年以上の長きにわたって、この教区の信徒に説教していた。その時代の家庭の規律と教会の体制は、同じ価値観に属するものであった。そこでは、温和にして寛大な徳性よりも、服従、忍耐、正直、勤勉、威厳などの諸徳性が養われた。厳酷なカルヴィニストであったエモンズは、人間の罪業と神の恩寵についての教義を述べ、恩寵よりも罪業《ざいごう》について一層重視した。マンの語るところによれば、この牧師は、峻厳な教義をひるむことなく説教し、しかも天国の喜びについてはめったに詳述せず、いわんや地上における有徳な生活に不可欠な種々の幸福については一度も語らなかったという(75)。

生来、現実的、想像的な心的傾向を持っていたマンは、うす暗い説教壇から聞いたエモンズの冷酷な説教にたいして、強い不満と疑問をいだくようになった。そして、この心の痕跡は、後にかれをしてユニテリアンの教義（Unitarianism）に帰依させる契機となったのである(76)。

こうして、一七世紀前半におけるマサチューセッツ植民地の二教育法は、その条文の言い回しから、清教徒は、教育の目的に関してほど教育の条件整備についてては、関心を持たなかったことを示していた。すなわち清教徒たちは、若い世代が読み・書き能力を伸ばし、敬虔的であり、勤勉であることを欲していたのである。植民地議会が教育の条件整備の中で、学校の公的財政負担を選択した事実は、ある意味において、清教徒の意図に当然追随するものであった。清教徒たちの学校教育に関する重要性についての新しい自覚、言いかえれば公金を公的学校の維持のために使用することができるということ、そこから当然公金支出に伴う学校の公的管理が導き出されたことは、アメリカ教育における将来するであろう変化を予知するものであった(77)。

しかし、清教徒の教育目的の達成は、かれらの宗教的世界観および丘の上の都市の樹立という、かれらが遭遇した困難な悪条件と切り離すことはできないものであった。現代の公教育観で清教徒の実験を読みとることは、誤りである、とタイアックは指摘する(78)。それは、清教徒の宗教的世界観に見られる、子どもは罪深いものである、という児童観一つとってみても、ルソーの『エミール』における冒頭の「万物をつくる者の手を離れるときすべてはよいのであるが、人間の手に移るとすべてが悪くなる」(79)という、子どもの性善説と真っ向から対立するのである。したがって、今日知られているような、コモン・スクールも含む公教育の創設は、一九世紀における新世界観と新しい困難な条件から発生したものと見るべきであろう(80)。したがって、前述のカバリの植民地マサチューセッツの二教育法にたいする評価は、充分な歴史的評価である、とは言えないものである。一九世紀前半に形成された、アメリカのコモン・スクールの概念には、一七世紀前半の植民地マサチューセッツの二教育法の伝統と遺産を、連続と断絶の両面において、複雑に交錯しつつ継承してきていると見るべきである。

三　アメリカ独立と国民教育制度案の輩出

政治家および知識人の国民教育制度案

「アメリカの伝統において、教育にたいする信頼およびそれを確保しようとする熱情ほどヒロイックなものは、おそらく他にないであろう。その信頼は、アメリカ合衆国史の初期に見出すことができる。……」(81)と、ハロルド・ラスキは言っている。それは、どのような文脈においてとらえることができるのであろうか。それは、独立宣言、独立革命ならびに連合の形成期に示された教育思想において、うかがうことができるであろう。フランス革命期における公教育計画案と同様に、アメリカのこの期に示された教育思想においても、革命的民主主義とナショナリズムの教育との結合が強力に見られたのである。ここでも、ルソーの革命思想の影響は、圧倒的である。この時代は、少なくとも植民地人がもはやイギリス人ではなく、アメリカ人であるという自覚を持つようになった点で、ナショナリズムの醸成に大いに寄与した時であった。このナショナルな意識は、教育の分野にも表明された。

この思想的基盤は、つぎのごときものであった。人間と制度にたいする無限の完全性という信条は、一八世紀において明示され、フランス、アメリカの啓蒙思想と革命的民主主義運動の支配的動因となったものである。この自由主義思想は、一八世紀末に、アメリカにおける公教育問題を新しい角度からとりあげる端緒となった。この思想傾向は、これまでの植民地時代のピューリタン主義にたいして、まったく世俗的であり、新しい国家の名に加えられた人民大衆を理性的な共和国民に教育することは、国家権力の最大の義務であると考えられるようになった。フランスにおいては、この目的を達成するために、公教育案が検討されていた。

これと全く同様な思考方法は、アメリカにおいても見ることができる。このアメリカ革命期に活躍した政治家や知識人たちは、この革命の成果が民主主義的方法で維持発展していくための礎石として、教育の重要性を説き、祖国愛と理性とを持った国民形成のための組織的な国民教育制度案を主張し、提案したのである。それらは、つぎのようなものであった。

革命の指導者の一人であるジェファーソン（Thomas Jefferson, 1743-1826）は、一七八七年革命直前のフランスに滞在していたが、そこから盟友マディソン（James Madison, 1751-1836）に書簡を送って、「何ものにもまして民衆の教育の重要性を痛感します。この善意によってこそ、最も確実に、適正な自由の保持が可能であります」と述べている。そのマディソンもまた「民衆の教化を欠いた民衆政治などというものは喜劇か、でなければ悲劇かのどちらかの序曲、あるいはその両方の序曲にすぎないであろう。自ら自己の統治者たらんとする民衆は、まず自らを知識の力によって武装すべきである」と述べている。またアダムス（John Adams, 1735-1826. 第二代大統領）は、「民衆に、かれらの人間として、市民として、キリスト教徒としての道徳的義務の遂行上、また社会の一員として、自由人としての政治的ならびに公民的義務の遂行上有益なあらゆる知識を教えるということは、公共体およびその局に当たるすべての人々の重要な関心事でなければならない。しかも、この教育は、単に富者や貴人の子弟の教育ではなく、あらゆる階層、最下層の人々、最も貧しい人々にまで及ぶ教育でなければならない。またそのような教育を行うための学校は、当然、通学に便利な位置に設けられ、公費をもって維持されなければならない」(82)と主張していたのである。

ジェファーソンの教育案

こういった政治的指導者たちの民衆教育論の提起とともに、それに呼応してこの前後のアメリカには、民間からも多くの教育案が提案されたのである。それらについて述べる前に、前述の一人、独立運動に携わり、「独立宣言」の起草者であり、さらに第三代の大統領であったジェファーソンの教育案について述べる必要がある。

かれは、アメリカ独立前後において、新しい共和国の基礎としての国民教育制度案を構想し、アメリカ公教育の思想と制度にたいして大きな影響を与えたのである。一七七九年六月、ジェファーソンがヴァージニア州知事に就任した直後、州議会に提案したのが、「知識の一般的普及に関する法案」（A Bill for the More General Diffusion of Knowledge）であった。この法案は、全文一九項から構成されているが、その第一項は、かれの公教育論の精神を表明しており、その点において注目すべきものである。それは、つぎのようなものである。

「第一項　ある政治形態が、個人の自然権の自由な行使を保護するのに、他の政治形態に比べて、どのように良く計画され、同時に政治形態自身が堕落にたいしてどのように良く防禦されていても、これまでの経験では、最善の政治形態のもとでさえ、権力を委ねられたものは、時日が経つにつれてしだいに手心を加えて、その政治形態を暴政へと変えてしまう、ということが示されている。そこで、これを予防する最も効果的な手段は、民衆一般の知性をできるだけ実際的に啓蒙することである。そして、とくに歴史が示すような、暴政化についての他の時代や国々で経験されてきた事実を民衆に知らせるならば、民衆は、野望があらゆる形態のもとにかくされているのを知ることができ、そして、そのような野心の目的を挫折させるように、民衆に自然権の行使を勧めることができると信ずる。民衆が最も幸福であるのは、その法律が最もよい法律であり、かつそれがよく運用される時であるというのが、一般的な真理である。しかも、法律を作ったり運用する人々が賢明であり、公正であればあるほど、法律は賢明に作られ公正に運用されるということも、当然の理である。したがって、公共の幸福を助長するためには、天賦の才能と徳を持っている人物が、人文的な教育によって、同胞市民の持つ権利や自由の神聖な預託を引き受け、そして保護できる価値のある人間になること、またかれらが富や出生あるいはその他の附随的な条件や環境にかかわりなく、そのような責務に要請されることが、得策となる。しかし、大多数の貧困者の子どもたちの中には、将来公共のために有用な人材となるように形成され、し向けられるのに適切な素質を持っている者があるのに、かれらは自分の費用でそのような教育を受けることができない。そこで、そのような子どもたちを探し求めて、すべての人々の共通な費用で教育することの方が、すべての人々の幸福を愚かな人間あるいは不正な人間だけに委ねておくことよりも、はるかにすぐれているのである。」(83)

このように、ここでは第一に、民衆一般の知性を啓蒙すること、すなわちすべての子どもたちを無月謝で教育すること、第二に、その民衆教育を通じて、天賦の才のあるものを選び、富や出生に関係なくエリートを、無月謝で養成することを明示したのである。第一の根拠は、政治形態の暴政を予防するのに、民衆の知性を啓蒙するほど効果のあるものは他にないことを強調していることである。民衆が知性を持つことによって、初めて政治の在り方にたいしての批判的能力や認識能力を身につけ、暴政にたいする対抗策としての自然権を行使することが可能となるからである。

第二のエリート養成については、民衆が最も幸福であるためには、良い法律が立法化され、それが公正に運営されることであることから、良い政治家と良い行政官に政治と行政を委ねる必要があるからである。その両者の養成すなわちエリートの養成が、民衆の幸福にとって必須のものである、と位置づけられたのである。

二項以下に、民衆のための学校の設置、修学年限三年、読み方、書き方、初等算術、ギリシャ・ローマ・イギリス・アメリカの歴史の教科目などについて、グラマー・スクールの設置、選抜方式、大学入学手続き等々が規定されたのである。このジェファーソンの法案は、ヴァージニア州の保守的傾向に妨げられて実現されることはなかった。

つぎに市民の国民教育案について述べることにする。ラッシュ(Benjamin Rush, 1746-1813)は、アメリカ独立運動の指導者の一人であり、革命期には、フィラデルフィア・カレッジの教授であったが、一七八六年、論文「ペンシルヴァニア州における公立学校の設置と知識普及に関する計画――付・共和国にふさわしき教育の在り方について」(A Plan for the Establishment of Public Schools and the Diffusion of Knowledge in Pennsylvania ; To which are added, of Education Proper in a Republic, 1786)を公表し、アダムス、マディソンその他の独立運動家の人たちと、合衆国の危機を洞察し、その唯一の対策は、教育の適切な制度を成立することであることを強調した。かれは、民主主義の原理、民主的諸制度の育成や維持のために、真摯な行動様式を形成することが、アメリカ青少年にとって必須であると考え、人類の進歩のために創られた新しい国家への祖国愛の強調と、国家諸原則と調和する義務観の扶植を力説している。さらにアメリカの民主主義に即した教育課程が必要であるとし、ギリシャ語、ラテン語の代わりに科学教育とアメリカ史の教授を中心とすべきであると説き、そして、このような教育制度が有効に実施されるためには、国家が国家の意図に適合する学校を設け、その財政上の責任と、適切な俸給を給せられる職業としての教師の養成に責任を持つべきであると主張した。このように新国家への祖国愛と民主主義的人間の形成のためには、国家による教育制度が強く構想されたのである(84)。

実際の学校設置のプランとしてかれが提案するのは、つぎのような案である。

① 共和国(州)に一校の大学(ユニバーシティ)を設け、それは州の首都に置く。
② カレッジを四校置く。フィラデルフィア、カーライル、マンハイムおよびピッツバーグ。カレッジは、数学および諸学の上級を教える。その卒業生が大学に進む。
③ アカデミーをカウンティ毎に置く。学問用語を教え、カレッジ入学の準備を施す。
④ 無月謝学校を各タウンシップまたは百戸から成る学区に置く。英語およびドイツ語(マンハイムのドイツ移民地区)の読み・書きと算術を教授する。

このように、四階梯から成る単一国民教育制度が構想され、前述の新国家への祖国愛と民主主義的人間の形成のための教育目標が達成される案であった(85)。

コラムの教育案

コラム(Robert Coram, 1761-1796)は、一七九一年に「政治的探究、付、全合衆国にわたる学校の全面的設立案」(Political Inquiries : To which is added a plan for the general establishment of school throughout the United States)の論文を公表した。かれは、独立戦

争中の運動者であり、デラウェアーの知的指導者であった。かれは、急進的な革命思想家で、現存の経済機構とくに富の不平等を痛烈に批判すると同時に教育の平等を主張した。財産の平等な分配は、アメリカにおいては、民主主義原理を成功裡に達成するための根底である。経済的奴隷は、政治的奴隷と同様に、人間の自由を束縛し、苦悩を与えるものである。人間教育は、ヨーロッパにおける奴隷のごとき状態に人間をとどめておく諸条件を、変革するようなものでなくてはならない。国家は、人間が社会福祉に資するように、教育を規制し、統制しなければならない。教育は、国家によって市民のすべての階級に、すべての子どもたちに確保されなければならない。市民は、公立学校で教育されるべきである。教育は、両親の気まぐれや、怠慢に委ねられたり、また制限されてはならない。文明社会においては、市民の一部分のみが、他の多くの階級の者をごまかすために、カレッジや大学に学ぶことは恥ずべきことであり、スキャンダルでもある。全般的かつ平等な教育によってのみ、この弊害は除去され、それによって、人間は真に自由になり得るのである、とコラムは主張する(86)。

不平等な現状を克服して平等教育を実現するためには、「公立学校は、合衆国のすべてのカウンティに、少なくとも現在の人口に必要とされるほど多く設置され、普通税によって賄われるべきである。これらの学校の目的は、英語の基礎、書き方、簿記、数学、博物、工業、農業を教えることとし、全員を入学させ、無月謝とする」ことを提案している(87)。その設置を具体的につぎのように述べている。

「合衆国にあまねく公立学校を設立することの実現性を示すために、人口に従って州を学区に分割すると仮定してみよう。そして、その学区内のすべての土地において、エーカー単位の税金で、すべての学区に一つの学校を維持させよう。合衆国の平均人口にたいして、一学区として十分な、六マイル平方、すなわち三六平方マイルを、論議のために仮定してみよう。校舎は煉瓦づくりで、学区の中心に設けられるべきであり、そうすれば校舎の出入口から学区の境界まで三マイルになる。建物は二階建てで、教室用として階下に大きなホールがある。建物の残りは、教員の家族用で、階下に二室、二階に三室か四室、それにおそらく一エーカーの土地が付属する。

土地には一〇ドル、建物に八〇〇ドル、教員の給料に年額一五〇ドル、助手に五〇ドル、それに数学教材に五〇ドル、合計一、〇六〇ドルを要するだろう。そのうち八〇〇ドルは、校舎の建築費である。そして、二年払いの校舎建築の契約をかなり望むであろうから、第一年目に支払うのは四〇〇ドルとなるだろう。さて、三六平方マイルは二三、〇四〇エーカーであるから、一エーカーあたり四ペンス以上にはほとんどならない。翌年の支払は、六六〇ドル、一エーカーあたり約七ペンスになる。それ以後の年は、教員の給料一五〇ドル、助手五〇ドル、臨時費、書籍その他五〇ドル、年額二五〇ドルとなり、一エーカーあたり三ペンスにも達しないであろう。こんなに僅かな税金が、この最善の目的に使用されることによって、驚くほど輝かしい成果を生むと考えたら、公立学校にたいして誰が本気に反対できるだろうか」(88)

この公立学校設置計画を見ると、当時の現状からはもちろん、一九世紀を通じて農村等においては見ることのできない学校の在り方であった。One teacher one room school の物置き小屋に近い板張りの校舎であった。教員の給与もさることながら、算術のための教具費五〇ドルを計上しているのも、当時としては水準の高いものであった。

さらに、つぎのような国民教育制度案も提出された。一七九八年には、ベンジャミン・フランクリンを会長とする「アメリカ哲学協会」(American Philosophical Society for Promoting Useful Knowledge)が、合衆国憲法成立直後、共和国の精神に適合した教育は、いかにあるべきかについての懸賞論文を募ったとき、以下のものが当選した(89)。それは、ノックスの

「人文教育の最善の制度について」(Samul Knox, 1755 or 6-1823. An Essay on the Best System of Liberal Education, 1799)、スミスの「教育論」(Samuel H. Smith, 1772-1845. Remarks on Education)、フランス人の啓蒙思想家で、フランクリン、ジェファーソンと親交があり、ジェファーソンの要請によって起草したデュ・ポンの「アメリカ合衆国における国民教育」(Du Pont de Nemoure, Sur l'education nationale dans les États Unis d'Amérique, 1800)が、その代表的なものである。

これらの論文は、以下に述べるように、アメリカの政治形態の特殊な精神は、教育の独特な形態を要求するものである、と述べ、また国家は、教育行政上最も能率的な単位であり、それによって真に国民文化の発展を促進できると主張した。これらの論文の多くは、高度に中央集権化した学校統制を企図し、その学校は、無月謝で男女青少年に開放されるべきものとしている。就中その国民教育制度は、青少年をアメリカ民主主義制度や目的に忠誠をいだかせるように教育することを意図していたのである。

スミスの教育案

スミスは、フィラデルフィアに住み、ペンシルヴァニア大学を出た後、ジェファーソン派の新聞を発行したり、「新世界」という雑誌の編集者であり、アメリカ哲学協会の会員であった。かれの「教育論」は五四ページに及ぶ論文であるが、その全体を要約して、二二項目の勧告としてまとめている。それは、つぎのようなものである(90)。

1　教育期間は五―一八才とする。
2　その期間男女はすべて就学させる。
3　学区のすべての教員は、この命令の実行に忠実でなければならない。また命を怠った親は法律で罰される。

4　この制度外の教育を受けさせようとする親は、制度上の年限で完了した後にそれを行うこと。

5　市民からその財産に応じて、教育基金を徴集する。

6　学校制度は、初等学校、カレッジおよび大学から構成される。

7　初等学校は、五才―一〇才の下級部と一〇才―一八才の上級の二つに分けられる。

8　下級部で教育される学科目は、英語、書き方、算術、暗記と口演、道徳、自然現象の記述等とする。

9　下級部は五才―一〇才までの男子であるが、一〇才以下でも能力のある者は上級部に進級させる。

10　賢名で道徳的な人々の全面的な同意によって、その真実性が確証されていないような考えや意見が、子どもの心に注入されないように最も厳重な注意が払われなければいけない。

11　上級部で教育される学科目は、算術および英語の一層広い正確な知識、一般史の簡潔な学習とアメリカ史についての一層詳細な知識、地理および実際的に説明された自然の法則についての簡潔な学習などである。なお、この実際的説明は、教員の指導のもとに一定時間を農業と工業の実習に当てることを含んでいる。合衆国憲法および基本法令を暗記すること、そしてこれを復唱することも上級部には課せられている。

12　初等学校の生徒数は五〇名とする。

13　勤勉と能力の面からみて、明らかに一層の高等教育を受けるに価すると教員が認めた生徒が、カレッジ入学を許可される。初等学校から毎年一名がこの進学を許される。

14　選抜されてカレッジに進学した者は、公費生とする。

15　カレッジの学科は、初等学校上級部の学科の一層高い程度のものおよび文学の教養から構成される。

16　カレッジの学生数は二〇〇名とする。

17　所定の学科を妨げずに学ぶ能力のあるものにたいしては、近代外国語、音楽、図画、ダンス、フェンシングを学ぶ機会を与える。

18　国立大学が設置され、そこでは科学と文学の最高の分野が教育される。国立大学はカレッジから進学してきた学生から構成される。それぞれのカレッジの教授の過半数の同意によって、毎年一〇人に一人の割合で学生が選抜されて大学に進学する。

19　こうして進学した学生は、公費でまかなわれ、大学校内に居住し、科学あるいは文学の修業に努めた時間を勘案して俸給が与えられ、在学したいだけ在学することが出来、大学の特別研究員となる。

20　カレッジおよび大学の教授の定数は定めないが、大学はあらゆる有用な学問分野における教授を含むものとする。

21　教授たちは、最初は法に基づいて選任されるが、その後は欠員が生じた場合はいつでも、初等学校の教員はカレッジの教授を選任し、カレッジの教授は大学の教授が選任するものとする。

22　文学および科学の振興のために、学術委員会がつぎのような原理に基づいて設置される。すなわち、この委員会はつぎの諸分野において秀でた一四名によって構成される。①語学、②数学、③地理学と歴史学、④自然哲学一般、⑤道徳哲学、⑥英語・文学および批評学、⑦農学、⑧工学、⑨政治学と法律学、⑩医学、⑪神学、⑫音楽、建築、園芸、絵画を含む趣味の諸原理、⑬兵学その他の分野、⑭科学の分野において顕著な業績のある者――かれが委員会の議長となる。

この学術委員会の委員は、最初は法令によって定められ、欠員が生じた場合新しい選出は残りの委員によって行われる。……この委員会の職務は、大学、カレッジおよび初等学校において守られるべき国民教育制度を構成すること、大学の教授を選任すること、職員の俸給を定めること、そして学校の全般的事業を管理することである。

以上が、初等学校から大学にいたる国民教育制度案の大綱である。とくに最後の項目の学術委員会は、全国の学校を管理する中央教育行政機関であり、これによって政治的中立が確保され、公正で信頼し得る真理に基づく教育が担保され得ると構想された、注目すべきものであった。もう一つの問題は、女子の教育が除外されていることである。これについて、スミスは、「女子教育の性格と範囲に関して意見が分れている現在、これについて一つの体系を生み出すような一致と同意を求めることは全く断念しなければならない。目下のところは、女子の改善が急速な進歩を印し、その前途は彼女たちの最も熱烈な期待に応じて開かれているということで満足しなければならない」(91)と述べ、女子の教育の困難な状況が示されていた。ニューイングランドにおいては、一八世紀末期にいたって初めて少女の小学校入学を認めたのである。しかし、少女たちの学校教育へのアクセスは、しばしば限定され、そして男子と分離されていた。一七六六年に、マサチューセッツのメドフードでは、少女の入学を許可したが、それは、少年たちが下校した後の午後だけであった。ボストンでは、夏季午前六時—八時の間だけ、少女たちに授業を行う、書き方学校を設置したのは、一八〇四年であり、男子とは分離されていた。こういった状況が一般的であった(92)。

ノックスの教育案

最後にノックスの「人文教育の最善の制度について」に触れてみよう。かれはアイルランドに生れ、グラスゴー大学を卒業後、長老教会の牧師としてメリーランド州に移住し、そこでフレデリック・アカデミーの校長を務めたのである。

この論文は、つぎの節から構成されていた(93)。

第一節　序論
第二節　公教育は、私教育より望ましいものであるのか
第三節　国民教育制度創設の重要性
第四節　国民教育制度案の範囲が考慮されるべきこと
第五節　国民教育制度を完全にするために必要な各種の学校の設立について
第六節　公教育制度案に単一教科書の制度を導入することの利益について
第七節　教区学校または初等学校の設置と運営について
第八節　カウンティ・アカデミーについて
第九節　学習休暇時の娯楽生活について
第一〇節　州立カレッジについて
第一一節　国立大学について

以上の目次で明瞭であるように、この論文は、国民教育制度案を構想したものであるが、その全体構想を示したのが、第五節であった。それによれば、概略はつぎのようなものであった。

合衆国に適した公教育制度の第一段階として、すべての州の各カウンティごとに、教区学校を設置する。第二段階

として、カウンティ・スクールあるいはアカデミーを設置する。第三段階として州立カレッジを設立する。最終段階として、国立大学の設置によって、国民教育制度を完成させる。これら学校制度を管理し、運営するために、連邦議会もしくは州議会によって任命された委員から構成される教育委員会が構成される。州から選出された各委員は、かれらの居住する州の教育長官とし、「学問教授の長官、および国民教育委員会のメンバー」というよび方をされて、各州の小学校あるいは教区学校、カウンティ・アカデミー、そしてカレッジの監督に当るものとされたのである。この州教育長官の下には、各カウンティから教区牧師が任命され、カウンティ内のすべての学校の管理に当るものとされた。このように中央集権化された、政治から中立性を確保し、民主主義的な教育行政機関も詳細に構想されていたのである(94)。

以上の国民教育制度案の諸構想にあらわれた基本的思想は、一つの点に力点を置いている。すなわち、教育が促進し、助長すべきところの目標、理性的共和国民の形成は、基本的には一八世紀の自由主義に基づくものと考えられるが、しかし、それは、アメリカ人の思考と生活にとって特徴的であると考えられるものを、教えこもうとする強固なナショナリズムに基礎を置いていた。さらに、それは、伝統的な教科——すりきれた過去の貴族的遺物と見なされる——に対立するものとして、科学と実用的教科をとり入れようとしたのである。

理性的なアメリカ共和国民を形成する基盤としての国民教育制度案は、いずれも公立、無月謝、機会均等、全員就学、単線形制度を、若干の差異を伴いながらも、共通に提案していた。ジェファーソンの教育案を中心とするこれらの国民教育制度案は、実際に共和国建国後の半世紀の教育改革の道程を先見したのである(95)。したがって、一九世紀の前半におけるコモン・スクールの教育改革家たち、とくにマンにたいして大きな影響を与えたということは言うまでもない。

第二章　公教育思想を支える民主主義、資本主義およびプロテスタンティズム

一　工業化と公教育の成立問題

1　工業化に先行する公教育

リビジョニストの主張

一九世紀前半とくに四〇年代および五〇年代に、アメリカ北東部を中心に形成されていったコモン・スクール（公立小学校）は、どのような要因によって促進され、助長されていったのかについては、アメリカ教育史家の間で意見の不一致が見られるのである。一九六〇年代および一九七〇年代において、リビジョニストとよばれた教育史家は、現存の教育制度を鋭く批判して、アメリカの学校教育の起原を再検討し、コモン・スクールは、工業化に対応して設立さ

れたものである、と結論づけたのであった。ボウルズ (Samuel Bowles) とギンタス (Herbert Gintis) は、経済学者であるが、かれらの著書である『資本主義アメリカにおける学校教育』(*Schooling in Capitalist America*, 1976) において、かれらは、つぎのように述べている。

「十九世紀の教育改革と拡大が、資本主義的生産様式がますます支配的になっていったことに伴って起こっていったということは疑う余地が殆どないように思われる。とくに顕著なことは、資本蓄積が経済のなかで、最もダイナミックな先進的な部門で行われ、その結果として新しい労働者たちが賃労働制のなかに組み込まれ、プロレタリアート階級と失業予備軍が拡大され、社会的不安とそれに伴って政治的な抗議運動が起こり、そして教育の拡大と改革に運動が発展してゆくというパターンが繰り返し起こっていたということである。さらに、教育制度の変革にたいする政治的ならびに財政的な支持についてもあるパターンが繰り返し起こっていた。すなわち、教育改革にたいする刺激は不満を抱いている農民あるいは労働者からくることもあったが、教育における革新の形態と方向に、明白な刻印を刻みつけていった運動の指導力は例外なく、経済の主導的な部門にいる専門職と資本家の人々であった。」(96)

ここで概念が曖昧で漠然としているのは、「教育改革」「教育拡大」という用語の用い方である。コモン・スクールに就学する年令層の比率の増大なのか、識字率の拡大なのか、教員の資質の向上なのか、等々の意味内容が不明であるということである。そういった内容不明の「教育改革」「教育拡大」が、マルキシズムの公式概念である労使の階級闘争によって、実現されていくということ、またそれらを運動として指導していくのは、経済の専門職および資本家であるということは、歴史の現実から見れば、きわめて一面的であり、事実を歪めているのではないだろうか。後述するような事例によってそれらにたいして反論することにしよう。

かれらは、公立学校教育の出現を、南北戦争以前の二、三〇年間である、と決定し、その始動日時を、一八三七年のマサチューセッツ州教育委員会教育長として、マンが就任した期日としている。

「アメリカ教育制度の法的、財政的、そして社会的構造が、このようにドラマティックに変化するに伴って、進学率もまた急速に高まっていった。南北戦争の二十年前には、五才から十九才の年令層の白人子弟のうち学校に通っていたのは三八％をわずかに下回る水準であったが、一八六〇年になると、この率は五九％まで上がっていった。このようにして、ホレース・マンが一八三七年新しくつくられたマサチューセッツ州の教育委員会に任命されたときにほぼ始まったと考えられる教育改革が、二、三十年の間に、アメリカ社会の歴史における重要な転換点をつくるものとなっていった。」(97)

この見解にたいして、ヴィノブスキス(Maris A. Vinovskis)は、ギンタス等の一九世紀アメリカにおける大衆教育および教育改革の発展に関する解釈には、多くの問題点が存在する、と言っている(98)。その一つに、一八四〇年代と一八五〇年代における公立学校改革運動と大衆教育の拡張とを同一視しており、そしてマサチューセッツ州以外の発展を視野に入れていないことを挙げている。これについて、ヴィノブスキスが述べているわけではないが、ここで意味する公立学校改革運動とは、教員の資質向上の一環としての師範学校設立、教育課程、教育方法の改善、校舎、教室の改良等であり、言ってみれば公教育の質的転換であり、大衆教育の拡張は、子どもたちの就学率の増大であり、ハイ・スクールの増設であったと考えなければならない。

さらにヴィノブスキスは、マサチューセッツにおける大衆の読み書き能力や教育水準は、一八四〇年代および五〇年代以前において、かなりの状態に在ったことに言及している。ロックリッジ（Kenneth Lockridge）の研究成果を引用して、一七九〇年までにニューイングランドの男子の九〇%、女性の六〇%は、読み書きができたことを、かれは明らかにしている。読み書き能力に関する国勢調査によれば、一八四〇年のマサチューセッツにおける二〇才以上の白人人口の僅か一・一%の者だけが、読み書き不能者であった(99)。それに加えて、フィシュロー（Albert Fishlow）は、マサチューセッツの就学者の比率の概算は、一八〇〇年において既に高くなっており、それに続く四〇年間に徐々にその比率は増大していったことを明らかにしている。まず一八三〇年におけるその五才—一九才の在学百分比は、七二・九%であり、因に、ニューヨーク州のそれは、七三・八%であった。その事実から、マサチューセッツ州においても、フィシュローは、「一八三〇年以前の時期にたいする積算は、冒険的である、ということは認めるけれども、それにもかかわらず、仮説的ではあるが、一八〇〇年から一八三〇年まで、全期間を通じて、比較的活気をもって教育が行われていたということが結論づけられる」(100)と述べている。

一八四〇年と一八六〇年との間の白人就学生徒の就学百分比における最大の増加および生徒数の増加は、ニューイングランドや中部大西洋沿岸州においてではなく、北部中心地帯においてであった。大部分が農業地域である北部中心地帯の二〇才以下の白人就学生徒の百分比は、一八四〇年における二九・〇%から、一八六〇年における七〇・三%に増加したのである。他方、より工業的であるニューイングランド諸州における百分比は、八一・八%から七三・

在学比率、1840–1860

地域	1840 (1)	1850 (2)	1850 (3)	1860 (4)	1860 (5)
ニューイングランド	81.4	76.1	79.0	73.8	75.0
中部大西洋	54.7	61.9	63.6	61.3	64.6
南部大西洋	16.2	29.7	38.6	31.4	42.5
北部中央	29.1	52.4	58.8	69.4	65.6
南部中央	13.4	21.0	45.4	38.6	45.9
合計	38.4	50.4	56.5	57.0	59.9

注）第1、2、4欄は1840、1850、1860年の教育に関する国勢調査、第3、5欄は1850、1860年の人口に関する国勢調査に依る(102)。

八％に下降したのである(101)。マサチューセッツにおいても、その百分比は、一八四〇年の六七・四％から一八六〇年の五六・八％にまで劇的に下降した(102)。その大部分の理由は、三才、四才児の幼時学校就学者を統計から排除したことに因るものであった(103)。

ニューヨーク州においては、先にも触れたが、白人の〇才―一九才の公立学校在学比率は、一七九〇年に三七・一％、一八一五年に四七・五％、一八二〇年に五七・四％、一八二五年に六四・四％を示していたのである(104)。この傾向は、前述のマサチューセッツ州の状況を補強するものである。

リビジョニストのフィールド(Alexander James Field)は、論文「一九世紀中期マサチューセッツにおける教育改革と工業発展」(Educational Reform and Manufacturing in Mid-Nineteenth-Century Massachusetts. Ph.D. diss, University of California, Berkeley, 1974)において、公立学校制度の発生と工場制度の発展の同時性を強調したのである。それについて、つぎのように述べている。

「大衆の公立学校教育の発生と工場制度の発展との間の関係は、歴史的同時発生以外の何物でもない。教育改革の努力は、それを志向するそれぞれの原動力に起因している。そして、その原動力は、学校教育への投資を考える個人的動因の側でも、また公立学校制度への資金の投入に影響力を行使する政治家や行政官の側のいずれにおいても、物質的利益を認識するというよりはむしろ、徳性や倫理観に関心をいだいていたのである。」(105)

これは、コモン・スクールで学習する読み、書き、計算を中心とする知識は、労働力として、工業生産に直接寄与するものでもなければ、またしたがって賃金にそれが跳ねかえって給与の増大に結びつくことも在り得ない、ということを意味した。このことに関して、かれは、さらにつぎのように述べている。

「以下のような職種の間の変化から、マサチューセッツ経済にたいする技能および制度的訓練の必要度の傾向を吟味してみた。すなわち、農業労働者、生産労働者、熟練労働、ホワイト・カラー事務職員、教員、科学的および技術的職員および知的専門職である。平均において、これらの職種の必要度は、下降しつつあったと結論することになった。人口の占める知的専門職（弁護士、医師、大学教授、技士等々）の比率は、下降しつつあり、少なくとも一八七〇年までには、科学的および技術的職員の増加はなかった。またホワイト・カラー労働者間の増大した雇用（簿記係、事務職員および教員――女性――）は、ハイ・スクールの卒業生であったが、ハイ・スクールへの進学は、親の社会的地位や財産に依存しているため、そのことによってコモン・スクールへの就学者増大を説明することは不充分である。労働力の主要な部分は、農業分野から、製造業にこの期間移行したし、また製造業における生産労働者間の技能の必要度は、下降しつつあった。これらの結論は、コモン・スクール復興は、増大した技能にたいする高い需要に依存するものであるという仮説にたいして、疑問を投げかけるのである。」(106)

このように、フィールドは、一八二〇年代から一八三〇年代にかけて進行し、一八五〇年代にはほぼ確立するアメリカの産業革命の時代の経済と教育の関係を、同時発生と判断し、前述の如く、教育された労働力の生産的価値を積極的に評価しようとはしないのである。かれの記述に見られる、ホワイト・カラー労働者の雇用の増大は、製造業が求める職種であり、その職種の訓練・養成は新設されたハイ・スクールにおいてであった。そのハイ・スクールの校数も、マサチューセッツ州においては、一八二一年↓一八四八年に三七校であったものが、一八四九年↓一八六〇年には八〇校を超していることを見れば、その需要の度合の強さが伺えるであろう(107)。そして、そのようなホワイト・カラーの雇用の増大は、ハイ・スクール進学を刺激し、同時にコモン・スクール就学率の増大を結果するということは、驚異的なハイ・スクールの設置校を見れば歴然たるものである。

フィールドは、コモン・スクールの社会的役割をつぎのように限定的に枠づけするのであった。

「大衆公立学校教育は、規律正しい、敬虔的で、正直で、そして自己修養する労働力を保証する、社会化の普遍的な機関として作用するように、計画されたのである。そして、その労働力は、新しい工場の内部的な指揮命令組織体の中で、懸命に働くのである。労働する時間外では、規律正しいやり方で、身辺雑事に精を出し、そして選挙時には、煽動の訴に陥ることはないであろう。」(108)

これは、コモン・スクールを認知機能の育成機関というより、プロテスタンチズムの倫理観を身につけた労働力を育成する機関と見なすものである。しかし、そのように、コモン・スクールを考慮するならば、工業化とそれを同時発生の時点に位置づけることは歴史的誤りであり、工業化に先行し、それを担い得る資質を持った労働力の育成するコモン・スクールの発生が成立していなければならなかったのである。

これに関連して、再びギンタスおよびボウルズの所論に言及することにしよう。かれらの観点からすれば、教育拡大に関するより適切な尺度は、子どもたちにたいする第一義的な教育者である親が、教員にとって代わられたということにあるのであろう。かれらは、家庭が、一九世紀初期、生産の主要な位置を占めることを止めるにつれて、必然的に子どもの教育は、制度としての学校に移行した、と主張するのである。学校は認知的能力を訓練するだけでなく、新しく作られた工場においていずれ遭遇するであろう職階制や規律にも馴れさせるのである(109)。これについて、つぎのように、かれらは述べている。

「資本主義的生産の体系は拡大し、絶えず変革していき、労働力の職業間への分配はかつてなかったほどの規模での変化を惹き起こし、仕事にたいする技術的な要件を絶えず変えていった。家族のなかでの訓練はいっそう不十分なものとなっていった。両親の持っている技術的な水準は、子どもたちがその一生を通じて必要とするものをみたすにはもはや十分ではなくなってしまった。徒弟制度による訓練は、親方が徒弟にたいして七年間も部屋と食事とを提供することを約束し、また労働用役の提供にたいして最低限の訓練を与えることを約束するのが慣習であったが、不況の厳しさが増大するにつれて、徒弟労働の生産物にたいする需要がいっそう不確実なものとなり、親方にとってもその責任はきわめて高くつくものとなっていった。資本の拡大がいっそう進むにつれて、労働者の訓練のための費用を公的に負担するような制度が必要になった。同じように、資本主義的発展のダイナミズムは、労働雇用が景気の変動にたいしてより敏感に、迅速に対応して調整でき、労働雇用がそのときどきの景気の条件に従って、利潤の要請に支配されるような訓練の制度を生みだしていった。」(110)

工業化に先行する公教育

近代資本主義の生産様式として最先端の工場生産に従事する労働者の育成は、制度としての公教育機関に依拠しなければならないことを述べているが、リビジョニストたちは、そのような工業化の生産を促進する要因となる公教育機関の成立の時間的序列を考慮していない。前述のように、工業化の生産体制の確立に先行し、その生産過程に参入し得る労働資質を形成する公教育機関の形成に関する配慮が欠けていることが問題なのである。

ヴィノブスキスは、この点について明確につぎのように述べているのである。

「マサチューセッツ州における特殊なものと見るか、あるいは、アメリカのすべての地域に見られるものかは別として、工業化が合衆国の大衆公教育の発展に先行したり、あるいは、それを惹起させたという考え方を支持する証拠は、殆ど存在しない。大衆公立学校教育は、マサチューセッツ州においては、工業化に先行し、そして最大の就学の増大は、大部分農業地帯である北部中央地域に惹起されたのである。それ故、西欧の多くの国々における状況とは異なり、北米の発展とくにカナダの工業化だけでなくアメリカ合衆国の工業化も、比較的に遅れて到来したのである。重要なことは、それは、読み書き能力が殆ど全般的水準に到達した後に達成するものであり（白人人口の中で）、また大衆初等教育の公立制度の設立および拡張（中等教育ではないけれども）の後に、工業化が成立するのである。」(11)

このことは、言いかえれば、アメリカの大衆教育である、コモン・スクールの成立は、一九世紀中期の工業発展の結果として見るよりも、むしろ、それは、すべての子どもたちに聖書の講読を確実にする植民地清教徒の教育活動の継続として見ることの方が、より真実であることを意味した。そして、この教育にたいする宗教的な熱意と情熱は、一八世紀末における合衆国の形成による国民意識および一九世紀初期におけるすべての白人成人男子にたいする選挙権の拡大によって強化されていった。とくに前章で述べた合衆国形成期に表明された国民教育制度案の諸構想は、コモン・スクールの制度化に重要な役割を演じた。初期共和国の形成期に憂慮された国家の脆弱性を考慮すれば、コモン・スクールは、アメリカ国民にとって、必須のものと考えられたのである。普及する読み・書き能力を促進する手段としてだけでなく、また道徳的価値を保持する一つの方法として、必須の社会制度として考えられたのであった。母親が、今や次世代の当然の教育者であるということが認知されてくるにつれて、植民地時代において女性に大きく制限を加えていた教育機会を、コモン・スクールに参入させることによって、平等化する傾向が明確になってきた。前章において指摘したように、また後に詳述するように、教育は経済的生産性を持つことによって、経済的発展と社会移動（立身出世）を刺激するという、一八四〇年代および一八五〇年代における増大する認識に加えて、白人にたいするコモン・スクールは、南部を除いて、合衆国のすべての地域において急速に受け入れられていった。リビジョニストのボウルズ、ギンタス、フィールドそしてカッツ（Michael B. Katz, *Reconstructing American Education*, 1987）等が、主張したような見解すなわちコモン・スクールは、無関心あるいは敵対的な労働者階級にたいする押しつけであるという主張にたいしては、北部労働者間には、コモン・スクールにたいする強力な熱意を持った支持が広く拡がっている証拠が相当に存在したのである(112)。

もちろん、工業化は、たしかに現存する一定水準のコモン・スクールの状況を支え、教育をめぐる環境整備に貢献したのである。一九世紀前半における都市環境にたいする社会不安とくに多数の移民者の居住地域においては、コモン・スクールは必要であり、個人の生活を向上させるだけでなく、社会を保全し、そして擁護するものであるという信念を強化したのである。さらに、人口の増加や工業化による製造業の生産増大によって惹起され総体的な富の成長は、コモン・スクールの改善・改革に貢献したことは言うまでもないことである。

2　公教育の胎動

合衆国形成期の教育

二〇世紀の前半まで、合衆国形成期から一八四〇年までの時代は、アメリカ教育史においては「眠っているような時代」あるいは、「不振のどん底」という神話が通用していた。アメリカ北東部においては、その期間、殆ど学校教育は存在しなかったという幻想は、ホレース・マンやヘンリー・バーナードの如き教育改革家にまで、逆のぼって跡づけることができる。かれらは、農村地域に一般化していた小規模学区学校にたいしてと同様に、アカデミーのような私立学校を敵視していた。前述したように、マンは、一七世紀中期のニューイングランドのタウンの教育に言及し、そこでは、学校はタウン全体に役立ち、植民地範囲の法律によって、その設置が義務づけられていたことを強調していた。マンは、初期清教徒の教育方針を尊崇していた。そして、ニューイングランドの学校教育への関心が中断される〝深い眠りの時代〟の後の教育発展の時期の両者を、マサチューセッツの教育ととらえていたのである。この考え方を共有した教育史家によって、この〝眠っている時代〟の教育史観像が形成されたのである。アメリカの公立学校教育の進展は、独立戦争によって抑制されてしまったと、カバリは、つぎのように述べていた(113)。

「われわれの国家生活の半世紀が過ぎ去った今、再びアメリカ教育の意識が顕著におよび戻され、その学校の顕著な発展が再び開始される。」

――と。

またマーチン(George Martin)は、この時期を「不振のどん底」とよんだのである(114)。

しかし、前述のようにこの時期は、けっしてこのようなものではなく、全期間を通じて比較的活気をもって教育が行われていたということを述べた。ここで、その実態を考察してみよう。まず第一に、ボストンの例を、シュルツの研究(Stanley K. Schulth, *The Culture Factory — Boston Public School —, 1789-1860*, 1973)に依拠して述べることにする。

合衆国形成期の教育にたいする政治の熱情は、若干の立法的果実を生み出したのである。一七八九年のマサチューセッツの教育法については、前章において、教員にたいして、青少年に敬虔・祖国愛・禁酒・勤勉・節約・節度・克己の徳目、そして共和国憲法が基礎づけられている根底を印象づけるために最善の努力を傾けることを義務づけたことを述べた。

学校設置や教育課程に関しては、従来のものを修正して、現状に即応するように、つぎのように規定したのである。

「五〇家族、あるいは五〇世帯主を有する州内のすべてのタウン、あるいは学区は、子どもたちに読み・書きを教え、英語、算術、綴り字、礼儀正しい態度を教授するための、有徳の一人ないしは複数の教員を配置しなければならない。そして、毎年の教育期間は六ヵ月開校しなければならない。

一〇〇家族あるいは一〇〇世帯主を有するすべてのタウン、あるいは学区は、一人ないしは複数の教員を配置し、毎年の教育期間は一二ヵ月開校しなければならない。

一五〇家族、あるいは一五〇世帯主を有するすべてのタウンや学区は、一人ないしは複数の教員を配置し、毎年の教育期間は六ヵ月開校しなければならない。そして、さらにそれに加えて、上述のように一人ないし複数の教員を配置し、子どもたちに英語を教授しなければならない。その場合、毎年の教育期間は一二ヵ月開校しなければならない。

二〇〇家族、あるいは二〇〇世帯主を有するすべてのタウン、あるいは学区は有徳のグラマー・スクールの教員を配置し、ラテン語、ギリシャ語、そして英語を十分に教授すべきである。さらにそれに加えて、上述のように一人、ないしは複数の教員を配置し、子どもたちに英語を教授し、毎年の教育期間は上述の学校ごとに、それぞれ一二ヵ月開校しなければならない。」(115)

大部分のタウンは、すでに部分的に無月謝小学校を用意していたし、グラマー・スクールの規定も強制するものでもなかったので、とくに重大な影響を与えるものではなかった。

ボストンの場合

ボストン市は、この州法に則り、独自のボストン教育法を一七八九年に制定した。まずグラマー・スクールの設置で、古典語教育の伝統を継続して、ギリシャ語とラテン語を主として教育する学校であり、大学に向けて、生徒たちに充分な資格を与えることを目標としていた。その他に、独立の読み方学校および書き方学校を三校設置することとした。タウンの南部、中心部および北部の端に、これらは設置されるべきとされた。これらの学校は、英語の文法、綴り字、書き方および小数、分数を含む算数の教科目の履修を目的とした。この時代の漠然たる教育ヒエラルキーの中では、これらは中等学校とよばれるものであった。

小学校にたいする規定は全くなされなかった。生徒たちは七才でグラマー・スクールに入学し、一四才まで在学することができた。七才以下の子どもたちは、親方に徒弟として教育を受けるか、私立の〝お上さん学校〟(Dame School) に就学するか、あるいは両親から家庭で教育を受けるのかのいずれかであった。

この法律は、グラマー・スクールに入学以前に、英語の文法について事前教育を受けていなければならず、少なくとも一〇才であることを生徒に要求したのである。したがって、大部分の子どもたちは、グラマー・スクールに就学する以前に、私立教育機関に就学していたのである。しかし、この法律は、私的個人教授の敢行を禁止したのである。したがって、グラマー・スクールに入学する生徒たちは、かれらの学力不足を補足するために、午前か午後のうちいずれか一日二時間、読み方学校、書き方学校の公立学校に就学することができた。

これらの公立学校は、年間を通じて開校されていた。授業時間は四月から一〇月までは、午前七時三〇分から午前一一時までであり、昼食の休み時間は午後二時までであり、その後再び授業が午後五時まで行われた。冬期間は、一時間遅く開始され、午後は一時間早く終了した。月ごとに生徒たちは、午前中は読み方学校に、午後に書き方学校に出席したのである。文法、作文、読み方、綴り字および算数の授業が、両者の学校に共通であった。教育課程の中心となるものは、敬虔な精神と社会秩序にたいする敬意を表明する服従の精神と態度であった。この法律の起草者は、公立学校は、私的および公的徳性を促進することを意図したものであった。読み方の読本の内容は、この役割を強調したものであった。そして、その実行を教員に期待したのであった。教員は一日の授業の開始に先立って、祈祷をもって始め、その後教員の聖書朗読が行われたのであった。

こうして、一七八九年の組織の下で、ボストンは、すべての子どもたちにたいして開放された公立学校制度は、若いアメリカ国家のうちでは、唯一のものであり、学務委員会という人民により選出された公務員によって管理される唯一の制度であることを享受したのであった。しかし、そこには大きな矛盾が存在していたのであった。

一八一七年五月一日に、一団の市民が、タウン・ミーティング（市議会に相当するもの）にたいして、公立学校問題を処理する請願書を提出した。「われわれにとって、七才以下の子どもたちの教育にたいして、タウンの経費で学校を用意することは重要な事であると考える。……この問題を討議する集会が開催されるべきであり、そして、適切な行動がとられることを要請する」と申し入れたのである。直ちに委員会が構成されこの問題にたいする調査活動や検討が行われた。この調査によると、ボストン・タウンは、八つの公立学校を有しているが、そこに在籍している生徒数は二、三六五名であり、学令人口の約一六％に当たり、すべて七才以上の児童であった。ボストンには、少年少女のための私立学校は一五四校も存在し、在籍数も三、七六七名であることが示され、八校の慈善無料学校の在籍者三六五名を加えると、四才—一四才の間の生徒、四、〇〇〇人以上が私立学校に在学していることが判明した。ボストン人は、かくて公立学校に就学しているよりも、約二倍の生徒たちを私学において教育していたのであった。さらに、全く教育を受けていない子どもの数は、私学教育を受けている者の数よりずっと多いことさえも明らかになったのである。

新聞の報道運動と関心のある市民による集会の結果として、小学校に関する新しい陳情が、一八一八年五月二五日に、タウン・ミーティングに提出された。そこには主要な市民二〇〇名によって署名されたが、その中には著名なチャニング（William Ellery Chaning, 1780-1842）も含まれていた。かれは、アメリカにおけるユニテリアン主義の成立に貢献し、ニューイングランドの知的エリートの指導者であった。この陳情書は、余りにも多くの子どもたちが、法律や秩序にたいする尊敬の念も持つことなく、そして無知の状態で育っていくことに不満を示し、そして、かれらが七才で公立学校に入学するために、四才からの年少者を教育する公立小学校の設置を要求したのであった。

委員会等で、激しい討議にこの陳情書の提案が付された結果、同年六月一六日、タウン・ミーティングは、その提案を承認したのである。どこの教育機関にも就学していない、四才―七才児の一、三〇〇余の生徒にたいして、ボストンに二〇校の小学校を開校することが、新設された小学校委員会によって決定された。開校した当初、この学校に就学する児童の三分の一は、全く字が読めなかった。地区によっては、その数は半分にも達していた。しかし、最初の年度末までに、これらの学校は聖書講読の授業を通じて、徳性を教化するその目標を達成し始めたのである。読み・書きができなかったこれらの子どもの多くは、今や新約聖書を読み始めることができる、と小学校委員会は自慢げに述べたという。或る学校においては、模範的生徒は、聖書の四三八節を暗記し、学級の平均である二六七節をはるかに凌駕していたのであった。

一八二〇年までに、ボストンの学校制度は活況を呈するようになった。一八二〇年代の初期にボストンは市制をとるようになり、全市を通じて、小学校は三四校まで拡大されていった。四才―七才の生徒たち一、六〇〇名以上が、そこに就学していた。その年度に、必要な条件を満たし、小学校からグラマー・スクールに入学したのは三五〇名の生徒たちであった。これらの上級学校それ自身の総在籍数は、二、二〇三名と報告され、前年度を二二三名上廻ったと報告された。この数は、この地域社会の学令人口（七才―一五才）の二二％にほぼ近いものであった。

ボストンは、今や租税を通じて、四才―一五才の間のすべての子どもにたいして、一つの方法あるいは他の方法によって、教育を提供する学校制度を形成し、維持したのである。たしかに、ボストン市のすべての子どもたちが、就学しているわけではないけれども、しかし、市民形成の基礎を学習する機会は開放されていたのである。このような公立学校の運営や教育課程を管理する者たちにとって、貧民であれ、富裕であれ、ボストンの子どもたちに、都市社会およびキリスト教社会に重要であると信じる道徳的、宗教的および市民的価値を教化することが可能であった(116)。

このように、ボストンの大衆公教育制度は、アメリカの産業革命の進行以前に、すなわち工業化に先行して、市民の要求によって整備されていったのである。

3　その地域的差異

リンの場合

リンは、ボストンに近いタウンであった。一九世紀後半には、靴製造工業都市として発展していったタウンであった。人口は、一八〇〇年から一八三〇年に倍増し、二、八三七から六、一三八になっていった。一八〇〇年以前の公的に支持されたリンの学校教育は、タウンの小規模人口や農村的状況を反映していた。一六九六年から、タウンは学校設立と維持を命じられ、一七九〇年代までリンにおける公教育は、第一次的にはいくつかの行政区を巡回する移動学校から構成されていた。一七九〇年代の後半、リンの市民は、公立学校教育をより中心的に組織することを積極的に進めることを実践していった。タウン集会は、四つの行政区から各一名づつ選出して、「監督委員会」を選出することを表決した。各行政区は、したがって、「学区委員会」(後に財務委員会として知られるものである)を選出することを継続した。この学区委員会が、教員を採用し、監督し、学校に関する規則を制定し、そして校舎修繕に必要な木材を提供し、その工事を行った。監督委員会は、他方において、タウン全範囲の規則を制定したり、学校を季節毎に訪問し、行政区間の争いを調停し、無能教員を解雇し、そして、タウンにたいして、年報を報告することが義務づけられた。

人口増加に対応して、一八二〇年、監督委員会に、タウン範囲のグラマー・スクールの設置を提供させる状況が招来された。それ以前に、人口増加に対応して、学区を再編し、二行政区が創設された。

「数校においては、子どもの数が多いので、教員たちは半日に各児童にふり向けられる時間は、僅か一分余りの時間しかない。この改善にたいする重大な妨害を除くために、監督委は、恒久的なグラマー・スクールをタウンに設置することが必要である、としたのである。これは、適切な授業と良き規則の下で、前述の問題を解決し、また教員の大なる負担を軽減することになろう。」

この提案は、十分な支持を得ることに失敗したが、しかし明らかに人口増加とともに就学する子どもたちの数の増大を明示するものであった。

一八二〇年代までにさえ、教室一杯に群がる子どもたち(四才―一四才)の授業や訓育を実施することは、多くの困難を伴うことであった。十分な授業や訓育を実施し得ないとすれば、多くの子どもたちの不規則な出席状況を惹起し、学校の教育計画を断片的なものにしてしまった。学区委員会は、親たちに子どもたちを毎日規則的に送り出すことを切に勧告した。同時に監督委員会は、この増大した生徒数を、年令や学力水準に対応した、異なった型態の学校の創設を試みたのである。第一が混合学校（人口の少ない行政区に残っている伝統的な異年令集団）、第二が、主要学校（年長児童に対応するもの）、第三が、中間的（次の年令段階に対応するもの）、および第四が初級学校（最年少者段階に対応するもの）であった。この初級学校は、一八二七年に設立され、その後一八校にまでいたったという。

基礎的な読み・書きの技能と人格形成に力点を置いた、最初の初級学校は、四才―九才の子どもたち約一〇〇名を擁していたが、「成功したというよりはむしろ新奇なもの」というものであったという。おそらく、最も意義深いことは、最も完璧な、そして元気のいい服従を見守りながら、その寛大さと穏健さとを特色としていることは注目すべきものであった。またその教員と生徒の間の愛情は、誠実で相互的な愛情と思えるようなものを伴っていた、という。

その年報には、「子どもたちの年令と学力の増進とに適合した学校の適切な等級化は、大いに子どもたちの教育に役立つことになるであろう。……この原則は成功裡にリンに適用されて来た。ここでは、現在、初級学校、中間的学校および主要学校は、子どもたちの全学校生活に及んでいる。ハイ・スクールだけが待たれるものと思われていた」と記されていた。

この教育重視のリンの住民の背景について見ることにしよう。リンが一九世紀に入って都市化するにつれて、経済的および社会的緊張が明白になるにつれて、社会的安定と経済的自立と成功への機会が保護されるべきであるならば、一定の変化が必要である、と思われたのであった。

変化していく社会的諸条件への対応は、社会を構成している個人の道徳的価値言いかえれば個人の霊魂の質によって決定されるという、古きそして基本的にはキリスト教の概念によって、影響を受けたのであった。したがって、社会の質——その安定性、その秩序、その徳性——は、それを構成している個人の精霊の質の函数であった。ニューイングランドにおいては、この伝統は、清教徒の道徳律の真の内省的および個人主義的性質に依拠しているのである。しかしながら、一七世紀から一九世紀にかけて、この伝統にたいして、環境的要因が大きく作用する状況が生み出されてきたのである。精霊への強調は、人格への強調にと、力点の置き方が変化してきた。新しい解釈では、人間は悪霊もしくは悪い性格で生れてくるものではない、ということが力説された。人々が注目し始めたのは、人間の善悪は、神のさし向けた恩恵の暗示にあるのではなく、その個人をとり囲む環境にある、ということにたいしてであった。

一九世紀初期の道徳的改革者たちが、都市化、工業化および移民の混乱した社会状況にたいして、第一に、慈善心に富み、そして改良・改善の社会を設立することによって、そして第二に、牢獄、救貧施設、精神病院および無月謝学校のような社会的機関を設立することによって対応しようとしたのは、そのような考え方に依るものであった。改革者たちは、これらの社会的機関において、そこに収容された人たちの人格を改革することを期待したのである。リンにおける発展は、西欧を通じて発生したこの広範の過程に、密接に対応するものであった。

この地方の地域史の研究者は、南北戦争以前のリンにおいては、道徳律と自己訓練、勤勉、節制、自己否定および権威にたいする尊敬というものが、強調される雰囲気であったという。怠惰、余暇、淫蕩な野卑な行為、放縦および長々とした儀式にたいして、等しく非難することがあった。リンにおいて、徳性を改善しようとした最初の組織的努力は、一八二六年に設立された、勤勉、節約、禁酒を促進するための製造業者協会の主催によるものであった。安定した社会への関心に動機づけられたこの協会の構成員たちは、労働者たちに、経済的、社会的に高まる機会への関心に訴えたのである。勤勉、節約および禁酒を実行すれば、必然的に、これらの徳行の実行者にたいして物質的報酬をもたらす貯蓄を結果として取得させることになる。そのような努力は、リンにおける製造業の成長に直接反映したと言われる。しかし、このようなイデオロギーが発展した時代には、まだリンは、商業都市であった。

都市における道徳の遊説の制度的効果は、重大なものがあった。学校教育に関しては、地方自治的な学区学校は、学校制度に組織化されるようになってきた。その過程で、子どもにたいする影響の範囲は、大きく拡大されていった。初期の学校は、その基礎的目標として、初歩的な読み・書き・計算の技能を教授すること、そして、良き徳と行儀正しい態度の訓育を、主として聖書の教義問答書を通じて行うことであった。しかしながら州法によって規定される、新しい公立学校制度においては、人格形成がより中心的なものとなり、そして、それについての議論がより切迫したものとなっていった。

効果的な人格形成の手段としては、学校教育にその比重が置かれるということは、リン市の市民のすべての分野を通じて共有されてきたことである。リン市には、靴製造職人として雇用されて働く労働者階級が発行する新聞があった。労働指導者たちが、学校制度や支配的なイデオロギーに異議を唱えようとすれば、それらにたいする新しい方向を示唆する具体的提案が期待されていたからである。しかしながら、かれらは、そのようにはしなかった。その代わりに、かれらは、近代的な都市イデオロギーおよびその中における教育の役割を喜んで受け入れたのであった(17)。

このように、リン市のコモン・スクールは、アメリカにおける有数の靴製造工業都市に発展する以前の商業都市の時代に、言いかえれば、一八二〇年代に既に年令別学校形態に編成し、多数の学令人口に対応する就学方式を確立していったことは注目すべきことである。

ボックスホードの場合

最後に農村地域である、ボックスホードの事例を見てみよう。この農業タウンは、工業都市リンと大都市ボストンの声の届く距離にあり、基本的には一九世紀を通じて、農業地帯であった。このタウンの人口は、一七九〇年の九二五人と一八三〇年の九三五人との間に若干の増減が見られる程度の人口規模であった。

一八世紀においては、初期マサチューセッツ法は、すべてのタウンに小学校設置を義務づけていたのにもかかわらず、ボックスホードの公立学校制度は、発展するのに緩慢であった。州議会は、一七〇一年に反抗するタウンにたいして、警告を発したのである。法令施行後一六年たっても、一人も教員を雇用していなかった。その後は、多年の間、移動学校を設けたのである。そして、一七三八年に、最初の校舎が建設された。一七八九年の教育法によって、タウンにたいして、学区の設置と校舎建設が義務づけられた。それによって、タウンは、六学区のそれぞれに資金を充当したが、それでも、この命令さえも限定的な効果しか持たなかった。大部分の学区は、校舎建築を遅滞させるかあるいは全くその業務を無視するかのいずれかであった。一七九五年の当初、三―五人の学務委員会委員が任命され、一七九九年までに六学区のうち五学区に校舎が建設されることになった。

学務委員の業務は、教員を雇用すること、資金を冬期と夏期とに配分すること、あるいは「女子学校」および「男子学校」に分配すること、燃料を確保すること、各学期に教室を監督すること、年次タウン集会に学事を報告する等々であった。四〇〇―五〇〇ドルの予算を執行し、公道修復基金を一定の手順に従って承認し、また無法者を拘束することを要求する規則を承認して、学務委員会は、一八二七年まで学校を監督してきた。その年タウンは、教員を雇傭するために、各学区に「運営委員会」を設置する、新マサチューセッツ教育法を利用した。一〇年を経過して、学区は、かれらの権限、とくに課税権などを増大させた。かくてボックスホードが発展し、繁栄するにつれて、そのコモン・スクール制度は、益々学区統制下に発展していった。

コモン・スクールが、ボックスホードにおいて拡大しつつあった同時期に、多様な他の諸機関が、子どもたちに、教育機会を提供したのであった。家庭に次いで、おそらく教会がボックスホードの若者に、社会化の役割を演じたのである。タウンには、二つの会衆派教会の教区が存在した。一つは東に、他は西にあった。ボックスホードにおける学習のもう一つの大衆的な源泉は、長期にわたる唱歌学校であった。それは、教育的機能として、かれらの社会のために、多くの刺戟を惹起させたのである。

私立学校は、さらに学区学校の教育を補強していった。少なくとも二校が一八三〇年代に運営されていた。一つは、未婚の婦人によって、住宅で小学校程度の学級が開設された。もう一つは、やはり婦人によって、約二五人の少女のために、「教職に就けるように」教育されたのである。一八一八年には、法人組織化された、最初のアカデミーが、約五一〇名の生徒を収容して、一八二九年まで存続した。生徒は、ボックスホードはもちろんボストン、セイラムそして他のタウンからも入学してきたのである。

こうして、一八三〇年代までに、どのような場合においても、公費で支えられ、そして地方自治体の統制の下で、すべての子どもたちのために準備されたコモン・スクールの教育の重要性が、ボックスホードにおいて承認されていたのである。したがって「小さな赤い校舎」は、今や強固に確立された地域社会生活の必須部分となってきたといえるのである(118)。

こうして、大都市ボストン、工業都市リンそして農業地帯のタウンであるボックスホードは、それぞれ歴史的・社会的環境を異にしているが、いずれも、一八二〇年代から一八三〇年代初期にかけて、小学校ないしコモン・スクールを整備し、大衆にたいする公教育制度の原則に即応した教育環境を、不充分ながら確立したことが明らかになった。すなわちこれは、産業革命が進行し、工業化が達成される以前に、近代資本主義の成立にとって不可欠の、近代労働力の育成の社会的基盤が、整備、確立されたことを意味するのである。この意味で、マサチューセッツのコモン・スクールの発展およびその改革の性格の分析は、アメリカ教育史にとってきわめて重要なものとなってくるのである。

二　マンの登場と教育改革

1　マンの生い立ちと教育委員会委員就任

マンの生い立ち

マンは、一七九六年五月四日、マサチューセッツ州ノーフォーク郡のフランクリン・タウンに出生した。かれは、ウイリアム・マンから数えて第六代目の子孫に当る。ウイリアムの息子、サムエル・マンは、一六六五年にハーバード大学を卒業し、その後デッドハムやレンサムにおいて、牧師であったり、教員でもあった。その子孫たちは、マサチューセッツの庶民に属する人たちであった。父であるトマス・マンは、生計の手段として、小規模な農業を営んでいたが、健康に恵まれず、息子であるホレースが一三才の時、結核で死亡してしまった。かれは、子どもたちにたいして、家庭や学区学校で与えた教育とともに、知的・道徳的感化を唯一の遺産として残したのである。母親のリベカ・スタンリーは、教育こそなかったが、その精神的能力において、論理的というよりも、むしろ直観的にすぐれた知性の婦人であって、稀にみる人格の持主であり、子どもたちの教育に一身を捧げた。彼女は、教訓癖のある教育はしなかったが、人間として正しい方向に向けて発達させるという、より価値ある教育を行った。マンは、一六才の時まで母とともにこの農地で生活をともにした。フランクリンの町は、ボストンについで知的、道徳的品位を持ったタウンであった。そして、マンの家庭は、この町でよい評判の家であった。トマス・マンは、非凡な才能と知性と道徳的性格を有し、悪いことはしなかったし、悪いことについて語ることはしなかった。もし、かれの子どもたちが、恵まれない人々を哀れみ、援助し、愛と善行を施すならば、それは、かれらの父の教えと模範によるものであった。ホレース・マンが行った教育改革、奴隷制の廃止、禁酒主義とその実行、恵まれない悲惨な人々にたいする同情等は、すべてかれを育てた両親の家庭教育に、その源泉を見出すことができる。

マンの家庭の躾の方法は、古い時代の厳格さが著しく、両親の心が子どもたちの心に、また子どもたちの心が両親の心に通じ合う新しい精神はまだ見られなかった。母と息子は互いに深く愛し合っていたが、そこには一種の距離と遠慮があって、息子は、自分の体の苦痛を、母がそれに気づくまで、母に訴えることはなかった。このような厳しい抑制は、かれの神経質の性質ゆえマンを一層悩ますものであった。こうした古い家庭の躾は、父の死後の窮迫した状況とともに、この少年を厳しい労苦の中に育成せざるを得なかったのである(119)。

こうして、マンの少年時代は、貧困、辛苦および克己に支配された環境で成長したのである。かれの身体は、早い段階から辛い労働を強いられ、片やかれの精神は、第一章で述べた如く、エモンズ師の苛酷なカルヴィン主義の説教によって、苦痛を味あわされたのである。かれの初期の訓育の影響は、長くかれの知的および性格的気質における道徳主義となって現れることになった。

マンの初期の学校教育は、年間に八週間から一〇週間の短期の、そして並外れた学期間で、その上、比較的能力の貧弱な教師によって、教育されたに過ぎなかった。しかしながら、マンは、ひとたび読むことを学習したら、フランクリン町立図書館の重厚な蔵書を熱心に読書する、労苦の時間を費したのである。これらの蔵書は、ベンジャミン・フランクリンの蔵書が、一七八六年にフランクリン自身によって寄贈された一一六冊の収集書であった。この独学は、巡回教師の短期間の教育の成果と連続したとき、一八一六年のブラウン大学の第二学年の編入試験に合格させるに充分な能力を形成したのである。そこで、かれの体系的な教育が緊張感を伴って開始され、その上、懸命に学習したので、一八一九年の卒業後、直ちに年俸三七五ドルの講師として母校に招聘された。数年以前には、授業料のために二〇ドルを調達するのに困難を窮めたことを知っていた青年にとって、三七五ドルは、実際大変な金額であった(120)。

マンの人道主義的傾向が満開になり始めたのも、またブラウン大学においてであった。明らかに富の獲得よりも、奉仕にたいする精神的傾向は、かれの生活においては大変早くから現れていたのである。

「すべて私の少年らしい空想は、人類の利益のために何かをしようとすることに関係していた。私の両親によって私に教えこまれた慈悲心についての早期の教訓は、この方向に流れ出していった。そして、私は、知識は私にとって必要とされる道具である、という信念を持っていた」(121)と、かつてマンは友人に言っていたのである。ブラウン大学の自由主義的雰囲気の中で、かれの精神的建築物は、堅固な知的支柱を基礎とするようになってきた。

卒業に際し、マンが行った告別の辞、「尊厳と幸福に関する人類種族の漸進的進歩」(The Gradual Advancement of the Human Species in Dignity and Happiness)(122)は、人類の進歩的性格に基づいて、人道主義的楽観論のモデルであった。それは、教育、博愛および共和主義というものが、人間の文明を伝統的に悩ませてきた、欠乏や欠陥のすべてを軽減することを可能にする方法を画いたのである。マンのこの告別の辞は、かれの後の相次ぐ業務を支えることになった信念を、どれほど予言したものであるかは、いくら強調しても強調し過ぎることはない。

マンが、ブラウン大学卒業時に迷った選択の道は、法律家もしくは牧師のいずれかであった。マンは、前者を選択した。ブラウン大学における教育の任を果たす合間を縫って、国会議員であり、レンサムの弁護士であるフィスク（J.J. Fiske）の法律事務所で、法律解釈学を学んだ。その後コネチカット州リッチフィルドの法律学校に入学し、弁護士の資格を得ることにした。そして、一八二三年に、ノーフォーク民事訴訟裁判所における訴訟実務に携る特権を認可され、宣誓を要求された。二年後にノーフォーク弁護士協会は、最高裁判所の訴訟実務に携ることを認めることを勧告したのである。これによって、法的徒弟制度は最終的に完了したことを意味した。この時、マンが三〇才に達しようとする時であった(123)。

法律家としてデッドハムに定住した頃から、マンは、公的問題に積極的に関心を持つようになった。一八二四年、かれは、デッドハムの市民の求めに応じて独立記念日の講演を行ったが、それは、ジョン・クインシー・アダムス（John Quincy Adams, 1767-1848）大統領の注意をひき、この演者の非凡な将来を予言したのである(124)。また一八二六年のジェファーソンの葬儀におけるマンの弔辞にたいして、同大統領は、会場から人が去り、誰もいなくなった室に残って、その弔辞に関して、マンに感謝の言葉を述べた。同大統領は、マンの雄弁は優れた構成であり、格調の高い内容である、と後に記していたという(125)。マンの名誉が新聞に報道されたのは、これが初めてであった。

かれの法律的鋭敏さと弁舌の雄弁さは、一八二七年、かれをして、デッドハムから州下院議員に選出させるほどの尊敬と人気を獲得させたのである。三一才の若き社会改革者は、「人類の利益のため」に、何事かを実行するかれの努力が首尾よく着手されたのである。

マンにとって原則は、つねに最高位のものであり、そして、かれの法律的キャリアーは、まず人道主義的な理念への奉仕によって注目されたのである。しかしながら、かれの社会改革者としての改革への共鳴は、より人気のあるジャクソン的な多様性のあるものではけっしてなかった。マンは、全国共和党員として下院議員になったし、そして、かれの気質は、保守的で、道徳主義であったので、民衆の要求に応じることは、はるかに困難であった(126)。

かれの下院における処女演説は、信教の自由を獲得するものであった。第二のそれは、アメリカで最初に敷設された鉄道に関するもので、そこで、かれは、整備された輸送機関から生じる物質的な繁栄は、人民の中に必然的に、知的および道徳的成果をもたらすべく刺戟を与えるであろう、と主張したのである。一八二九年には、かれは、精神病患者のための公立病院の創設を力説した。そして、その結果は、アメリカにおいてこの種のものとしては、最初の州立精神病院がウスターに設立されたのである。禁酒運動に関しては、かれは、最初から活発に関与していった。

当初は、マンは、完全な飲酒の法的禁止を受け入れさせることは不可能である、と判断し、それに代わって禁酒の経済的効果について、議論を集中させることにしたのである。一八三三年の末期に、「飲酒癖抑制マサチューセッツ協会」の大会に講演を依頼され、そこで、かれは、飲酒癖は経済を衰弱させる効果を持つ、というより拡大された視点から分析を発表させたのであった。かれの提案は、理論的背景を持った堂々としたものであるだけでなく、おそらくセンチメンタルでない、実際的議論として聴取者の興味をかきたてたのである。かれの講演で、出席者は疑いなく驚きを抱き、異なった視点からの問題提起を歓迎した。マンは、従来のありきたりの節酒論を捨て去り、つぎのような主張の新しい鋲を打ったのである。

「州を通じて、とくにボストン市において雑貨商や小売商の金銭的利益は、ウイスキーの全面的販売停止によって、大いに促進されるであろう。なぜならば、かれらが取り扱う他の種類の日常品を購入する購買力が増大するからである。」

――と。

かれの考え方を提示したあと、マンは、小冊子の形で、やっかいな題目「禁酒および飲酒癖の顧客から得られる、雑貨商および小売商人の比較的利益に関する見解」を、出席者に配布した。ここにおいて、マンは、雑貨商の利潤はかれらの販売力に依存するのではなく、かれらの顧客の購買力に依存するものであることを強調したのである。ニューイングランドにおいては、鉱山資源もなく、また温暖な気候からの自然的恵みによる収穫もないので、この購買力は、三つの富の源――人々の健康、精神的な力（知力）および技能、かれらの勤勉および忍耐をかれらの才能に傾注すること、かれらの倹約、節約そして獲得したものを保存、投資および管理する健全な判断力――から由来するものである、としたのである(127)。禁酒運動を単なる道徳的観点からだけでなく、人々の経済的利害の観点から人々に訴えるマンの手法は、教育改革の場合にも適用されるのである。

一八三三年、マサチューセッツ州の上院に移るまで毎期再選されてきたが、上院では四年間つとめ、最後の二ヵ年はその議長であった。

一八三四年には、マサチューセッツ州に教育基金を創設する法律が成立したが、マンは、この基金をいかに配分すべきかについての修正法の成立に助力したのである。この教育基金に関する法律は、一八三五年一月一日に州金庫に存在するすべての金額は、メイン州にマサチューセッツ州が所有する土地の売却によって得られたものと、一八一二年の戦争中マサチューセッツ国民軍の服役にたいする合衆国の「マサチューセッツの請求額」から得られたものである。これらは共に恒久的教育基金を構成し、使用されるべきである、とされた。この基金は、最初は一〇〇万ドルに制限されたが、一八五四年に、議会は二〇〇万ドルにすることにこれを改めたのである(128)。

この基金からのタウンにたいする配分は、二つの条件によって決定されるべきことを、この法は命じた。その第一は、タウンが少なくとも学令児童（四―一六才）一人当り一ドルを教育税として徴収すること、その第二は、各タウンの学務委員会は、法によって規定された形式で、学校の改善にとって有益な立法に資する情報を添えて、統計報告書を毎年州当局に提出することであった。マンの意図するところは、地方の教育にたいする努力を刺激することにあったのである(129)。この三年後に、マンが州教育委員会教育長に就任した時、この規定は、かれにとって、教育改革・改善のための重要な情報源になっていたものである。

一八三六年には、下院の教育部会長であるカーター（James Gordon Carter, 1795-1849. ハーバード大学卒、早くからコモン・スクールと教員養成に熱意を示していた）の支持を得て、「アメリカ教育協会」（American Institute of Instruction）は、数校の州立教員養成所の設立を要求する陳情書を提出した。この陳情について、カーターは、最近の「激怒した群衆による暴動」を指摘した。その原因の一つには、市民の大部分の人たちが、法を尊重する精神を教育されなかった故にこのような暴動が発生したのだ、としていた。普通選挙権が、すべての人々に拡大されていったので、無月謝の公立学校への機会が当然拡大されなくてはならない。しかしながら、これにたいして、知識を有し、財産を持つ富裕階級は、かれらの子どもたちを大衆の子どもたちの教育と分離して教育できるような私立学校の設立を要求している、と、カーターは公言していた。もし、これが継続されるならば、カーターは、国民は修復できない程に、二つの階級に分轄されてしまうことをおそれたのであった。この解決策は、すべての階級の子どもたちが就学するコモン・スクールを改善することであった。これを達成するための第一歩は、教員の資質を改善することであり、そして、これは、「アメリカ教育協会」が要請したような教員養成機関を設立するために、教育基金からの収入の一部を充当することによって、よく果たされる、と主張したのであった(130)。

こうして、上院は、教育基金をコモン・スクールへの直接的支援の計画を、下院は、教員養成機関の設立に教育基金を充当する案を検討していたのであった。上院における教員養成機関の設立は、この時点では成功しなかった。「アメリカ教育協会」は、先の教員養成機関の設立に関する陳情とともに、この協会によって任命された委員会の委員長である、エマーソン（George B. Emerson. ボストンのハイ・スクール校長）によって起草された「州公立小学校長官」を任命することの得策を審議することを、議会に陳情したのである。

この一八三六―三七年の議会会期の開会演説で、知事エベレット（Edward Everett, 1794-1865）も、州教育委員会を創設する立法を力説したのである。能率的なプロシャの学校制度を視察し、他方ゲッチンゲン大学で、学生として学んだ一方、エベレットは、マサチューセッツのコモン・スクールに若干の秩序と体系をもたらす第一歩として、州教育委員会の創設を意図したのである。これは、荒野に叫ぶ孤独の声ではなく、議会に送られたいくつかの陳情書によって、知事の提案は、支持されたのであった。ブリストール郡の教育大会からの訴えは、つぎのことを認めたのである。

「『説教壇・新聞・日曜学校・家庭の健康的訓育』はすべて『知的および道徳的幸福と進歩にとって有用なものであった』。しかし、大会は、それらによって利用されるべく、最もよく計算された道具として、他のすべてのものより優れたものとして、公立学校の機関を、人々は選び抜いたという議論に入っていったのであった……『かれらが、そこに住んでいる共和主義の教会に、力強さと美を加えるために、すべての個人に資格を与える偉大なそして重要な作業を遂行するために』。」

エベレットの控え目な提案を乗り越えて、ブリストールの陳情者たちは、コモン・スクールにたいする直接監督のための権限を有する州教育委員会の設立を力説したのである(131)。

下院における教育部会は、カーター部会長の下で、この知事の提案を暖く受け入れたし、上院でも、マンの最も親しい仲間は、その教育部会に、その支持を表明したのである。しかし、下院にその法案が提案され、討議されるや、予期しない反対に遭遇し、そして、第三読会で拒否される局面に立ったのである。再考慮の動議も同様な運命にあった。他方上院においては、クインシー等の努力によって、知事の提案が承認された。その後、カーターは、上院の支持を得て下院にその法案の再審議を要請した。充分な数の下院議員が、その方向を転換し、知事提案を下院も承認するにいたったのである。

アメリカ最初の州教育委員会の発足

一八三七年四月二〇日、マサチューセッツ州上院議長としてマンは、「公立学校に関する法律」(An Act Relating to Common Schools)と称される法案に署名した(132)。それは、つぎのような規定を含むものであった。

①　知事は州議会の助言と同意によって八名の委員を任命する。それらの委員は職権上の委員としての知事および副知事とともに教育委員会を構成する。最初に指名された委員は一ヵ年で辞任し、次に指名された委員は二ヵ年で辞任し、以下同様に全委員が交替した後は、委員の人気はすべて八ヵ年とする。死亡・辞職その他の理由で生

ずる欠員は知事が州議会の助言と同意を得てこれを補充する。

② 教育委員会は毎年一月の第二水曜またはそれ以前に、州書記官に提出される地方の学事報告の摘要書を印刷に付して州議会に提出しなければならない。教育委員会は教育長を任命することができる。教育長はその職務にたいする正当な報酬を受けなければならない。教育長は教育委員会の指示に従って民衆教育制度の状況と効果に関する資料を蒐集し、民衆教育制度に依存しているすべての子どもたちにたいして、民衆教育を促進・拡大するための最も実際的な手段について、教科目編成および青少年教育の実施に関する最善の、最も有効な方法に関する資料をできる限り広く州内各地に普及しなければならない。

③ 教育委員会は民衆教育組織の状況と効果およびその改善を普及についての最も実行可能な方策に関する詳細な報告書を毎年州議会に提出しなければならない(133)。

このように、この法律は、八名の教育委員会委員を任命する権限を、知事に与えた。その中で、知事および副知事は給与なしで、教育委員として勤務することになっていた。毎年、州教委は、州議会にたいして、コモン・スクールに関する摘要を準備すること、そして、いかにして公教育を改善することが可能であるかについて、その勧告を行うことが要求された。情報を蒐集する努力を容易にするために、州教委は、教育長を任命する権限を与えられた。こうして州教育委員会を設置する「公立学校に関する法律」は、大変ささやかな法律であった。その時点で、州教委設置の支援者たちでさえ、州教委は何を達成できるのであるかについては、明瞭でなかった。しかし、州教委は、ブリストール郡大会において勧告されたような「統制権を持った州教委」としてよりもむしろ、勧告の役割を持ったものとして機能するであろう、とかれらは理解していた。また公立学校の根本的、そして直接的変化を求めていた人たちにとって、この法律は、その半ばにも達しないであろうと考えた。しかし、この法律が、改革の欲求を促進するものなのか、それともそれを抑制するものになるのかを見分けることが、依然として残っていたのが真実であった。

マンの教育委員就任

この法律の実施を決断した知事エベレットは、州教委に威信と信頼を与えるために、広範な領域からの代表であるということを示すような人物の任命に配慮したという[134]。知事によって選任された委員は、つぎのような人物であった[135]。


ジェアド・スパークス(J. Sparks)ハーバード大学学長、ホイッグ、ユニテリアン。

エドモンド・ドワイト(E. Dwight)富裕な実業家、ホイッグ、ユニテリアン。

エマーソン・デイヴィス(E. Davis)牧師、会衆派。

エドワード・ニュートン(E. Newton)銀行家、聖公会。

ロバート・ラントール二世(R. Rantoul)デモクラット、ユニテリアン。

トマス・ロビンス(Th. Robbins)牧師、会衆派。

ジェームズ・カーター(J. Carter)下院教育部長、ホイッグ、ユニテリアン。

ホレース・マン(H. Mann)上院議長、ホイッグ、ユニテリアン。

エドワード・エベレット(E. Everett)州知事、ホイッグ、ユニテリアン。

ジョージ・ハル(G. Hull)州副知事、ユニテリアン以上のような委員編成であったが、ハーバード大学学長、上院議長、指導的実業家および宗教界の代表などが含まれており、一九世紀前半のマサチューセッツ州における知的エリートおよび実業界の実力者等に属するものであり、社会的に見て第一級の人的構成であった。政党の観点から見ると、保守的なホイッグが圧倒的であるが反対党の民主党員もバランス上一名含まれていた。信仰上の帰属を見ると、これも圧倒的にプロテスタントに属する自由主義的なユニテリアン派であった。このような政党的、宗教的な同質性は、既に見たように、また後述するごとく、州教委および教育長に就任するマンの政治的、宗教的中立性にたいして、様々の問題を提起し、事態を複雑にする要因ともなったのである。

2　教育長就任と教育改革の始動

マンの教育長就任の背景

強制力の権限を欠き、勧告の権限のみを与えられた州教委の運営の成否は、有能な教育長を選任することができるかどうか一つにかかっていた。関係者もそのように考えていたのであった。その時点で、知事の周辺では、教育長候補として若干の人物が取り沙汰されていた。「アメリカ禁酒協会」のエドワード（Jastin Edward）、「アメリカ日曜学校連盟」のパッカード（Frederick Packard）の実績は、教育長職に相応しい人物と見られた。その地位に向けての最先端の走者は、カーター、エマーソンおよび牧師ブルックス（Charles Brooks）であった。それぞれは、教育改革を力説する団体における顕著な人物であった。そしてカーターは、前述のように、下院における教育部会長として、コモン・スクール改革とくに教員養成機関の設置運動の推進等で広く認知された人物であった。しかし、知事エベレットに直接、進言、勧告できるエドモンド・ドワイトに指導された「小さなボランティア審議会」とよばれた側近集団は、コモン・スクールの改革は余りにも重大で、加えて単なる教育家の手に委ねられるには相応しくない、困難な大事業である、と決定されたのである。そのグループが、求めた人間像は、公共の分野で活躍している卓越した人物、強力な政治的人脈を有する人物であった。糅《か》てて加えて、その人物は、献身的で利己心のないことが必要であり、尽きることのない精力の蓄蔵によって行動し、峻厳な決断力と意志力とによって、コモン・スクールに反対する少数の敵対集団を克服し、そしてコモン・スクールに無関心でいる無気力な多数派を鼓舞することができる人物である(136)。

教育以外の領域においては、改革運動が推進され、一定の成果が評価されてきた。それらは、奴隷解放、禁酒運動、救貧施策および精神病患者のための州立病院設置等々であった。今や州の積極的支援で、州の子どものための改革運動が、確実に促進することが可能になったのである。明らかに、その業務の遂行は、卓越した人物に要求されるものであったが、既に他の領域の改革において実証された、その人物像は、民衆の想像力を燃焼させ、かれらの良心に刺戟を与え、人道主義的目的のために援助の連立を創出し得る人物であった。ドワイトを中心とする小グループは、このような人物像を公然と認め合っていたが、しかし、具体的には、その人物は、ホレース・マンであった。

ここで、マンの教育長就任承諾の過程を考察する以前に、マンに重要な影響を与えたこのドワイトの人物について言及することが必要である。ドワイトは、マサチューセッツ州スプリングフィルドで、成功した商人の息子として生れた。イェール大学を卒業した後、かれは、三年間ヨーロッパを旅行をし、家族企業の父、兄弟に参加するために帰国した。その企業は、数個の小売商や銀行経営を含むまでに拡大されていった。かれは、法律を学んだが、それを実践することなく、その代わり州議会に議席を得たのであった。ボストンにいる間、将来の妻になる女性に会った時、その彼女は、マサチューセッツ実業界のエリートである、ボストン部門の指導的人物の娘であった。

一八一三年に始まるウォルサムにおける織物生産の成功は、商人製造業者たちを、より豊富な水力資源を求めさせていった。一八二二年に、ローエル家の関心は、かれらの家の名前を究極的に持つ、メリマック川の側に沿って生産を開始したが、ドワイトは、かれが成長したコネチカット川渓谷に戻り、そのシコピー滝において、生産を開始したのである。その後、同じ川に沿ったホリオークにも織物生産を始めたりして、一八四一年までに、かれの会社は、織物工場、機械商店およびキャラコ捺染《なっせん》の主要な製造工場を有し、三、〇〇〇人以上の労働者を雇用していたのである。

製造業の他に、ドワイトは、鉄道輸送業にも関与した。かれは、ウスターとアルバニーとの間に州補助金による西部鉄道の敷設事業を支援し、その理事会の理事となり（一八三六―一八三九年）、一八四二年には下院選出の理事として、そして、一八四三年には理事長として務めたのである(137)。かれは、一人の歴史家が、かれについて述べているように、ボストンの「商人の王子」の一人であった(138)。そして、かれが持っていた政治的人脈は、マサチューセッツ州の西部地方におけるかれの血縁関係の結果であり、そして、かれの妻の血縁関係やかれの議会におけるキャリーは、ボストンにおける富裕階級はもちろん実業界その他にたいして、かれをして影響力あるものにしていたのである。

ドワイトが富を獲得し、政治的・社会的影響力を持つ過程で、かれは、州内の労働者階級の状態を認識し、そして、かれの工場が抱えている諸問題を解決する手段として、教育改革にたいする強い関心を持つにいたった。したがって、かれが知事エベレットの教委委員の指名提案にたいして快諾の書翰を書いたのは、全く自然であった。そして、かれの親友マンをかれの自宅に招き、マンが教委委員に任命されるであろうこと、そして、そのあと教育長に選出されるであろうことを示唆したのは、これまた同様に自然なことであった。

一八三七年五月六日、マンはドワイトから晩餐に招かれ、教育長就任を懇請されたが、マンの日記には、その驚きと複雑な感情を吐露していることが記されていた。

「今日、教育委員会の委員の任命を認可する最近の法律に関して協議するために、ドワイト氏と夕食をともにした。ドワイト氏は州教育委員会の教育長に私が就任することを提案するのに、礼儀正しくもありまた非礼でもある言動があった（かれの動議は、前職―上院議長―と同位の職に私を就かせるのだと思っているのではないかと、私は確信している）。

もし誠実にこの職務を執行するならば、他のいかなる他の職務よりも、州の将来の福祉にたいして、より影響力のある、最も責任のある、重要な職務である。私自身のこと、州との関係、他の分野との関係をいろいろと考えて、私は一睡もできなかったし、白日夢も見ることもなかった。」(139)

上院やホイッグ党におけるかれの指導性のある立場、近い将来知事職の機会も見えるかれの現状から、不明確な勧告的権能の職位、指針もはっきりせず、公的給与も不明確な職務に、マンを転職させるドワイトの説得は、けっして容易なものではなかったのであろう。個人的には、マンは、繰り返し、恒久的価値のある目的のために働く改革運動の中で、若干の機会を求めて行くことを口にしていたけれども、しかし今や現実にその機会に直面したとき、かれは、かれ自身の確実性およびかれの直の意図の不確実性に尻込みをしたのであった。しかしながら、この課題の規模の大きさ、および何千人という人間の運命を変えていく潜在的力量を考え、その職責がかれに委ねられることを、かれは拒否したかった(140)。ドワイトがマンを説得した翌日、マンは、自分の仕事に集中することはできなかった。完全な挫折感を抱いたその夜の日記には、単に二行脚韻句を記すだけであった。

「その日は消え失せてしまった、その弱い落日のように、考えてもみよ、立派な行いは何も為しえなかった。」(141)

その後も、ドワイトのマンにたいする説得がつづく。五月一八日の日記には、つぎのように記されていた。

「今夕、ドワイト氏とともに過ごした。かれは、前回の法律によって規定された教育委員会委員として、かれとともに私を指名する知事の書翰を私に見せてくれた。ドワイト氏は、再び私が教育長に就任する件を考慮するよう力説したのである。この高く、責任のある職務に、私は就かなければならないのであろうか。私は、この責任を充分に遂行し得るであろうか。他のどの事よりも、この目的にたいする私のより大なる熱望は、私の能力や知識の面における不足を補うことができるのであろうか。」(142)

教育長という職責にたいして、自分の能力や知識は堪えられるのであろうかという点に、マンは懸念を示していた。六月一四日の日記には、マンの心が教育長就任を受諾する方向に動いていることを示していた。

「今日のすべての余暇は、ドワイト氏への長い書翰を書くのに費された。それは、かれの要請で、教育委員会の教育長の義務内容を画き、そして、その職務を承認することを私に提案したかれに、私が対応しなければならない関係を、かれに説明するものであった。私自身について言えば、私の心の中に増殖しつつある希望と不安、願望と懸念なしに、その職位を考えることはできないのである。——それが、成功して最後を飾ることにでもなれば、これほど栄光ある社会的地位はないであろうが、もし、何んらかの避けられない不幸を通じて、失敗でもするようになれば、それは、何んと失望と屈辱で満たされた耐え難いものになることであろうか。……」(143)

教育長選任をする最初の州教育委員会が開催される前夜の六月二八日の日記には、教育長就任受諾の決断の様が記されている。

「私は、ことによると私の前に今横たわっている課題について考えると身震いするのである。それでも、私が受けなければならない困難や苦難を、まさに受けようとし、殆ど起きてくることが確実である嫉妬、誤った説明、そして偏見に遭遇しようと、ここで、決意したことを現在良心的に言うことができるのである。殉教者の精神で、それらにまさに対処しようと決心した。明日は、私の生涯をおそらく制約するものとなるであろう。時よ来れ。私は、一つの事を知っている——もし私が真実と義務の原則に立つならば、私の上に何んらかの恒久的苦難が加えられるということは何もないであろうということを。」(144)

子どもの教育改善という、政治的、経済的そして宗教的性格を包括する社会改革に献身しようとする決断を、マンは、まさに殉教者的精神という用語を用いて、自らの転身を語ったのである。

州教育委員会の会議記録を見ると、一八三七年六月二九日に第一回会議が開催された。

「教育委員会委員たちが、ボストンの上院議場(ここで当該委員会の会議が開催された)に、知事の命令で州書記官によって前以っての通告に従って集合した。ニュートン氏を除いて、全構成員が出席した。

知事がここに教育委員会としての会議が成立することを述べ、知事が議長となる(知事が欠席した場合は副知事が議長となる)こと、他の構成員が委員として就任したことが確認された。教育委員会は、他に異議がなければ、これらの原則に従って構成され、動議によって議事進行がなされることが同意された。

そのあと、議長によって教育委員会設置法が読みあげられた(この記録の前に付けられたこの法律を見よ——前述の「公立学校に関する法律」―筆者）。

スパークス氏が教育長が選任されるまで教育委員会の書記官に任命された。

教育委員会の義務および権能に関する全般的協議がなされた後、ロビンズ師が、教育委員会の運営を助ける郡教育大会の開催の主題である、マサチューセッツ州州民にたいする演説の起草小委員会設置の動議を提出した。

この小委員会の構成員には、知事、ロビンズ、ラントールの各委員が指名された。

午後五時まで休会。

一八三七年六月二九日午後五時

教育委員会委員は、休会後、マンおよびニュートン委員を除いて全員出席する。

教育委員会の義務およびその目的達成のための最も効果的方法に関する協議が、さらにつづけられた。

前述の小委員会が、『マサチューセッツ州の人民にたいする演説』案を報告した。全員一致してこれを採択した（内容は、「公立学校に関する法律」の概要を説明し、教育委員会委員は、全員この目的のために全力を尽すことを述べたものである。―筆者）

そのあと、教育委員会は、投票によって教育長選任の手続きを行い、ホレース・マンが選出された。

マン氏に、教育長選任の結果を通告する小委員会委員に副知事とデイヴィス師が任命された。

そのあと執行委員会委員として、知事、スパークス氏、ラントール氏およびカーター氏が選出された。明朝九時まで休会とした。」(145)

この記録のファイルには、マンに教育長選任を通告する小委員会委員のマン宛の書翰が綴られていた。それは、つぎのようなものであった。

「　貴殿

下記署名者は、州教育委員会の教育長の直前の選挙の結果を知らせることに、大変な喜びを感じています。
——貴方は、その職位に選出されました。そして、明朝九時の次回の会議で貴方の承諾の返事を州教育委員会に公表することは、われわれを喜ばせることになるでしょう。

署名者

小委員会委員

ジョージ・ハル

エマーソン・デイヴィス　」

「一八三七年　六月三〇日　金曜日　朝

休会後教育委員会は再会された。マン氏とニュートン氏を除いて全員出席する。

マン氏が州教育委員会教育長に選任されたことを、マン氏に通告することを命じられた小委員会は、マン氏からその職務を受諾するという書翰について報告した。その書翰は、ファイルされることを命じられた。」(146)

教育長就任とその課題

ドワイトを中心とする小グループが、知事エベレットに助言したように、事が運ばれ、マンの教育長就任が実現した。こうして、教育長就任を受諾し、知事に教育委員辞任の辞表を提出した日の日記に、つぎのように記していた。

「今朝私は教育長就任を承諾すると連絡した。したがって教育委員会委員は辞任することにした。今や私は世界にたいし新しい関係にたっている。今までのような勤務や責任は解除されるが、しかし、より高い、より重要な責務が以前の地位にとって代わるのである。かくて、この職に在る限り、私は、地上の人類の最高の福祉に自己を捧げることとなる。想像もつかないような困難労苦を背負うことになろう。最高度の隆盛でもって、結果は明らかになるであろうが、しかし、それは、徐々にである。収穫は、播種から始まるのだから、はるかに時間を要す。人類の加速的改良可能性を信じている。この努力は、行うことはできるが、明らかに僅かな事しかできない。しかし、良い大目的に向っての行動の開始は、けっして小さいものではない。もし、我々がこの巨大な車輪を何んらかの目に見える動きに導入することができるならば、我々は、多くの事を達成することができるであろう。単なる労苦や忍耐以上の、より多くの、そしてより高い資質が要求されるであろう。適用するための方法は、組み合わせや演繹のための科学と同様に必要なことである。……」(147)

また、前述したが妹への書翰で、

「貴女は、私が今までの職を捨てて、この新しい職務に就任したことに大変驚いていることと思います。他の人たちも私にたいし、政治的に高い、また経済的にも有利な職を捨てることは、本当につまらないことではないかと言っています。しかし、私は子どもたちの教育を通じて無知、偏見、バーバリズムを除去し、子どもの福祉のために、また社会人類のために微力を尽したいと考えているのです。」

と書き、新しい職務である教育長就任にたいする決意のほどを意気高く示していた(148)。

このような、ただならない決意を以って臨む、教育長マンの眼前には、解決しなければならない教育課題とは、どのようなものであったのであろうか。これに関して、教育史家ヒンスデールは、六点を指摘した。第一に、公教育の重要性をマサチューセッツの全人民に認識させる必要があった。第二に、公立学校を民主化しなければならなかった。すなわち、それは、コモン・スクールという名称が意味するように、貴賤貧富の別なく、州のすべての人民が就学するものにしなければならなかった。第三に、公教育は学校の種類および教授の範囲において充実する必要があった。第四に、法律に定められた当時の学校組織と機構は新しい社会情勢に合っていないばかりでなく、その教育行政には規準がなく、著しく非能率的であった。第五に、充当される教育費は、良い学校を維持するのには全く不充分であり、その増額が強く要望されていた。そして、最後である第六には、学校は教員の教授の質と量においても、また教授、管理、訓育、監督の方法においても非常に古くさく、時代遅れであった。これらは、どれ一つ取っても重要なものであって、それを一つ克服することでさえ容易でないことは言うまでもない。それらは、相互に関係し合っているもので包括的な問題であった。

州教育委員会の設置を規定する一八三七年の「公立学校に関する法律」は、教育長は、学校における現実の状況についての情報を蒐集すべきであり、そして、それらを改善するための方策を、州を通じて人民に伝達すべきことを規定していた。マンの職務の具体化が展開するにつれて、四つの主要な作業方向が明らかになってきた。第一は、州の各郡における一連の教育集会は、毎年これを実施し、教員、学務委員会委員およびその他教育に関心をいだく人々全員が招かれるべきであるとした。大部分の郡においては、郡連合会として知られる恒久的団体が設立されていった。マンの講話は、毎年、郡教育集会で行われ、その間多くの臨時の講演や演説が行われ、それらは、コモン・スクールの改善と拡大にとって、無関心な民衆を覚醒させるのに、強力な影響力を発揮したのであった。一八三七年八月、マンは、州内各郡に回状を送り、郡教育集会開催の日時と場所を通知し、一〇月から「公立小学校教育の手段と目的」(The Means and Objects of Common School Education) と講話を用意して、マンの州内巡視を開始した。この教育集会は、州内諸学校の実情に関する情報を集めるとともに、教育委員会設置の趣旨を民衆に周知させるために、教育委員会発足直後から予定していた事業であった。第二年次以降、この集会は議会によって法制化され、毎年州内各郡において公立小学校協議会(Common-School Connection)を開催し、教育長はすべての集会に出席すべきことが規定された(149)。

『ホレース・マンの生涯と著作』(Mann, Mary, and George C. Mann, eds., *Life and Workes of Horace Mann*, Vol.II, 1891)には、七つの講話、すなわち「公立小学校教育の手段と目的」、「教授の先決要件としての教員の特別養成」(Special Preparation a Prerequisite to Teaching)、「共和政治における教育の必要性」(The Necessity of Education in a Republic Government)、「教育における神の仕事、ならびに神が人間に課せる仕事」(What God does, and What He Leaves for Man to do, in the Works of Education)、「教育の歴史的外観・その威信と堕落を示す」(An Historical View of Education ; Showing its Dignity and its Degradation)、「学区学校図書館について」(On District School Libraries)および「学校処罰に関して」(On School Punishment)がおさめられている。これらは、年々の公立小学校協議会において、教育長としてのマンが民衆を啓発するために行った一連の講話であった。

人民の意識を喚起し、その教育改革を普及する最も有効な第二の手段は、マンが一二年間の在職中に州教育委員会に提出した年次報告書であった。これらの報告書は、前述の州教育委員会に提出されたものであるが、実質的には広くマサチューセッツの人民にたいして、そして、アメリカ合衆国の全人民にたいしてよびかけられたものであることを知るのである。さらに、ヨーロッパにおいてさえ大いなる興味を持って読まれた。第一章で述べたように第五年報の如きは、ニューヨーク州の議会によって一八、〇〇〇部も増刷され、州内諸学校に無料配布されたし、ドイツにおいても翻訳出版されたほどであった。したがって、これらの年報は、マンの著作の主要部分を占めるものであった。これらのうち重要なものの二、三については、後に詳述されるであろう。

第三の手段として、マンは、一八三八年一一月、私的事業として準月刊で出版された雑誌『公立小学校雑誌』(*Common School Journal*) を編集したのである。編集者は、政治における党派性および宗教における宗派性を回避することを、この雑誌の方針とする旨を、その初号で述べていた。この雑誌は、八つ折判で、各号一六ページ、年三八四ページをもって一巻となる雑誌であって、その誌代は年額一ドルであった。この雑誌の内容は、公立小学校その他の教育の改善を目的としたものであった。それは、州の教育法令、州教育委員会の報告や議事録を掲載するとともに、親や教員に青少年の教育にたいするかれらの義務を説き、また子どもたちや青年にたいしては、健康の法則に従い、善良な行為に徹し、知的能力を発展させ、道徳的、宗教的情操を高めることによって、動物的、利己的傾向を抑制すべきことを教化するものであった。それは、また政治的党派性と宗教的宗派性を回避して、市民的、社会的義務の履行と道徳的、宗教的義務の崇高な心情の高揚を奨励するものであった。この雑誌一〇年間継続され、世論の形成に重要な役割を演じたのであった(150)。

第四の主要な作業方向は、マンの指導の下で、教員養成機関を発展させることにあった。教員養成の緊急的必要性は、カーターを中心とする人々によって、早くから力説されてきたが、それを成功に導いていったのは、マンの政治的手腕によるものであった。

ここで注目すべきことは、前述のように、一八三七年一〇月から、郡教育集会開催が予定されていたが、それに先立って九月の初めにウスターで講演会を開催し、「公立小学校について」を聴衆に講話したが、その教育の必要性を、聴取者のそれぞれの置かれた立場にたって、角度を変えて訴えることによって、教育の価値を認識させるという、非凡な方法をとったことであった。

マンは、国家の将来について、不安や関心を抱く市民たちにたいしては、共和主義的政府の必然的な基礎として、コモン・スクールを説明したのである。子どもの教育に悩んでいる親たちにたいしては、マンは、教員という立場を、単独では達成できないかれらの協力者として説明した。不安を抱いている労働者たちにたいしては、マンは、教育というものは、社会に存在する不平等な階級的分化を平等にしていくものであること、そして、教育というものは「思いもよらない富の創造者」である、ということを強調したのである。信心深い人たちにたいしては、かれは、コモン・スクールを、地方に固有な宗派主義の時代においては、道徳教育を行い得る唯一の教育機関である、として提示したのである。

そして、マンは、富裕階級に属すると思われる人々にたいしては、その財産税は、コモン・スクールの財政負担の大部分を引き受けているが、教育を受けた子どもたちだけが、富裕階級の人たちの財産を尊敬するように成長するであろう、ということを保証したのであった。

経済的成功の古き道程を、もはや進むことのできない、工業社会の出現において、コモン・スクールは、機会の均等を維持する最善の手段である。さらに、普通選挙権が拡大し、ますます一般市民に普及するにつれて、教育は、代議政治にとって必須の教養ある選挙民を育成する、唯一の手段となるのである。しかしながら、基本的に、その機能は経済的でもなければ、政治的でもなく、道徳的なものである。マンが、かれの論点を概括したように、かれは、公教育の窮極的な目的と目標は、「人格の形成」にあると主張していたのであった。逆説的に言えば、人格の形成が果たされることによって、市民社会においては、具体的人間は、経済的に有利に行動し、政治的にフェアーに民主的に行動を律することが可能なのである。それが、プロテスタンティズム文化を構成する特質である。これについては、第一章で述べた通りである。ここに、一世紀以上も時間に堪えられる公教育にたいする良識ある理論的基礎に、後に発展していった胚芽が存在したのである。

マンの講話を聞いて、コモン・スクールは、「かつて人間によって見出された最大の発見である」というマンの主張に聴衆は同意したのであった(151)。

教育長に就任以来六ヵ月に満たなかったが、法に規定された教育長の職務である、地方の学事報告の摘要書を、毎年一月の第二水曜日までに議会に提出する義務を負っていた。したがって、かれは、その報告書の執筆を九月から始め、日曜日も休日もすべて、それに当て、大晦日にそれを終了した。

一八三八年一月一日午前九時三〇分、教育委員会が開催され、知事室の隣の会議室に全員が集合した。教育長は、印刷になった学事報告に関する第一年報を提出した。それを中心に話し合いが行われ、翌日も午前九時半から行うことを決定した(152)。マンは、かれの職務の責任を新たに述べることから説明を始めた。「コモン・スクールの現実の状態に関する情報を蒐集すること」そして、これを蒐集するかれの方法についても説明を行った。多くの校舎の状態を調査するために、マンは、五〇〇マイルか六〇〇マイルの距離を旅行したこと、それによって少なくとも一、〇〇〇校についての個別の情報を獲得したことなどを説明した(153)。

マンは、報告書を四つの項目の下に構成することとし、第一に校舎から始めることにした。マンも熱心に参加した精神病院、感化院そして刑務所等の施設の改善に比較して、公立小学校の校舎は、全く立ち遅れていた。生命維持に必要な第一要件である教室の換気はもちろん、暖房・照明の配慮、衛生学上の注意が払われていなかった。当時の公立小学校は、路傍のいわゆる「小さな赤い校舎」(little red schoolhouse)であって、そこで学ぶ共和国の未来の市民たちは、建築構造に関する限り、獄舎における重罪人よりも、畜舎における家畜よりもひどい取扱いを受けていたと言ってもけっして過言ではなかった。しかし、校舎については、かれは、「校舎問題に関する補助報告」において、より詳細な議論を提示することを提案したのである。

つぎに、マンは、学務委員会の職務履行の状態について言及した。学務委員会は、各々のタウンに、法令に基づいて設置されたものであり、学務委員は、この学校制度の行政官であり、かれらによって行使される誠実さと知性とに応じて、この制度が繁栄したり、衰退したりする、と主張したのであった。学務委員が法の命ずる教員検定を等閑に付し、無資格教員の排除を躊躇し、教科書選択の義務および親が子どもに教科書を与え得ない場合、公費でそれを支給すべき義務を怠り、学令児童就学の督励ならびに学校視察の責務を放棄していることを指摘している。学務委員には、名誉や給与の共通の誘因が殆ど欠如しているので、公共業務を遂行する公務員ではないのである、とマンは見たのである。したがって、マンは、かれらの職務にたいする財政的報酬を力説したのである(154)。

第三は、公立小学校にたいする、人民自身の無関心さについて述べている。若干の人たちは、初歩的な読み・書き能力以上に、制度的な教育機関の必要性を認めなかったが、他方において、コモン・スクールのおかげで、惨めな状態を脱出し、現在の自分を形成し得たというほど、それを高く評価する人たちが存在した。マンは、この後者の集団が、相当の部分すなわち州の富裕な人たちの多数を含むであろう、と認識したのであった。

第四は、教授方法の改善の必要を主張したのである。教育にたいする見解は多様であるけれども、一つの問題に関しては、すべての人々は一致するものがある、とマンは言っていた。それは、コモン・スクールにおいては、有能な教員にたいする強い期待が存在する、ということであった。数少ない知的専門家の感情を害さないように注意を払って、マンは、速やかに教育という神聖な目的に従事している、最も価値あるクラスの人々にたいして、非難を投げかけるものではないということを附け加えたのであった。マンが見たところの欠点は、教員たちにあるのではなく、無関心な公衆であると。「教員たちは、世論が要求しているように善良である」とマンは言ったのである。しかし、学識と教授能力においては、コモン・スクールの教員は、憂うべき状態にあった。それは、教員の給与が低く、その任用基準の低水準に起因していた(155)。

マンの報告を聞いた教育委員は、ニュートンを除いて、他の全員は、報告を了承するだけでなく、マンが提起した諸問題が議会によってより効果的に処理されることができるように、明日の会議にも出席すると言っていたほどであった(156)。知事エベレットも翌朝、マンに覚書を送り、「貴殿は、貴重な報告書をわれわれに与えてくれた。新年は、貴殿によって明けた。貴殿にとって幸ある新年であるに違いない」(157)と記していた。こうして、州教育委員会の第一年報は公表されることになり、マサチューセッツ州公教育の改革の課題が、州民全体に提示されることとなったのである。

3 教員養成機関の設立

実業家ドワイトと師範学校の発足

一八三八年一月一八日、マンは、州下院に招かれ、教育改善に関する課題について、話題提供を要請された。その中心的問題は、コモン・スクール教育の改善にとって、良質の教員の確保が必須であることを強調することであった。マンの熱弁に、聴取者は二時間近くも惹きつけられ、ますます教員養成機関の設置に、下院議員たちの関心を向けさせることができたという(158)。その一週間後には、教員養成機関の設置運動に熱心である牧師チャールズ・ブルックス(C. Brooks)が、下院に招かれ、プロシャの教育制度、とくにその教員養成機関について演説を行った。ブルックスには、『アメリカにおける州立師範学校の導入史』(一八六四年)の著書がある。

両者の話を聞いたドワイトは、教員養成機関の新機関の設置の必要を認識し、そして、この課題は、私的個人の資力や現状のアカデミーの能力で処理できる問題ではないことを知ったのである。この二人の問題提起をドワイトは熟慮し、その結論は、上記のようなものであったが、行動に移る前に他の人たちの意見をきき、多様な選択肢を弁別し、最終的に決定しようと決心した。三月九日、かれの私邸で懇親会の晩餐会を開催し、マンや他の友人が招かれた。夕食後、会話は序々に教員養成機関設置の必要性に、焦点が絞られるにつれて、出席した数人の者は、州議会にたいする直接的アプローチを力説するにいたった。ドワイトは、かれの客人にかれらの考えていることを自由に話させ、それらをじっくりと聞いていた。客人の大部分が帰った後、ドワイトは、マンを脇へ引っぱって行き、そして教員の改善のために、もし州が同額を支出するならば、一〇、〇〇〇ドルを提供する用意があることを、マンに告げたのである。寛大な提供に目を廻すほど驚いて、マンは、この計画は、チャンス到来と考えたのである。どんな二日酔いでも、ドワイトは第二の考え方を持つかも知れないという疑をいだいていたマンの恐れは、ドワイトの書翰が翌日届けられたので速やかに消失したのであった(159-A)。

マンは、三月一三日には、早くも州議会の上院および下院の両議長にたいして、つぎのような文書で申出をしている。

「　上院議長および下院議長殿

拝啓、私は、州議会に以下のような情報をお伝えすることを喜びとします。マサチューセッツの民衆教育の目的を促進するために、個人の好意により一〇、〇〇〇ドルの金額が私の処理に任されました。

この寄付の条件は、州が同じ目的を援助するために、未充当の財源から同額の資金を提供することであります。双方の金額は、わが公立小学校の教員の資格向上のために、州教育委員会の指示により、必要に応じて均等に請求され、支払われることであります。

この寄付の申し出にたいして、州は、その団体的権能において、個人の財産からここに提供されるより以上のことを意図すべきであり、またそれは、地方、政党、派閥的意思を、すべて高い啓蒙的立場でもって無視すべきであり、次世代のすべてのものを、その博愛的計画に組み入れていくことを、また州議会の好意ある配慮を、私は心から請願せざるを得ないのであります。

敬具

州教育委員会教育長ホレース・マン」(159-B)

この日記の終末には、「これは、素晴らしく愉快なことだと思う」、「私は本当に得意満面であると感じている」、「星たちをして我が前方を見晴らせよ」と誌し、その前途の成功をきわめて楽観論でもって、心のうちを述べていたのである(160)。

アメリカ最初の師範学校の設立

このマンの申し出書は、ドワイトの寄付金と州支出金の合計二〇、〇〇〇ドルの金額を、州教育委員会の管理下に置き、教員養成学校を超党派的に、また地域主義にこだわらないようにして、設立することを述べ、設立されるべき学校は、州が責任を持つことを明らかにしたのである。

この申し出の書面は、下院と上院の合同委員会に付託され、それぞれで審議され、同年四月一九日、下院においては、三回の必要とされる読会を経て、満場一致で議決した。上院においても、三〇対一の票決で議決された。同日の州教育委員会で、議長(知事)から、その議決の内容すなわち「特別財政支出の一万ドルの金額と個人からの寄付金一万ドルの金額は、合算されるべきこと、その合算額は、わが公立小学校の教員の資格向上のために、州教育委員会の監督の下で同様に支出されるべきことを、議会は議決した」という条文を朗読する方式で報告された(161)。それにつづいて、可能な限り速やかにこの議会議決事項の具体化の草案の作成が、教育委員会の執行小委員会の義務とされた。新しい教員養成機関の設置に関しては、困難な課題がまちうけていた。州教育委員会が先例を求める州立教員養成機関は、アメリカには存在しなかった。一九三八年五月三一日の州教育委員会の会議記録に従来の「教員の学校」(Teachers Seminary)に代わって「師範学校」(Normal School)の呼称が使用されるようになり、そして翌日の六月一日の会議で今後正式に「師範学校」と呼称することを決定した(162)。この師範学校を何校、何処に設置するのか、教員をいかに選抜するか、そして、どのような教育課程を編成するのかが、州教育委員会の課題であった。

設立されるべき学校数および設置場所は、まず第一に決定されるべき問題であった。たった一校に資金が充当されるよりはむしろ、州の各地に三もしくは四校が設立される方が、はるかに大いなる効果を持つであろうと、州教育委員会は決定をした(163)。しかし、利用できる資金は、そのような計画を負担することが不可能であったので、教員の給与を除いて、校舎建設費、施設費およびその他の費用を負担し得る、教育後援を明示する地域社会に設置することが決定された。したがって、州教委は、方針を州の各地に通知し、師範学校設置の申込みをするよう、各タウンに勧誘したのである(164)。

この結果、師範学校誘致の申込みのあった地域は、一三ヵ所にのぼった。それらは、プリマス・カウンティ、レンサム、バイフィールド、バー、サウスブリッヂ、ランカスター、トプスフィールド、コンコード、レキシントン、ワーシントン、ニューセイラム、ノースフィールドおよびブレイントリーであった(165)。州教委の記録には、誘致タウンの代表者との協議の模様が述べられているが、結局一八三八年一二月一二日、レキシントンに女子師範学校の設置が決定された(166)。一八三九年九月四日に、バーに男女共学の師範学校が、翌年九月九日に、ブリッジウォーターに第三の学校が設置されたのである。

レキシントン州立師範学校の校長に、サイラス・パース(Cyrus Peirce)が任命された。ユニテリアンの牧師であったが、その後私立学校の校長そしてハイ・スクールの校長を経験していた。バー師範学校の校長には、ニューマン(Samuel P. Newman)が任命された。かれは、メイン州のボードイン大学の教授であり、宗派は正統派であった。しかし、この校長の下で勤務する助手には、ユニテリアン派を採用するようにハドソン教育委員は、マンに勧告していた。校長が正統派であれば、学校がその宗派の宣伝になる恐れがあるので、それを軽減するために、自由主義的見解を持った人を選任する必要がある、というのがその理由であった。ブリッジウォーター師範学校の校長には、ティリングハスト(Nicholas Tillinghast)が任命された。かれは、合衆国陸軍士官学校を卒業し、そこで、自然科学と倫理学を教授した、陸軍大佐であった。また多年にわたり、ブリッジウォーターでユニテリアン教会の助祭として務めたユニテリアンであった(167)。

最後に師範学校の教育課程について言及しよう。授業科目の一覧表には、一一項目が挙げられていた。「敬神および徳性の諸原則は、キリスト教のすべての宗派に共通なものである。すべての師範学校において、聖書の一部分は毎日講読されるべきである」と規定されていた。また礼拝も同様であった。州教委は、この学科目によって、師範学校は、法とかれら自身の権威が許容する範囲にまで進展していくことができると信じていた。第一章で述べたように、コモン・スクールにおいて最も強調されるものは宗教を基盤とする徳育であった。聖書講読と祈祷は、コモン・スクールにおいても強調された。それは、プロテスタンティズムの倫理の育成に連なるものがあった。コモン・スクールの教員養成にとって、この学科目の重視は、州教委にとっても、またマンにとっても当然の帰結であった。法が禁止する宗派教育にはならず、すべての宗派の基礎である聖書を注釈なしに講読することは、プロテスタンティズムの教義に酷似するものであり、それに徹することによって、徳育も基礎づけられると州教委は判断したのであった。

教育課程は、以下の通りである。

1　綴り字法、読み方、文法、作文、修辞学、論理学
2　書き方、デッサン
3　算数(暗算と筆算)、代数学、幾何学、簿記、航海術、測量学
4　年代学、古代および近代の地理学、統計学、一般史
5　生理学
6　心理学
7　音楽
8　憲法、マサチューセッツ史、合衆国史
9　物理学、天文学

10 博物学
11 キリスト教のすべての宗派に共通な敬神と徳性の原理
12 上記全教科目に関する教授学および教授法(168)

州立師範学校のそれぞれには、附属学校または実験学校としての「模範学校」(Model School)が設置されていた。したがって、生徒たちは教授学および教授法に基づいて、これらの実験学校等で教育実習をしなければならなかった。マンは、これに関して、教育実習は、単なる経験的なものではなくて、科学から生まれ出るものである、と述べていた(169)。

これらが履習されると、上級教科を履習することになっているが、一年以上在学することは定められているが、それ以上の期間については不明である。

入学年令は、男子一七才、女子一六才とされた。生徒数に関しては、レキシントン師範学校の場合、一八四〇年八月の学期終了時の生徒数は二五名、また同年一二月の生徒数は三四名であった。バー師範学校の場合、第四学期にいたる間の各学期ごとの平均生徒数は五〇名以上、第四学期の生徒数は四七名であった。そして、ブリッジウォーター師範学校では、同年九月、二八名でもって開校し、第二学期には三五名の生徒が在学していた(170)。そして、一八四五年には、ブリッジウォーター、レキシントン両校の開校後の生徒総数は、それぞれ、二七三名、二四三名であり、ウェストフィールド師範学校(バーから移転する)の最終の学期の生徒数は七一名であった(171)。

最後に師範学校の監督は、「監察委員会」の責任とされた。それは、州教委によって任命された。たとえば、レキシントン師範学校の監察委任には、一八三八年一二月二八日の州教委会議で、スパークス、ラントールおよびパットナム委員が選出された。その他教育長は何れの監察委員会にも参加していた(172)。監察委は、州教委が定めた。「師範学校の規則および教育課程」が、それぞれの学校で実施されているかどうかを確認するなど学校にたいする管理権を保有していたのである。

こうして、マサチューセッツの師範学校は成立し、民衆教育の向上と改革にとって注目すべき方向を示すものであった。マンの教育改革のうち、主要なものの一つであったことは明らかであろう。

4　教育委員会および師範学校廃止議案

デモクラットの教育費削減政策

前述したように、州教育委員会委員は、多様な宗教的および政治的方向を代表しているけれども、それは、ホイッグとユニテリアンによって、支配されていた。一〇人の教育委員のうち、九人はホイッグ党員であり、七人がユニテリアンであった。したがって、このような州教委の宗派的、党派的構成は、それ以外のセクトからは、州の公立小学校を、そのような宗派や党派の勢力拡大に資することになる、と攻撃されたり、反対されることがしばしば発生するのである。州議会において、ホイッグとデモクラットとは二大政党として、相互に対立し、競合する関係にあった。

マサチューセッツ州においては、デモクラットは、その社会的地位という点において、比較的社会の低い地位にあるものから大巾に進出してきた人たちで構成されている。農民、農村を構成する小規模商人、小規模銀行家、都市における労働者階級、船乗りの人々およびアイルランドの移民集団であった。一般的に、これらの人々は、アイルランド人を除いて、トリニタリアン（三位一体派）教会に属していた。言いかえれば、ユニテリアン教会に属するよりはむしろ、ギリシャ正教会、会衆派、バプティスト、メソジストおよびクェーカー教会に属していたのである。

これにたいして、ホイッグに属するのは、保守的であり、富裕階級、金融業者、製造業者、商人および船舶所有者たちであった。多くの小売店主および土着の労働者も、この集団に属したのである。ユニテリアンは、普通にはホイッグに属していた。それでも、これらの宗派と政党の提携関係は、一般的傾向としてのみ見ることができた(173)。

一八三九年一〇月の州知事選挙で、これまで教育委員会設置を積極的に推進し、マンの教育改革の良き理解者であり、後援者であったエベレット知事は、反対党のモートン (Marcus Morton) に敗北してしまった。モートンは、選挙期間中、教育委員会に関する見解を示してはいなかったが、一般的にマンの地位とマンの支持者に反対する感想をもらしていた。モートンは、マンの主要な努力の一つである教員養成の価値を評価せず、学区の学校管理権を維持する重要性を強調したのである(174)。知事モートンの学校にたいする学区管理権の長所に関する所見は、全く偶然の事ではなかった。かれの州議会に向けた教書の主要部分は、銀行、法人にたいする特別立法、鉄道にたいする州補助金そして州政府の高額な支出に反対することに向けられていた。モートンの州経費削減の全般的方策は、しかしながら州教育委員会にたいする事実上の脅威となったのである(175)。

モートンの州職員の給与の削減、州政府部局の廃止への示唆は、一八四〇年一月三一日の下院の特別委員会で言及された。この委員会は五名で構成されていたが、三名はホイッグ、二名がデモクラットであった。委員会の支配権は、政党の勢力関係からみればホイッグにあったので、給与削減や部局廃止案の方策は、知事の敗北である、と人々は予感していた。しかし、ホイッグの一人の議員は、デモクラットを助け、州職員の経費削減を主張する多数意見の報告書を作成した。当委員会は、知事を含む大部分の州職員の給与の削減、銀行審議会のような多くの委員会の廃止を勧告したのである(176)。

多数派報告書は、州教育委員会を不必要な経費として、また州内における政治的および宗教的自由にたいする危険なものとして、攻撃したのである。それは、つぎのように主張した、すなわち「共和政治の下における学区学校は、警察の規制も、州検閲制度も不要であり、州の道徳、宗教あるいは政治のいずれも保持するために、道徳的、宗教的あるいは政治的保守主義を規制する必要はない。学区学校を自由に、そしてつねに純粋にして置け」と(177)。モートンの年頭教書を直接引用して、地方権限の擁護を拡大していった。すなわち、

「一つの大きな中央の頭部に、州の教育に関する重大事項を統合する代わりに、われわれは、むしろわれわれの祖先の良き諸原則を保持したいと思う。そして、この教育の重大事項を遍《あまね》く広め、そして普及し、タウンや学区に分轄したり、再分轄したりするだけでなく、家庭や個人にたいしてさえも、そうしなければならない。今やこの重大な事項が、政府に明け渡され、そして、すべての責任が市民の上に投げかけられ、コモン・スクールの有用性、ニューイングランドの至当の矜持、名誉および光彩にたいする訣別となり、宗教的自由の訣別でもある。なぜならば、一つの教会しか存在しなくなるからである。政治的自由にたいする訣別ともなる。なぜならば、共和政体の名前がそのような悲劇の破局だけを残すだけであるからである。」(178)

前述の五名から構成された特別委員会は、州教育委員会の教育長給与の削除を勧告した。かれらは、州教委の完全なる廃止を欲していたが、しかし、かれらは、そのような行為がマサチューセッツ州における現存の学校法に及ぼす影響をまず調査することなしに、具体化することには不本意であった。したがって、当該委員会は、下院の常置委員会である教育部会にたいして、州教委を廃止することの得策なること、およびその基本的機能を、知事、議会の専門部会

および州書記官に委譲することを考慮するよう、通告することを示唆したのである(179)。

教育費削減案否決

マンは、経済の名において州教委を廃止する企てに怒りを以って対応した。「知事の教書が送られてきた、それは、利己目的によって偉大なる原則を捩《ね》じ曲げることから成り立っている。それは、真理にたいする反逆罪を犯している。……何んと人類にたいする敵は、政党員であるとは！」(180)と、マンは親友クーム(George Combe)への書翰で述べていた。

この法案は二二二票対二三二票によって、僅かの差で敗北した。この投票は、政党の方針に沿って行われたものであり、デモクラットの九五・二％が、それに賛成し、ホイッグの九二・七％が、それに反対して投票したのである。当該委員会の多数派報告書によって、教育委員会にたいする強硬な攻撃にもかかわらず、給与削減に関する最終法案は、その廃止を含んでいなかった。その代わり、州教委の運命は、下院の教育部会の判断に委ねられたのである。

一八四〇年三月三日に、下院は、その教育部会にたいして、「教育委員会と師範学校を廃止する得策を考慮せよ」と指示した。下院の教育部会は、他の部会と同様に、名目的にはホイッグによって支配されていた。その七名のうち四名はホイッグであり、三名はデモクラットであった。しかし、教委の問題に関しては、この部会は政党の方針に従って行動することはなかった。ホイッグの二名は、デモクラットの二人と一緒になって、教委と師範学校の廃止を要求する多数派報告書を作成した。他方デモクラットの一人は、教委廃法案に反対票を投じ、当該部会の多数派報告書に署名さえせず、マンと教委を擁護したのである(181)。

給与削減特別委員会のそれと同じように、下院の教育部会からの多数派報告書は、州教委を不必要な経費支出に当たるとし、また危険な前例であるとして、攻撃したのである。

「たとえ教委は権限を有しないとしても、教委が占めている有利な立場は、明らかにすべての実際的な目的にたいして、同じような権限を持つことになるに違いない。もしも、教委が何んらかの現実的な権限を持つならば、議会の権利や義務を直接的に侵す、危険な権限となる。もし、それが、権限を持たないならば、州に毎年損失を与えて、なぜその存在を継続するのか。」(182)

これにたいして、下院の教育部会の少数派報告書は、州教委と師範学校を擁護し、教委の潜在的有害の恐怖を嘲笑したのである。そこでは、教委の現実の運営は、明らかに州にとって、利益のあるものであることが強調されたのである。ついで、教委は、教員連合会を援助したり、新しい立派な校舎の建設を促進したり、そして、教員養成にたいする諸便宜を与えたりする、教委にたいする評価を指摘したのであった(183)。

一八四〇年三月一八日に、下院において、教育委員会および師範学校を廃止する法案の討議が行われた。これらの討論において、マンおよび教委の擁護を議席から数名が行った。教委や師範学校を非難する下院教育部会の多数派にたいして、厳しい告発がなされた。こうして、教委や師範学校を廃止する法案にたいする表決は、決定的であった。この法案は、一八二票対二四五票で敗北した(184)。州教委と師範学校は、その本来の設置目的を実現し、そして拡大する政治的基盤を、これによって確立したことを意味した。

三　教育の経済的生産性論

1　教育の経済的効果

前述したような州教委および師範学校廃止問題が発生してきたとき、マンは、つぎのように、日記に記していた。

「私は、違った年度に乗り出した――若干の陰気で憂慮しないでは済まされないことであるが――なぜならば、政治狂人が州教委にたいする反対の声を張り上げるからである。」(185)

――と。

州教委や師範学校の廃止問題が主として、経済的観点から主張されたことから、マンは、今やマサチューセッツの議会や市にたいして、教育は確実で安全な経済的投資である、ということを実証する必要を実感したのであった。教育と経済的繁栄との関係を力説することを決意した最初の徴候は、かれの日記に現われており、そこで数人の工場経営者に面接するために、ローエル市に行く意図を記録していたのである(186)。この面接のあと、マンは、つぎのことを記していた。すなわち、

「私がかれらに聞いた意見に基づいて、質問が作成され、そして、かれらは、私の期待以上に教育の価値を証言する方法で回答してくれたのである。」(187)

――と。

その直後に、多くの経営者、工場長、監督などの関係者に質問紙を発送し、この問題にたいする見解を求めたのであった。そして、その結果を第五年報において公表したのである。第一章において、その一部を、コモン・スクールの経済的生産性という観点から述べたが、ここでは、さらに詳述することとする。

教育は一国の富を増大させる

第五年報において、マンが明らかにしようとした論題は、教育は、個人あるいは社会が行うことができる最も生産

的な事業である、ということであった。言いかえれば、「それらは、（マンの行った調査の結果――後述する）教育が精神の革新者であり、そして知力の増殖者であるだけでなく、また物質的富の最も多産な親であるということを、論争の余地なく、立証しているように見える」ものであった。「それ故、教育は、一国の富源の偉大な財産目録に単に収録されるだけでなく、その目録の筆頭に位置する権利を有している。それは、最も公正でかつ栄誉あるものであるだけでなく、財産を蓄積するのに最も確実な手段でもある」としたのである。

その理由に関しては、教育の特質についての説明に当てている。

「家屋侵入者あるいは無頼漢は、暴力によって、もしくは詐欺行為によって、他人の所有を我がものとする。しかし、教育は暴力や詐欺によって、かつて蓄積された以上に確実に、そして速やかに財産を創り出したりする特権を有している。普通の商品は、その所有者の手を離れるごとに僅かの利潤をあげるという性質を持っているが、教育はなおそれ以上の性質を有している。それは、むしろ長期にわたって、しかも高い収益をもたらす固定資本に類似しているものである。教育は、普通に見られる災害とか損害を免れる特権を享受しているので、保険もしくは危険を防止するための経費を必要としない。それは、行政とか、政治上の変化が及ばない。教育は、夜に富豪な商人であった者が、翌朝目を覚ますと貧民になっている、というようなことを惹き起し、また、市場をかき乱す景気変動から自由である。教育は、このような性質を有しているので、それは、最も高度の経済的価値を有しているのである。そして、商業、製造業あるいは農業政策を批判し、擁護しあるいはそれらを促進し、阻止する政治家たちは、殆どあるいは全くといっていいほど教育を、資源の開発あるいは増大のための重要な機能とみなしていない。しかし、教育は、富を増大化させる他のあらゆる手段の効力にも匹敵するものである。教育は、経済学の文献に論述されている他のすべての物より、一国全体の富の生産やその有利な使用において、より強力な能力を持っている。教育は、すべてに先立つ機能である。なぜならば、教育は、人間が、仕事を選択する際には、かれを啓蒙し、最も適切な手段の選択および使用に際しては、かれを指導するに違いないからである。またさらに、教育は相次いで起きる一連の事象のさまざまな関連を理解させ、また始めから終りを見透させることによって、堅固で確信のある目標を与え、あるいはすべての企図は失敗に終るであろうということを予知させるに違いないからである。したがって、教育を富の生産者として考えるならば、民衆が教育されればされるほど、かれらは、ますます金銭で購入し得る物質的諸便宜、生活上の楽しみや満足感をみたすであろう。また、他の事情が等しいとすれば、教育の尺度によって、資産の増加および貧困の減少を測定し得るであろう。マサチューセッツ州においては、このような考え方に、独特の説得力を与える、特別の理由が存在する。この州の人口は、主として農民、製造業者、および労働者に分れている。そこには、怠惰な階級は存在しない。言いかえるならば、労働の必要に代わって、遺産によって、生活する階級もないし、世襲奴隷の労働によって生活を支えている階級も存在しない。殆ど気づくことができない程の例外を除いて、すべての民衆は、みずからの勤勉と節約とによって、生活していかねばならない。資本家も労働者も同じである。かくて、すべてのものに必要なものは、働き得る健康と強さ、計画し管理することができる判断力と知識である。労働者の筋肉と雇主の知性とが、一人の人間に結合されなくてはならない。」

——と。

こうして、教育は、富を増大化させるあらゆる手段の効力にも匹敵するものであり、教育は、経済学の文献に論述されている他のすべての物より、一国全体の富の生産やその有利な使用において、より強力な能力を持っている、ことを強調したのである。

農業の場合

農業という職業の分野において、教育はどのような経済的効果を持っているのであろうか。それについて、見てみよう。

「農業という健康的で称賛するに値する職業は、その有利な経営のためには知識を必要とする。この種の産業においては、つねに大自然の諸力に遭遇しなければならない。われわれは、つねに金銭的な収益、投資にたいする利潤を、この自然の力に負っている。したがって、自然力についての知識、またどのような状況の下において、農業経営が最も能率的に営なまれるか、さらに、最初に投資した資金や時間がどのような状況の下で、最も多くの利潤をもたらすものであるかについての知識を、われわれは必要とする。野蛮人の住む所では、自然の繁茂は、緯度および経度の全度を通じ素晴しい森林で地上をおおうかも知れない。そして、それは、海岸が見えない大洋のような広さの大草原の花や草でもって、地上を装おい美化することであろう。これは、何んと素晴しい詩的な景観だろう。しかし、それは、人間の生活の支えにとって、また人間の幸福の存在や拡大にとっては、殆ど価値のないものである。しかし、自然の諸力についての知識のただ一つの別名である農業技術によって、以前百人が餓死した地域に今や何百万人の人々が饗応にあづかっているのである。おそらく、マサチューセッツにおけるほど、大なる農産物の多様性が存在するそのような狭い範囲の小地域は、世界にも存在しないであろう。これは、輪作や肥沃な土壌に関する化学的および実験的知識のすべてを動員する。もし、同じ土壌に同じ作物を繰り返し栽培する輪作が無視されるならば、特定の作物が最も育つ自然力を涸渇させてしまうことになろう。そして、もし土壌の化学的成分や親和力が理解されていなければ、以前の成長で涸渇してしまった成分を回復させる代わりに、既に過度に充たしている成分を補給しようとするかも知れない。しかし、これらの土壌の成分の配合や作物の改作にとっては、とくに知識の必要が痛感される。そして、農業経営者が、新知識を獲得すれば、しばしば、土地の面積を増加させるよりも、その収穫量を増大させるであろう。アメリカにおいては、エジプトを除いて、耕地面積は一、〇〇〇万平方マイル近くあるのに、その大部分は、本来、比較にならないほど不毛で、その人口や家畜の生存に必要な物資を生産することができない。そして、その生産物の量は、僅か五万平方マイルの面積しかないイギリスのそれより少額である。これは、いかなる理由によるのであろうか。イギリスにおいては、知識が温暖な気候や肥沃な土壌にとって代わってきたのである。一方アフリカにおいては、自然の母のような愛情である力強さや優しさのすべてが、その子どもたちによって拒絶されてきた。この表現の仕方はけっして比喩的表現ではない。知識と同様勤勉ということも、生産を高めるためには欠くことのできないものであることは疑いのないところである。勤勉も知識が伴わなければ、効果が殆どあがらないので、失望してしまうし、また野蛮人のような怠惰な生活に逆戻りするような労働になってしまうであろう。しかし、さらに詳しく説明しなくとも、立派な書物の媒介を通じて知性を広めることや、また立派な学校の手段を通じ、われわれの子どもたちの観察、比較、推理の諸能力を育成することは、農民に追加労働時間を課することなしに、この共和国の農産物を増産させることになろうということは、一般に承認されることであろう。われわれが、農業の改善にたいし究極的な限界に到達してしまったと考えることは、アフリカ人にとってと同様、われわれにとっても愚かなことであろう。」

ここでも、自然の諸力についての知識のただ一つの別名である農業技術を、立派な学校を通じて広めることによって、アメリカ合衆国の農産物を増産させることができることを力説しているのである。

工業の場合

農業以外の他の分野の産業における、この関係はどのようなものであろうか。工業を中心にして、マンはつぎのように述べるのである。科学や技術の発達は言うまでもなく、その教育、普及が、経済の発展に欠くべからざるものであることは強調するまでもない。

「農業以外の他の産業について言えば、マサチューセッツ州は、すべての事情を考慮に入れるならば、世界のどの地方とも相違している現象を呈している。ここで種類の異なる労働の分野に、マサチューセッツの市民がどのように配慮されているかについて説明しよう。農業従事者は、僅か八七、〇〇〇名、工業および商業従事者は八五、〇〇〇名である。後者の前者にたいする割合は、一対一であり、またアメリカ全体では一対五である。工業・商業従事者八五、〇〇〇名に、航海業従事者二八、〇〇〇名を加え、そして、それらを大巾に一つの部分とみなすことができるならば、これらの分野に投資される州の資本と労働は、農業のそれをはるかに上廻るであろう。

また機械生産や大規模な分業生産が盛大に発展しつづけるためには、科学の精密さだけでなく、機械、組立て、原料、加工の全過程を通じ、科学的原理の応用の面における精密さや、もしくは技術が必要であるということが言えよう。無限の多様性を持つ材料や、またとくに微妙であるがしかし最もエネルギーのある自然力に、科学を精密にしかも巧みに応用する能力は、人間精神の最近達成し得た能力の一つである。天文学、彫刻、絵画、詩、雄弁術は、そして倫理学でさえも、大規模な分業生産や機械生産の時代のはるか以前に大いなる進歩が見られた。この時代は、事実まさに緒についたばかりである。そして、既に、その影響は、個人的、家庭的、また社会的な生活面に、多くの便益をもたらし、そして文明史上最も重要な一時期を画している。このような生産方法の培養は、日常生活に無数の便宜を与え、そして僅か二、三世紀以前には、帝王君主の宮廷においてぜいたく品であったものが、今や小屋に住む労働者に喜びを与えるものとなっている。

あらゆる経済的改善が導入される際に伴いがちな事情ということからいって、今までそれらの利益が非常に不平等に分配されてきたが、しかし、その一般的傾向は、人類の大部分の生活状態を大いに緩和していると言える。一、八〇〇万の人口を擁するイギリスにおける機械によるその生産物は、何千万の手労働にも匹敵するものと評価されてきた。この巨大な生産の増大は、近接国家の領土を征服したり、分割したりすることなしに、また、他の国家によって既に蓄積された富を掠奪したり、没収したりすることなしに達成されたのである。それは、富の絶対的な創造である。すなわち、それは、死んだ人の財産目録や巨大な国民資本の評価額におけると同様に、われわれが一定の金銭上の価値あるものとして評価し、そして、定めた商品、日用品、改良された状態の創造なのである。人間の福祉に役立つこれらの貢献は、知識に由来している。この知識というのは、人類の始めから存在していたが、しかし、眠ったままでいたり、もしくは無価値なものとして、見捨てられていた自然の諸力をいかに活用するかについての知識である。人間の創意が、風や水や蒸気の強大な力とかれがそれらに達成させたいと欲する作用との間に入りこんで、風車や水車やピストンを備えつけるまでは、風も水も蒸気の力も機械の目的にとって何の価値があろうか。しかし、機械の発明やその調整の後には、これら風、水、蒸気の力は、あらゆる有用な目的にとって、いかに力強きものとなったことであろうか。一言にして言えば、われわれ以前のすべての時代からこの時代を区別するこれらの偉大な機械の進歩は、『科学』と『技術』という言葉で自然に話しかけることによって、自然から獲得したものであった。これは、自然を理解する唯一の言葉である。しかも、そのように一般的に広くゆきわたっている効力のある言葉なので、通用語においてそれを用いるとすれば、自然という言葉は、文字通り富とか物理的な力に対応する意味を持たせることを否定しない。」

こうして、科学や技術による巨大な生産の増大は、富の絶対的な創造であり、人間の福祉に貢献するが、これは、知識に由来するものであるとする。そして、この知識による偉大な機械の進歩は、科学と技術という言葉で自然に話しかけることによって、自然から獲得したものである。この思想的背景には、近代の自然科学思想に強い影響を与えた、ベーコン（Roger Bacon, 1561-1626）の思想が根底に在る。すなわち一切の先入見と謬見言いかえれば偶然（イドラ）を去り、経験（観察と実験）を唯一の源泉とし、また帰納法を唯一の方法とすることによって、自然を正しく認識し、この認識を通じて自然を支配することであった。

知識を如何に普及させるか

マンは、このような知識を同時代の生徒たちに如何に理解させ、また如何に獲得させようとしたのであろうか。

「いま、推論、歴史、そして経験からして、人間精神の早期の覚醒が有用な技術の成功にとっての前提条件であることを明示するのは容易である。単に感情だけでなく思考力を覚醒させなければならない。まず第一に明晰なる知覚が獲得されねばならぬ。もしくは、目に見えるものがどのようなものであれ、それを正確にとらえる精神的転写力、模写力、映像力を獲得しなければならない。しかしながら、これは、必要かくべからざるものであるが、それだけではけっして充分ではない。それは、単に、意志に関係なく働く運動で間に合うかも知れない。言いかえれば、他人の作ったものを盲目的に模写することで足りるかもしれない。中国人は、この種の模倣に秀でている。

しかし、かれらは、殆ど創造的精神を欠いているので、生徒は教師を模倣し、徒弟は親方のしたことをおおむ返しに繰り返すだけである。したがって、人間の精神は、代々、ぐるぐると回転して同じ面が出てくる廻転円筒の単調な側面を現しているにすぎない。しかし、他人の作った物をさらに改善する能力は、単に、感覚、判断のすべての対象を正確に模写し刻印する精神的能力だけでなく、以前に獲得したすべての印象、あるいは観念を意のままに再生、再現させる能力をまた必要とする。そして、さらにより完全な設計やモデルを作るために、すべての印象あるいは観念の配置を変換し、それらを新しい形態に再配列し、最初の知覚にあるものをつけ加え、またあるものを排除するそのような能力を必要とするのである。たとえば、船大工が既存のあらゆる造術の見本を改善しようとするならば、かれは、まずできるだけ数多くの船を吟味しようとするであろう。そのあと、それぞれ印象に残った映像を再生させるであろう。そして、かれが検分したすべての船隊が心像に現れてくると、かれは、それぞれの船を他のすべての船と比較し、甲からある部分を、乙から他の部分をとり出し、動力や抵抗力の法則についてかれが知っている知識をすべてに適用してみる。それによって、かれは、今までに観察したどの船よりも、より完全な船のモデルもしくはその複合観念を作り出すのである。今学校におけるすべての課業の復習が、正しく行われるならば、この驚くべき力を獲得するための踏石となる。教科課程が慎重に配列され、そして、二、三年間それが励精に学習されるならば、外的自然のあらゆる偉大な現象や、あらゆる有用な技術による最も重要な生産が、それらを進化させ、一般化させた科学の原理とともに、生徒に相次いで理解されるようになるであろう。したがって、生徒は、物質的世界の内容や自然の多様な富や効用に精通するようになろう。そして、かれは、無限に変化を惹き起させる諸法則――比較的に少ないが――を学ぶであろう。そのような知識を身につけた生産が実社会の生活に入っていくとき、かれは、あたかもかれ自身の心の中で世界の計画あるいは設計図を実行に移すようなものである。それ故、かれは、自然の偉大なる現象やその過程を、盲目的にあるいは、動物のような愚かな見つめ方で見過してしまうようなことはしない。しかし、かれは、それら自然事象のさまざまな存在や関係について、またそれらの人類の利益にたいする適用について、鋭敏な認識力を持っている。かれは、人間が作ったどのような製品であれ、また発明工夫であれ、それが、どのようにして作られたか、さらに、それは、どのようにしたら改善することができるか、の疑問を持ってつねにそれらを注視するのである。このようにして、かれは、無知な者よりはるかに多くの利点を持っている。それは、ちょうど外国に旅行する人がその国の言葉を知っていれば、そうでないものより、はるかに多くの利点を持つのと同様である。したがって、一方は手にその国の地図を携え、他方は、道案内も必要とすることなく旅行するようなものである。かくて、教育ある者にとって、自然の過程や技術の発明のすべては、学ぶべき多くの対象であり、あるいは、多くの知識を伝えてくれるものでもある。しかし、教育のないものは、色とりどりの鮮かな路を盲人のごとく、あるいはいろいろの音が聞えてくるところを聾者のように歩むように自然や技術の中を歩むのである。ローマ人は、高いアーチの上に、丘の頂を通過させて、水道を造り上げた。それには、莫大な時間と費用が投じられたのである。ある思いつき——すなわち流動体の平衡状態に関する知識——、管の中の水は、水源と同一水準の高さまで上昇するという知識は、単独の個人に、その知識なしには、帝国の莫大な富を費して初めて成し遂げられた工事を簡単に実施させなかったであろう。」

このように、他人の作った物をさらに改善する能力は、単に感覚・判断のすべての対象を正確に模写し、刻印する精神的能力だけでなく、以前に獲得したすべての印象あるいは観念を意のままに再生、再現させる能力をまた必要とする。より完全な設計やモデルを作るためには、すべての印象あるいは観念の配置を変換し、それらを新しい形態に再配列し、最初の知覚にあるものをつけ加え、またあるものを排除するそのような能力を必要とする。それによって、その複合観念を創り出すのである。この心理過程を学校のすべての課業において経験させるならば、この驚異的な能力を形成することが可能となる。そして、教育課程が適正に編成され、二、三年間しっかりと学習されるならば、外的自然のあらゆる偉大な現象や、あらゆる有用な技術による最も重要な生産が、それらを進化させ、一般化させた科学の原理とともに、生徒たちにつぎつぎに理解されるようになる、とマンは主張したのである。

知性は生産性をあげる

さらに進んで、つぎのように、知性は、強奪によってでなく、生産をあげることによって、大いなる蓄財家となる、ことを力説するのである。

「これと同じ方法は、少ない出資で大いなる結果をあげ、より安く質のよい品を作り、より便利な方法を考え出し、そして、別の仕方では不可能である、多様なことを行わせる方法である。すなわち、教育は、真に最高の金銭上の報償を生み出すものであるということが言えよう。知性は、強奪によってでなく、生産をあげることによって、大いなる蓄財家となる。人間のあらゆる生活分野では、時機を得て処理すれば、僅かの時間ですみ、時機を失すると、何時間もおそらく何日でも何週間でもかかってしまう場合が多くある。活発な精神の持主は、危機を洞察し、そしてとらえるであろう。鈍感な人は危機を、全然認知しないわけではないが、非常に遅れてしまうであろう。精神能力の一般的陶冶は、多方面にわたる才能をのばすことができる。それによって、労働者の日常的な労働が能率的になるならば、かれは、他の職種にも容易に就くことができるのである。しかし、教育されない精神は、車輪とかバネを一つだけ作ることができる自動機械のようなものである。動物的な力は、それ自身非生産的に消費されてしまう。自然が作用するその仕方は、無知を思わせるものがある。したがって、巨大な自然の諸力は、それだけでは、有利に使用することはできない。事実、しばしば、自然に反する企てがなされる。それは、止めることができない勢いで車が進行してくる道に、飛び出すようなものだ。しかし、知識の所有者は、自然の諸力を、自分の利益に役立たせることができる。そして、かれは、それによって、何千人もの奴隷労作をもってしても得ることができない多量の動力を、費用をかけないで獲得することができる。蒸気の力だけによって生産され、輸送された商品を消費する人は、すべて、そうでない商品を消費するよりは、それを安く手に入れることになる。この蒸気の力を旅行の際利用できるものは、一日に三日分の仕事を成し遂げることができる。その限り、かれは、企業として、かれの人生を二〇〇％も延長することになるのである。わが国の操綿機械発明者であるホワイトニィ（一七六九―一八二五）によって、世界の富は非常に増加されたし、今後も増加をつづけるであろう。その一部分は、既に実現されているが、しかし、その大部分は、まだ、国庫を涸渇させてしまう賦払金を連日引き出してしまうようなものとして理解されている。教育がありまた才能のある人は、自然の豊かな領地に侵入者としてではなく、あたかも所有主として入ってゆき、そして、自然の富をみずからのものとするのである。」

教育は、個人あるいは社会が行うことができる最も生産的事業である、というマンの命題は、僅かの自然資源しか存在しない地域社会が、自然資源を豊富に保有している地域社会より、しばしばより繁栄している、ということに着目して、この結論に到達したのであった。マサチューセッツ州は、鉱物資源や肥沃な土壌にあまり恵まれていないけれども、他の諸州よりも、より多くの富を生産したのである。その繁栄の鍵は、自然資源に在るのではなく、教育された人々によってもたらされたものであることをつぎのように力説したのである。

「このアメリカ合衆国に関する限り、機械、農器具、造船術の方法、そして科学的観察において精密度を必要とする精密機械の製作等に関するすべての改良・発明および発見の五分の四は、ニューイングランドで行われた。それは、どのような理由によるのであろうか。私は、その適確な理由を判定することはできないけれども、しかし、子どもの思考力を早いうちから目覚めさせ、訓練した結果であると信じている。このような示唆は、嫉妬を起させることはないけれども、しかし、それは、この関係において無視されるには、余りにも重要な意味を持っている。ためしに、コモン・スクールが設置されていない各州の住民や旅行者の節約、秩序、身だしなみ、そして生活を享受したり、相当の資産を持ったりするというような、あらゆる外面的な現れなど、要するに民衆の生活条件一般を、ニューイングランドの農村の人々の同じ文化の諸特徴と比較してみよ。前者の諸州は、後者が不毛な土地であり、かつ地下層が花こう岩であるのに比較して、土地が肥沃であり鉱物資源が豊富であるにもかかわらず、前述のような対照が見られるのである。民衆の間に、僅かな程度の知力が普及しただけでも自然のすべての豊富さと同価値以上であることが、これほど明らかに実証された問題はかつてなかった。事実、一般教育が準用されていない州について言えば、その民衆が、活動力や先見の明に欠け、労働節約の創意がなく、また、目的にとって適切な手段をえらぶのに鈍感であるのは、不本意な奴隷制度の結果であると言われている。しかし、これは、生産を多くあげるという問題に関する限り、全く知識が欠けている以外に何があろうか。精神的な愚かさ、精神活動の不活発ということが存在する以外に何があろうか。そして、その原因は、個人的な怠慢によるものであるか、あるいは遺伝性のものによるものであるかのいずれかである。各国の人々や知的教養の程度を異にする多くの人々と広く接触する機会を持った紳士との談話で、かれは、つぎの点を観察していた。かれは、普通の移民者や奴隷を使用し、もし希望すれば、かれらにある場所から他の場所に砂の山をシャベルで移動させたり、再びもとの場所にそれを移させたり、さらに一日中砂山をあちこちに移動させることもできた。また同一の食糧や同一の賃金で、この労働者は、そのような千篇一律の仕事に疑問も持たず不平も言わず従事しているのを観察したのである。そして、この労働者は、ニューイングランド人にとっては普通の事である仕事にたいする愛着もなく、賃金を得ることなしに、有用とも思えないこの断片的な作業に従っていると、かれはつけ加えていた。どんな単純な仕事でも、また機械的な仕事であっても、労働者に知識がなくては、知識のある労働者のようにうまく成しとげることができる仕事の種類などというものは、殆どないと言っていい。監督や雇主にとっては、四六時中労働者の知性を啓発するなどということはとてもできることではない。一定の作業についての関連事項を最も簡単に指示する場合でも、ある事項が省略されてしまったり、誤解されてしまうことがあろう。そして、労働者に知性がなければ、この省略や誤解は作業中ずっと繰り返されてしまうだろう。」

このように、民衆の間に、僅かな程度の知力が普及しただけでも、自然のすべての豊富さと同価値以上であることがこれほど明らかに実証された問題はかつてなかった、とマンは力説するのであった。

この問題を、イギリスの労働者と合衆国のそれとの比較において、さらに明らかにしようと、つぎのように述べているのである。

「イギリスの工場労働者は、一階級として、アメリカ労働者の半分の賃金あるいはそれ以下で働いているということは、周知の事実である。そこにおける機械類の価格もまたわれわれのそれの半額である。一方、われわれの資本はそれが貸付けられたとき、イギリスの場合よりも約二倍の利子率を生む。このように相反する条件にあるにもかかわらず、アメリカの製造業者たちは、僅かな関税率で、製造業の多くの部門で、イギリスの資本家と有利に競争しているのである。この驚くべき事態は、両国の労働者の教育差を考慮しなければ説明することはできない。この問題をとり挙げて論議したわが州議会、あるいは国会における討論や演説においては、つぎのような基本的原則がとり挙げられてきた。そして、少なくともその最も重要なそして正当な結論の一つが明らかにされたのである。すなわち、全民衆の教育を、質と量の両面にわたって改善することは、市民として――それがたとえ人間として自己保存の義務ではないとしても――、われわれの最も賢明な方策であるということである。最も慎重でかつ成功した製造業者の一人から、つぎのような事実を私はきいた。綿織工場で、教育の低い労働者の代わりに、より立派な教育を受けた労働者を雇ったら、機械速度が一二％ないし一五％増加し、しかもその加速度による損害や危険も生じなかったということである。この事実ほど、製造工場における子どもの教育と労働との法則的知識を直接的にまた実証的に示したものはないと思う。この事実は、たとえ人間を高尚にするという動機からではないにしても、少なくとも、方便や利己主義の動機から、子ども教育の重要性を説得する論証としては、何と優れたものであり、また有力なものであろうか。残念なことにはこの有難いまた親のごとき法則は、ある場合には、依然として公然と無視されている。またわれわれの間に見られる工場主は、かれらの雇用する労働者が、時間を正しく守って就業しても、労働者がどのよな個性を生かして行こうとするか、また、かれらが夜間学校や文学講座に週一度出席したり、あるいは安息日に教会に行ったりすることと、それとは労働者にとっては何の関係もないものである、と言っているのは残念なことであると思う。

マサチューセッツ州の綿工場、藁編工場その他のさまざまの工場に従事している婦人労働者の数は、四〇、〇〇〇人と数えられてきた。そして、かれらの年々の労働価値は、それぞれ一〇〇ドル平均であり、総額として、四〇〇万ドルと推定されている。先に引用したミルズ氏（第一章参照―筆者）、クラーク氏およびその他の人の書翰に述べられている事実（後述する―筆者）からして、殆ど教育のない労働者と、最も教育を受けている労働者、言いかえれば署名の際名前が書けないために、記号でもってそれに代える労働者と学校の卒業を認められて雇傭された労働者との賃金差は、五〇％をこえていることは明らかである。今この州の各種の工場に従事している婦人労働者四〇、〇〇〇人が、最低の水準までその質を低下したと仮定してみよ。その結果は、直ちに、その総所得額において二〇〇ドルの低下となる。しかし、反対にかれらが教育によって最高の水準にまで高まることができるならば、その所得額は年々六〇〇万ドルに到達するであろう。私は、マンチェスターの工場では、働くことに慣れていたけれども、アメリカにおいては、生活の資さえ稼ぐことができないイギリスからの移民者と比較しようとは思っていない。

他の州もしくは外国に関して、このような考察を加えるということは、高慢もしくは自惚れの光栄をになう精神からは出てこない。それは、これとは全く違った精神状況から出てくるものである。なぜならば、私は、われわれが、容易にできると思っても到達できないのと同様に、他の社会ができないと思ってもわれわれ自身に達し得るということを深く信じているからである。そして、それを正当視し得る事実を挙げることができる。」

このように、読み・書きのできない労働者とコモン・スクールを卒業した労働者との間の労働価値に、驚くべき差異が生じて来る実態を、マンは明らかにしたのである。後述するように、今日、この両者の間の労働価値の差異に関しては、統計学上批判されるべき点が指摘されていることは事実であるが、教育の生産的価値についての評価に関しては、揺ぐことのないものとなっている。

知は力なり

これらの具体的事例を、「知は力なり」の例を引いて、理論的根拠をあげ、以下、若干説明を行っている。

「たとえば、よく知られている格言『知は力なり』を例に引いて、この報告書を終りたいと思う。

レデット氏は、かれの著作『建築技術論』で、ことなる条件のもとで、一、〇八〇ポンドの重さの花崗岩の四角材を運搬するのに必要な力の量について検査した実験の結果をつぎのように示している。

この石材を、荒く削ってある石切場の床の上で動かすためには、七五八ポンドに等しい力を必要とした。同じ石材を板床の上でひっぱるためには、六五二ポンドに等しい力を必要とした。材木の台の上にのせ、同じ床の上をひっぱるときには六〇〇ポンドを必要とした。

材木の両面を石けんでよくこすって、ひっぱると一八〇ポンドに減少した。

三インチ直径のローラーの上にのせると三四ポンドの力で充分であった。

石床を木の床に代えると二八ポンドになる。同じローラーを木材の台の上にのせると、僅か二二ポンドで足りたのである。

ここで、レデット氏の実験はとまっている。しかし、機関車が発明され、また使用されて以来の改良改善によって、二、二四〇ポンドを八ポンドの索引力で動かすようになった。したがって、四ポンド以下の力で、現在一、〇八〇ポンドの花崗岩石材を動かすのに充分であろう。言いかえれば、最初の場合に必要とされたよりも、一八八倍も少ない力で足りることになるのである。それ故、単に動物的な力あるいは腕力でその物体を動かすとき、それに要する力の量は、その物体自身の重さの約三分の二に相当する。しかし、腕力の強さに、知力が加わると、その物体を動かすのに必要な力は、一八八倍も減少されるのである。したがって、その物体を動かすのには、知力が全力の一八八の分け前を分担し、腕力は、その一の分け前を分担し、腕力は、その一つの分け前を分担するという協力関係がここに成立する。あるいは、動物的な力は、一人の人間を表し、創意力あるいは知力が、一八八人を代表しているとも言えるのである。」

ついで、ポーター博士の製造業や農業に応用された科学原理について説明している。

「ポーター博士は、その著作『家内工業と機械工業、製造業と農業に応用されたる科学原理』でつぎのように述べている。『蒸気力による織機の増大は、製造業者が述べたつぎのような叙述に示されている。

二五才か三〇才の非常に有能な織り手は、一週間にワイシャツ地二枚を織ることができるでしょう。

一八二三年に蒸気織機二台受けもって、一五才の職工は、一週に七枚織ることができた。

一八二六年に、蒸気織機二台を受けもった一五才の職工は、週一二枚織るし、あるものは一五枚も織ることができた。

一八二三年に、一五才から二〇才の職工は、一二才の少女の助手を使い、四台の織機を受けもって、週に一八枚織ることができた。あるものは二〇枚もできた。

したがって、企業の特殊部門に知力を適用すると、僅か一〇年間に、一五才の若者が一二才の少女の助手を使って、以前熟練工が織ったよりも九倍から一〇倍の作業量をあげることができた。』

その見本を数例挙げて、作業量の増大を考察する。

「針の製造においては、二〇、〇〇〇本に等しい数が一つの箱に無差別に投げこまれ、頭と先が混合され、そして、それぞれが予想された方向をもって切断される。このようなことは、針製造の各種の段階を通じ数回も行われる。そして、毎回それらを縦にあるいは同方向に並べることが必要である。ある労働者は、二〇、〇〇〇本のもつれあっている針、そして、あたかも一つの大きな鉄のいがのようになった針を拾い出し、それらを同じ方向に並べたのである。この作業は、一週間もかかって恐ろしいほどの仕事と感じられる。また、したがって、労働者は、かれの指先の安全を気にするだろうし、あるいは出血の不安を感じないわけにはいかないであろう。しかし、僅かの手先の器用さに捕われる単純でそして巧妙な工夫によって、この作業は、二、三分で行われるようになる。そのような創意工夫によって、どれだけ針の価格が下がったかを調べることは不必要である。なぜならば、その工夫がなければ、どんな代価を払っても、針はできないからである。

約三〇年以前には、七年間の徒弟教育を受けてさえも、ガラス屋の徒弟には、ダイアモンドでガラスを切ると短時間でしかも、ガラスをこわすことなく作業ができるということは、知られていなかった。単純な道具の工夫によって、ガラスを簡単に、しかも失敗することなしに切ることは、ガラス屋になろうとする最も初歩者にも、それをできるようにさせたのである。指先の技能はもちろん知力のある人は、ダイアモンドを使用することによって、皮膚を擦りむいたり、疲労したりすることが殆どない使用法のあることに気づいたのである。このガラス切り器具は、ダイヤモンドを揺れないようにさせるだけでなく、それを切る方向に、しっかりと定着させるのである。旋盤、古い様式の紡ぎ車、そして機械は、足で踏むペダルを備えることによって、労働者に、もう一本の手を加えたことに等しい効果をあげさせる。

なめし皮を製造する作業は、生皮のすべての分子に、タンニン酸という化学成分が溶解し、浸透するまで長時間さらしておくことによってできあがる。優れたなめし皮をつくるには、生皮を土の穴の中に六ヵ月、一年あるいは一八ヵ月、ある場合には二年間も埋めておくのが普通である。したがって、製革業者は、資本を回収するのには、その間ずっと待っていなければならない。現代的製造法では、タンニン酸の成分が溶解している密閉された穴に生皮を置いておく。そして、空気が排気されてくると液体が皮の細孔や繊維に浸透し、そして、全過程が完成するまで僅か二、三日ですむのである。

布地の漂白は、盗まれ易い戸外や野ざらしの場所で行われるのが普通であった（イギリスでは百人否おそらく千人もの人が、その布地を窃盗し刑を受けたのである）。しかし、今やそれは、野ざらしのような場所ではなく、なめし皮の場合のように、以前よりも早く漂白できるようになってきた。

ロード・ブルームは、その『科学優越論』で、新しい精糖方法を発見した人は、短期間のうちに、しかも損失もなく、おそらく以前のいかなる発明においても得られなかった利益を手に入れることができた、と述べている。

したがって、知性は、利潤を生み出すのはもちろんのこと、損害を防止することもできるのである。機械を発明する場合、原理をテストし、固有のそして自然的な、したがって、排除することのできない、ある欠陥によって失敗してしまった後、繰り返し行われる実験につぎこまれる時間と金は何と多大なものであろうか。三〇年間のうちに、イギリスとアメリカにおいては、汽船に必要な外車（船舶の外側に取りつけた、車輪状の推進器―筆者）の若干の建造にたいする特許が五つも認可されたのである。その外車の建造は、一八一〇年の早い時期に試験され、また不良品とされていた。」

このように、知性もしくは知力は、人間の生活を維持し、人間存在を快適にさせ、高め、そして美しくさせる生産技術の全範囲を支えていることを明らかにしたのである。このような進歩は、人間の労働や研究の全範囲にわたって、その影響を及ぼしていくのである。

「今挙げたいくつかの事例は、知性が協力の一員である共同体もしくは社会は、大であれ、固有の優秀性を持っているものであることを明示するために、無作為に抽出した二、三の周知の見本である。この事例の真実なることは、人間の生活が維持され、そして、人間存在を快適にさせ、高め、そして、美しくさせるこれらの生産技術の全範囲についての真実なのである。知力は、改善者であった。なぜなら物質は、それ自身を改善することができないからである。そして、改善進歩は、活動力に刺戟を与え、そして労働に適用される知力の数やその育成に比例して促進されたのである。同様な進歩は、人間の労働や研究の全範囲にわたってその影響を及ぼしてきた。輸送および交通機関の技術においては、駄獣として羊や山羊を使用することから、蒸気機関や鉄道にいたるまで。航海術においては、こわがって海岸すれすれにくっついて進む丸木船から、大胆に大洋を航海する蒸気船にいたるまで。水力学の面では、容器に水を入れて手で運んだり、あるいは水平面の水道から都市に給水する大規模な導水渠および高層建築の最上部まで水を押し上げる消防車の蒸気ポンプにいたるまで。紡績および綱製造方法においては、手の糸取りから織機および一〇フィート四方の縄索、大綱をどのような長さにでも製造する機械にいたるまで。時計学あるいは時間記録の方法においては、日時計、水時計から懐中時計、航海者が、かれの位置する経度を測定するのに役立ち、また財産の蓄積や生活に役立つ完全な装置を施した精巧な測時器にいたるまで。鉄その他の鉱石の抽出、鍛錬および焼戻しの方法においては、すべての型に鍛鉄することができ、またすべての目的に使用できる可鍛性を持つことができたし、また、石斧や野蛮人の貝の魚針に代わって、切断のための鋭利さを持ち、打撃のための堅固さを持つ、殆ど無限の多様性のある道具を補給するにいたった。硝子化あるいは硝子製造の技術においては、多数の手軽な家庭用品具、装飾器具だけでなく、見苦しい孔口のある、または開き窓に代わって外気あるいは冷い空気から光と暖さを吸収するガラス窓を作り出した。熱による硬化技術においては、太陽熱で乾燥する煉瓦から何世紀もの間、気候風土の腐蝕作用に堪えることができたり、あるいは炉の強熱に耐え得る煉瓦を造るまでになった。照明の技術においては、樅、松の木から作り出す松明から、われわれの都市の夜に、殆ど太陽のような光を放つ明るいガス燈をつけるまでにいたった。暖房、換気の方法においては、快適な暖さと清浄な空気を補給することができるようになった。建築技術においては、一本の木を刳りぬいたり、屋根の恰好をした小屋から、われわれの村や都市の風趣や生活程度の高いことを表示する間取りの充分な、そして、照明の行届いた住居にいたるまで。謄写・印刷技術においては、一冊の書物の転写が、何ヵ年も、時には殆ど生涯の労働であった筆者の辛い骨のおれる状態から、一分間に六〇枚も印刷できる印刷機にいたるまで。製紙技術においては、内側の樹皮を準備し、切り裂き、そして、莫大な労力をかけて乾燥する方法から、水流の速度に従って破れない紙の流れを連続的に噴出するフールドリーニア式製紙機械にいたるまで、それぞれ発展するにいたった。そして、これらすべてに加えて模型製作、鋳造技術、図案計画化、彫版術および画法、物資の貯蔵法やその色彩変化方法、それらの分割や結合技術等々、それらの名称やその技術過程を挙げていけば、それらは、多くの欄を埋めつくしてしまうほど非常に多くの目録になってしまうであろう。」

万人共通の教育は、無限の富源

知性もしくは知力によって、創出され、維持・改善されてきた生産技術過程も、相次ぐ世代は、その先行者を、まさにその教育の優越性に応じて、追越してしまうし、また同世代間、労働者間においても、教育の優越性によって、差異が生じて来るのである。またさまざまな技術の成果は、何世代にもわたる、多くの人たちによって、改良工夫され、進歩を遂げて来たものである。したがって、労働者たちの子どもをも含む、万人共通の教育制度を設立し、眠っている人間知性の諸力の中の、無限の富源を探ることは、何と経済的であり、賢明なことであるかを、マンは力説するのである。

「今、冗長な、不手ぎわな方法から急速にして、かつ見事なものにこれらすべての操作を完成するのには、言いかえるならば、殆ど無限の多様性を持つ未加工で価値のない原料を、有用かつ優美な構造にまで変えるのには、知力が動因となってきたのである。相次ぐ世代は、その先行者をまさにその教育の優越性に応じて追越してしまったのである。われわれが、異なった国民あるいは異なった国民あるいは異なった世代を相互に比較するとき、その相違は大きいので、それを、よく考察しなければならないと思う。しかし、同時代の都会人の間に、また労働者の間にも同じような種類の相違が見られるのである。教育のない労働者は、教育のある労働者と相ならんで労働するけれども、それでもかれらの間の知力の相違は、かれらを相互に旧世代の関係と同じような関係に配置してしまう。もし、無知な労働者が、産業の特殊な技術やその部門の知識について、旧世代において一般的に知られていたことしか知っていなかったとしたら、かれは、旧世代に属することになる。また当然、かれは、現代の知識や見解を持っている人たちに追越されることに同意しなければならない。かれらは、同種類の労働に従事し、それを成しとげるのに必要な同じ道具や器具を使用するけれども、一方は、腕しかなく、他方は、腕と知力とを持っている限り、そのすべての生産品の上に対照の刻印やレッテルが押されることになろう。言いかえれば、質・量の両面にわたっての優劣がかれらの労働の上にはっきりと記されることになろう。野蛮人の地域を旅行した人はつぎのようなことを語っていた。巧妙に考案された道具や装置を使って、ある種の技能的な手先の作業をしたとき、野蛮人は、その装置それ自身の中に何か魔力があり、それによって奇蹟が起ったのだと思い、これらの道具を盗みとってしまった、と。しかし、かれらが、道具を盗んでも、それを操作する方法を盗みとることができなければ、その窃盗は効果のないものである。教育がないのに、教育のあるものにとって初めて可能であった作業を、効果的に行うことができると期待するものは誰であれ、この野蛮人の幻想もしくはその単純な思考を笑うことはできない。

蒸気機関、新聞印刷、機械織機、鉄工所、製造工場、造船、望遠鏡等々の偉大な技術の成果を概観するとき、われわれは、それらが急に出現したものであり、また現在の完成された状態は、一人の、あるいはせいぜい少数の偉大な創造的才能の努力によって達成されたものであると見なしやすい。それらが、現在のすぐれた状態に達するには、何世紀もの時間の経過を必要とし、また何千人もの人の相次ぐ経過を必要とし、また何千人もの人の相次ぐ研究を必要としたことをわれわれは余り考えていない。言いかえれば、それらは、幼児の身長が、気のつかない程度に序々に伸びていくのと同様に、より不完全なものからより完全な型態へと一歩一歩徐々に進歩してきたのである。また後進の発見者や発明者が、まず先進者の業績を学ばなければならなかったように、将来の発見者や発明者も、素晴しい改善の研究をさらに進める準備に着手する前に、まず現代の諸成果を学びとらなくてはならない。

労働によって生活を支えていかなくてはならない人たちにとって、かれらの子どもたちのために、最も能率的な万人共通の教育制度を設立し、そして、公明と大度量とをもってそれに資金を投入し、維持すること、そして、さらにまた、自然の物質的恩恵が比較的制限されているところでは、それに代わって、また眠っている人間知性の諸力の中にかくされている慰安、生活能力そして自活の涸渇することのない、また無限の富源を探ること、これらのことはいずれも何と経済的であり、慎み深く、遠謀深慮であり、また賢明——その言葉の最高の意味においてではないけれども、合法的でかつ称賛するに足りるものである——でさえあることだろうか。」

マンの主張した、教育は、個人あるいは社会が行うことができる最も生産的な事業である、という命題は、マンの真意からすれば、「私自身の心にとって、教育の経済的価値への寄与ということは、注目に値するものではあるが、しかし、依然として、教育という高貴な主題の名誉のために現し得る最少の讃辞であるに過ぎない」と吐露していることは注目すべき点である。教育にとって最少の讃辞であるにせよ、それが、民衆の教育普及と拡大とにとって、重要な媒体となったことを考慮すれば、教育史上、最大の讃辞に値するものになるであろう。

「しかし、私は金銭的意味における教育の価値や、そして、すべての人間の外面的な家庭、社会の生活条件を改善させ、向上させる教育の力について述べてきたにもかかわらず、私が、ここでこの報告書を閉じるにあたって、つぎのような点を明らかにすることを、もし控えたとしたら、私の心意に不誠実であったことになってしまうであろう。すなわち、私自身の心にとって、教育の経済的価値への寄与ということは、注目に値するものではあるが、しかし、依然として、教育という高貴な主題の名誉のために現し得る最少の讃辞であるに過ぎない。また、私が提示しようと努めた教育の経済観は、注目に値するものであるにせよ、しかし、物質的富を精神的幸福に転化させ、教育あるものに逆境の誘惑に打ち勝つと同様に、順境のより危険な誘惑にも打ち勝つ抑制力と自主性とを与える力を持ち、そして、さらに――人間の行動の発動力に関する限り――地上に平和と正義を樹立するために、また天上において、栄光と幸福の享受のためには頼らねばならない、教育の高遠でそして神聖な属性と比較したときには、それは、無意味なものになってしまうものなのである。」(188)

――と。

2　実業家たちの教育の経済的効果にたいする証言

功利主義的教育観

マンは、このような教育の経済的生産性すなわち教育の経済的価値への寄与という結論に到達する契機となったものは、教育が具体的に子どもたちの境遇に、どのような影響を与えるものなのであるかを確認することからであった。

「ここで確認された前提（タウンによって支出される学令児童一人当たりの教育費の不平等は、子どもたちに不平等な教育を与えることになる）をさらに追求するためにも、またその正当な結論にとっても、これらのさまざまの教育上の利益が、やがて次代を担う人たちに、つぎの諸点で、どのような影響を与えるかについて、明らかにされるべきである。

①　立身出世　②　健康および寿命　③　態度および趣味　④　知的道徳的性格

これは、容易に明らかにできると思う。なぜならば、太陽が南方熱帯地方へ傾斜すると、全く暗黒と不毛の冬をまねき、また反対の方向に太陽が昇ると、全く美と豊かさの夏をもたらすけれども、しかし、それすら民衆が教育を受けるか、受けないかによって、その境遇が、悪くなったり良くなったりするほど、確実なものではないからである。しかし、このような教育の働きを、明らかにすることは、この文書の限界をはるかに超えるものである。上記の四つの問題の一つに簡単に触れることが、思いきって論じる最大のことである。

この目的のために、私は、適当と思われる範囲で、教育が立身出世もしくは人々の暮し向にどのような影響を与えるものであるかを明らかにすることによって、この報告書を終りにしたい。言いかえるならば、教育が、財産、人間の慰安と相応の生活、個人や社会の外見上の物質的利益あるいは福祉にどのような影響を与えるかを、明らかにすることである。」

このように、教育が具体的に子どもたちの境遇に、どのような影響を与えるものなのであるかを問うことは、教育が、財産など外見上の物質的利益にどのような影響を与えるかを明らかにすることであった。このことは、さらに単刀直入に、教育は、いかなる貨幣価値を持っているのか、どれだけ貨幣価値を生み出すものであるのかを、明らかにすることであった。これに関して、マンは、つぎのように述べている。

「この見解は、教育が恩沢を及ぼすことができる最高のものからは、はるかに遠ざかり、おそらく、その最低のものであるとみなされるかも知れない。けれども、それは、明白なる見解である。誰にでも理解できる問題の側面を示している。また、それ故、それは、現在、自分たちの子どもの教育に無関心でいる多くの親たちにとって、好都合なことである。というのも、かれらは、教育のために費された金が、どのように消費されているのか、教育は、いかなる貨幣価値をもっているのが、どれだけ貨幣価値を生み出すものであるのかを見越してはいないからである。このような多数の人で構成されている階級が、公立学校制度の発展に協力するか否かは、その成否に重大な影響を及ぼすものとなる。そして、その人たちを誘導して、子どもたちに教育を受けさせることができるならば、それが、たとえ低級の動機からであろうと、ひとたび教育を受ければ、子どもたちは、教育の高貴な親和性を感得するであろう。」

このように、ここでは、きわめて重要な指摘がなされているのである。すなわち、自分たちの子どもの教育について、無関心を示している多くの親たちにとって、ひとたび、教育が貨幣価値を生み出すものであることを認識するにいたるや、それがたとえ低い動機からであっても、教育を受けることになるならば、教育の高貴な親和性を感得することになるし、公立学校制度を、積極的に支持する誘因となるからである。この教育の経済的価値の強調は、マンの意図が、とくに貧困で、教育に無関心な親たちにたいして向けられた点において、特徴であることに注目すべきであろう。

この教育の経済的価値の強調は、個人にとってだけでなく、公立学校を設立し、それを運営する責任を有する、地方自治体であるタウンにとっても同様であった。

「このことは、タウンについても、また同じことが言える。タウンの全体の富の増加が、その学校にたいする予算支出と対応するものであることが立証されるなら、教育費支出に反対する人たちは、沈黙せざるを得ないであろう。教育のための課税を重荷と感じていたかれらは、今や、それを有利な投資と見なすようになる。親が執着している金を、子どもたちへの遺産を殖やすつもりで、六ないし一〇％教育に投資すれば、かれらの世襲財産を二倍にすることができることを明らかにしてみよ。そうすれば、教育費支出に不平を言ったり、投票に訴えて反対していた親の盲目的愛情本能は、最も気前よく教育費支出を主張するようになるであろう。教育に支出された金を、その真の性格において考察するとき、つぎのようなことが言えよう。すなわち、それは、あたかも作物ができる自然の肥沃な土壌に、穀物が播種される場合のように、大変けちな農夫は収穫が減収しないようにと沢山播種するだろうし、また、それによって、まかれた種の三〇倍、六〇倍あるいは一〇〇倍も、穀倉に貯蔵することができるようにと思って種まきをするのと同じ性格であろう。」

教育の貨幣価値を強調する考え方は、他面において、功利主義的教育観と称され、それは、教育を、個人の生存能力の賦与者として、また国富の促進者と見なしていることを、マンは指摘するのである。さらに進んで、教育は、他のすべての自然力以上に、われわれの精神的、物質的欲求を支配する力を持っていることを示そうとしたのであった。

「教育の重要性を説いたり、それを称賛する人たちは、個人や社会にたいする教育の貨幣価値はどのようなものであるかを実証するという、そのようなつまらぬことにまで説き及ぶことは殆どなかった。それ故、私は、上述の見解をさらに説きすすめたいと思う。かれらは、教育が高遠な属性を有し、また、それが、人間を元気づけ、洗練させ、人間らしくさせる傾向を持っていることを説くのに全力を注いだのである。したがって、かれらは、教育はどれだけ農産物を増産するか、一家の経済を豊かにするか、さらに、建築、輸送、製造業、鉱業、航海などを、どれだけ強化し得るか、最後に、ただ一つの新しい思いつきが、しばしば、個人や国家にとって百人の労働者よりも、領土が増加するよりも如何に価値あるものであるかを明らかにすることには、少しも注意を払わなかったのである。教育は、才能や道徳にはもちろんのこと、家屋や土地に変換できるものであることが立証される、新しいそして顕著な事実を私は持ち合わせている。

したがって、この見解は、功利主義的教育観と称することができると思う。そして、それは、教育を、個人の生存能力の賦与者として、また国富の促進者と見なしている。これは、知識人や慈善心に富んだ人たちにとっては、けっして耳新しいことではないけれども、それでも、まだこの見解は、本質的な価値を持っているし、経済学者だけでなく立法官および道学者にとっても、それは、特別の関心を払うに価するものであるということが理解されるであろう。われわれは、衣食住に関する固有のそして厳然たる必要物を自然に負っている。これらの物質的な必要物は、人間の存在にとって最低のものに属するけれども、しかし、そこには、軽視したり、無視したりすることのできない一つの見解が存在する。それらは、まず満されなければならない。もし、それが否定されるならば、民族は死滅してしまうからである。それらは、われわれを圧迫し、そして、それらが満されるまでは、それを求める執拗な叫びは、精神的なものへのすべての願望をうち消してしまうであろう。聡明な人あるいは徳のある人で、かつて空腹であったり、住むべき家もなかった人は、なかったし、今後もないであろう。教育、講堂そして科学館などは、銀行にたいし敬意が払われている所で、最も盛んになっている。神のようなキリスト教の愛の慈善行為は、しばしば窮乏する。というのも、われわれの慈善の資金は、われわれの願望を達成しないからである。

　こんどは、さらに進んで、教育は、他のすべての自然力すなわち快適な気候、自然に生産されるもの、鉱物資源、銀や金の富源を訪《と》わず、それ以上に、われわれの精神的・物質的欲求を支配する力を持っていることを示そうと思う。子どもたちの幸運を願うすべての親や社会は、最も世俗的な意味においてさえ、子どもたちに充分な教育を受けさせるために、骨惜しみしないであろう。」

　このような功利主義的教育観にたって、教育が、他のすべての自然力以上に、われわれの精神的・物質的欲求を支配する力を持っていることを示そう、と言ったのは、教育ある労働者と無知な労働者との間には、生産能力において、どのような相違が見られるかを、明らかにすることであった。多くの実業家との関係において、最も鈍い、また素姓の最も賤しい人も、公開の、また公平な競争の場を持っており、かれが、かれの雇用主のために、利潤をあげることができると認められることが、すべてのカレッジ卒業証書よりも、より有利な証書であることを、マンは発見したのであった。複雑な要因が絡む労働過程の中で、労働能力の差異を、マンは実業家たちの協力を得て、見出していったのである。

「私は、今まで、多くの最も経験に富み、賢明で知的な実業家たちと文通し、そして面談する機会を持つことができた。そういった実業家たちは、多年にわたって、多くの労働者を使用してきた経験を持っている。これらの人々と私が文通した目的は、教育ある労働者と無知な労働者との間には、生産能力において、どのような相違が見られるかを明らかにすることであった。言いかえるならば、それは、立派なコモン・スクール教育を受けたので、その精神が活発な思考力を持ち、そして、基礎的知識を持つことができた男女、このような特権を享受しないために、原始的な無知無学、無気力の域を脱することができないで、精神が未発達である男女との間には、どのような生産能力における相違――身体的能力が等しかった場合に――が見られるかを確認することであった。このために、私は、あらゆる種類の工場主、機械工、技師、鉄道敷設請負人、将校その他の人々と面談した。この種の職業に従事している人たちは、それぞれ雇用している労働者が、身体的能力において等しい場合、教育は、かれらにどのような影響を与えるかについて、それを、明らかにする方法を持ち合わせている。この方法は、この種の職業以外に従事する者にとっては、持つことのできないものである。たとえば、農場経営者は、ある季節には、立派なコモン・スクール教育を受けた労働者を雇用し、つぎの季節には、無知の労働者を雇用する。その場合、その経営者は、個人的には、前者の労働者の相対的価値もしくは有利なことを知ることができる。しかし、前者が、後者よりも優れていることを測定し得る、どのような正確な資料もあるいは検査の方法も、おそらく持ち合わせていないであろう。農業に従事するこれらの労働者は、両者の労働量が比較できるような仕方で、並行して労働しない。かれらは、違った畑を耕作する場合が多い。また、その畑は、耕作の上で難易もあろうし、地味の点でも差異があろう。さらに、かれらは、それぞれ違った季節の影響を受ける農作物を収穫する。そのために、その収穫が、自然の恩恵によるものであるのか、それとも労働者の判断や技術が優れていたためであるのかを、判別することができない。このような困難は、女子の家事労働を評価する場合にも見られる。したがって、このことは、職人の場合にも当てはまる。大工、煉瓦工、鍛冶屋、あらゆる種類の道具製作夫などがそうである。これらの場合には、多くの偶然性が支配するので、その工作品に質や耐久性を与える上に、それらが入り込み、二人の職人の技能の相対的価値を適確に評価することを妨げている。また同様に単一の物品もしくは一日の労働についての個人差も、それに注意したり、それを評価したりするには、余りにも小さすぎる。一方これらの相違が、二、三年後に総計されると、貧しきものと富めるものとの間のような相違になってしまう。観察力の鋭い人は、つぎのような労働者の間の相違を見落すことはしなかった。諺をひいて、それを説明すると、甲の労働者は、つねに金槌を正しく的中させる人であるが、乙の労働者は、金槌の打ち方が拙劣なために、打力の半分を消耗し、そして、釘の半分までも無駄にしてしまうのである。しかし、おそらくこの二人の労働の結果が二〇年後に、どのような相違となって現われるかについては誰も考える人はいない。

しかし、何百人もの男女の労働者が、同一の工場内で、同一の機械で、同一の織物を織る作業を並行して行い、そして、工場が制定した規則に従って、毎日同一時間働くとき、各人の作業の結果は、重さで計量されたり、ヤードあるいは立法フィートで測定することが可能である。そうすれば、それぞれの労働者や各組ごとの生産品の比較は、数学的精密さで確定することが容易になる。

ある労働者は、単純労働を、そして他のものは複雑な労働をというように、違った種類の労働——もちろん程度のことなる知力や技能を要求するが——が存在するところでも、どのクラスの労働者たちが、下級の職種から上級の職種に昇っていくかを観察することが容易になる。

製造工場や機械工場あるいは数十人が共に谷間を埋めたり、丘を切り崩す作業に従事する一団の労働者の中に、世間に見られるような不合理な、また偶然的な差別が入り込んではならないということも、また忘れるべきではない。資本家およびかれの代理人は、最大の労働量あるいはその投資から最大の利潤を求めている。そして、かれらは、低能児を、その家系、素性あるいは家族関係の故にではなく、かれが原料を傷めたり、仕事を鈍らしたりするので、一つの部署に昇進させないのである。最も鈍いまた素姓の最も賤しい人も、公開のまた公平な競争の場を持っている。かれが、かれの雇用主のために利潤をあげることができると認められることは、すべてのカレッジ卒業証書よりも、より有利な証書なのである。」

この調査の結果は、教育のない労働者よりも、教育のある労働者の方が、生産力において驚くべき優秀さを持っていることを明らかにした。大工場や労働者の多数いる所では、すべての労働は、貨幣価値に応じて格付けされ、労働者が、それ以上にあがる能力を示すと、かれを固定した地位に結びつけておく外的な事情も存在しないことが、明らかにされた。このような結果を導くために、多くの質問事項を含む内密の回状とその回答文を示すにいたる、マンの決意の程が、つぎのように述べられている。

「われわれの社会において、最も聡明でまた有益な多くの人々は、現在、私の要請に応じて――私はかれらに深甚なる感謝をしているのだが――何年もの間、帳簿を検討し、雇用している労働者が働いた労働の質や量を確認してくれたのである。そして、その調査の結果は、教育のない労働者よりも教育のある労働者の方が生産力において、驚くべき優秀さを持っていることを明らかにした。前者の労働者も知的な人に指導されるとき、後者の労働者になるということが知られている。精神の諸能力が少年期に訓練され、それらが労働を助けるならば、労働過程は、単に早いだけでなく質的にもよりよく成し遂げられるのである。知識の援助なしには、終生劣等な状態に置かれ、そして、欠乏と貧困のあらゆる不幸を蒙ったかも知れない人たちは、教育という向上力によって、相応の生活資力を持ち、また自営のできる境遇にまで向上することができる。大工場や労働者の多数いる所では、すべての労働は、貨幣価値に応じて格付され、労働者が、それ以上に上る能力を示すと、かれを固定した地位に結びつけておく外的な事情は何も存在しない。すなわち、そこでは、事実、労働者は相互に労働の格付において、上下に移動している。それは、ちょうど温度のちがう水の分子が相互に容易にしかも確実に流れるのと同じ現象である。そこでは、他の事情が等しいとすれば、立派なコモン・スクール教育を受けた労働者は、働いた労働者の成果においても、また、したがって支払われた賃金の率においてもますます高まっていく。他方、無知な労働者は、底に残る滓のように沈殿し、そしてつねに、かれらは、底に淀んでいる。こういうことは、そこでは、殆ど一定不変の事実として見出されるのである。

私は、今教育委員会にたいし、私が入手したいくつかの証言を示そうと思う。まず私の回状を、そして、つぎにその回答文をかかげることにしよう。」

実業家にたいする質問事項

この回状の内容は、主として質問事項であって、労働者を雇用している実業家にたいしてであるが、そのおおよその事項は、つぎのようなものであった。雇用している労働者の労働の能率、技能、創意等に見られる個人差は、教育による差異であるのか、それとも自然的能力によるものであるのか。また、したがって、マサチューセッツ州におけるコモン・スクールの教育を受けた労働者と教育が顧みられず無知の中に成長した労働者とを比較した場合、多くの労働量、より良い労働の質の獲得は、いずれに求めることができるのか。これら二つの階級の稼ぎ高、言いかえれば究極的には、かれらの賃金にどのような差異が生ずるのであろうか。労働者の家庭および社会的習慣に及ぼす教育の効果は、どのようなものであるのか。コモン・スクールにおいて与えられる教育ほど、人間および財産の権利の保護にとって有効なものが、他の存在し得ると考えられるであろうか。このような教育を行うために、租税を支払うことは、自己保全の最も安価な手段ではないだろうか、というような問題を問う内容であった。

「回　状

　　　殿

貴下　無礼を顧みず書翰をしたためましたことを御許し下さい。私の意のあるところを御理解いただけますならば、御了承願えると存じますので、それについて前置きなしに申し上げてみます。私は、教育委員会から委任されました義務を果たすにあたって、マサチューセッツ州の各地方の人々とだけでなく、多かれ少なかれこの全社会のすべての階級や、各層の人々と、しばしば面談し文通するようになりました。

残念なことには、これらの人の中で、時折非常に生活環境が相違しているためか、コモン・スクール教育の大目的に全く関心のない人々に、私が出会ったことであります。そして、そのうちの幾人かは、コモン・スクール教育の実施に伴って起りうる害悪にたいし、警戒すべきであると告白さえしており、それ故、かれらは、コモン・スクール教育の進路を邪魔し、その発展を妨害しているのであります。

このように、コモン・スクール教育にたいし、中立的な態度をとったり、あるいは積極的に反対の態度を示す人々は、その境遇においては、財産に恵まれていると思える人たちであるか、あるいは精神的教養もしくは、すべての物質的かつ普通の一時的成功の現れに関心を持たない人たちであるかのいずれかであります。一言で申しますならば、かれらは、境遇という点では、社会階級の両極端に位置している人たちです。しかし、私が富める人たちの相当数が、教育機関の一般的普及に敵意を持っているということを、ここで申しあげているというふうには、決して理解しないでほしいと思います。むしろ反対に、教育を最もつよく支持する人たちのいくらかは、この階級に属する人たちなのです。慈善心と豊富な財産とを持ち合わせた人が、教育の普及にあたって、非常に有効な影響力を及ぼしているのです。したがって、教育の問題については、富裕階級の間に支持者と反対者の明確な境界線をひくことはできませんけれども、それでもなお、かれらは、気のつかぬ程度で、次第に支持者から反対者に変化しております。

しかし、私が強調したいことは、富裕な人たちの間には、全民衆にたいする充分な、そして、包括的な教育というものが、民衆の満足している状態を破壊し、かれらに、勤勉の習慣を失わせ、誤った願望を惹起させ、そうして、資本家階級が大なる損害を蒙るということに恐怖をいだいている人々がいるということであります。このような人たちは、教育の支持勢力と反対勢力とを計算する場合、無視するには余りにも多すぎる数になっているのです。

また一方では、教育が無視され、あるいは誤った教育を受けたために、不利な状態に置かれれている階級があります。この人たちは、物質的な福祉もしくは精神の気高さ、またその喜びのいずれをも感得することができないでいるように思われます。このような利益を授けるものこそ、よき教育の特権にほかなりません。これら二つの立場の人たちは、それぞれ、すべて他の点においては、性質を異にしていますが、このような教育にたいする態度という点では、一脈相通じているのです。しかし、そのために、いまだ公立学校問題が他の諸問題ともつれあっており、その改革と改善のあらゆる努力にたいして、それが、多くの場合、妨げになりがちな状態にあります。

これら両派の見解は、根本的に誤謬であり、反社会的、反共和主義的、非キリスト教的なものであると思います。またそれらに従って行われるすべての行動は、社会の最善の利益を害することになるでしょうし、また一連の不幸な事態を生み出すことにもなるでしょう。そこでは、その主張者だけでなく、社会のすべてのものが、それに巻き込まれることにもなります。その見解の必然的かつ加速度的な傾向は、今指摘したようなものであると確信します。したがって、それらの見解を、公平と調停の精神をもって、しかも、熱意と精力とをかたむけ、論ばくし、そして、論拠を提示し、正道を解説することによって、それらを論破することは、人類の味方であるわれわれの義務であると思います。

私が貴下に書翰を送り、つぎのような質問にたいして、貴下の個人的知識に基づいた回答を懇請するのもこのためであります。

第一　貴下は多くの労働者を雇用したことがありますか。あるいは、その監督の立場にたったことがございますか。もしそうでしたら、何人の労働者を雇用し、もしくは監督したのでしょうか。それは、どのくらいの期間にわたっていたのでしょうか。どのような職種でしたか。その地域はどこでしたでしょうか。国内あるいは外国でしたでしょうか。

第二　貴下が雇用した労働者の中で、教育の相違から起っている差を、身体的能力と関係なしに認めることができたでしょうか。言いかえれば、少年時代から読書や学習によって、精神の訓練に慣れている労働者は、労働に従事する場合、一つの階層として、従順性、また敏捷性を持っているでしょうか。また最も単純な作業をのみ込んだあと、かれらは、普通の作業を会得したり、あるいは新しい仕事を始める際に適応性、機敏性あるいは創意工夫の態度を持っていたでしょうか。かれらは、同一の労働量で、より良質の製品を作ったり、あるいは同一の労働時間でより多く生産したり、もしくは、原料や動力を節約できる新しい生産方法を容易に見出し、またはつねにそれを工夫するでしょうか。要するに貴下は、マサチューセッツで、いわゆる立派なコモン・スクール教育と言われている教育を受けた労働者と、教育が無視され、そうして無知のままで成長してしまった労働者のうち、どちらから、より少い損失で、より多くの労働とより質のよい労働とを獲得しますか。この両者の稼ぎ高、したがってかれらの賃金においてはどれだけの相違がでてくるでしょうか。

第三　貴下の知る範囲でより高い程度の精神修養や教養は、貴下が雇用している労働者の家庭的、社会的な習慣にたいして、どのような影響を及ぼしていたでしょうか。この種の人たちは、身体、衣服、住居を大変清潔にしているでしょうか。またかれらは、不潔なために発生する病気を避けることができるでしょうか。かれらは、処世の振舞や社交において、模範的でしょうか。すなわち知的追求あるいは音楽のような趣味の高尚な芸術により多くの時間をさいたり、余暇や夜の時間を、かれらの家族とともにより多く過したり、また怠惰な人や浪費ぐせのある人たちが行く盛り場に、縁遠くなっているでしょうか。かれらのうち放縦になりがちなのは、その一部分だけでしょうか。かれらの住宅は、住み良い状態になっているでしょうか。より経済的また思慮ある生活様式をとり、同額の支出でより多くの生活物資を購入し、あるいは同一の生活物資を少ない費用で購入しているでしょうか。かれらの家族は、立派に養育されているでしょうか。子どもたちは、きちんとした身なりをし、学校も休まず、また教会にも行っているでしょうか。そして、その子どもたちが成長したとき、かれらは、将来性のある職業に就くことができるでしょうか。

第四　立派なコモン・スクール教育の特権を享受し、またその機会を利用した労働者は、教育が無視され、無知である労働者に比較して、同僚の労働者、近隣者、同市民の間での地位、品位という点でどうでしょうか。前者の労働者は、かれらの仲間の間で影響力を持っているでしょうか。かれらは、困難な問題が生じた場合、つねに助言や相談に耳を傾けるでしょうか。あるいは、一寸した論争が行われたとき、その解決のために調停者もしくは仲裁者として選ばれるでしょうか。かれら自身の教養が、つねに向上する同僚間での話し合いや交際から、より高度なそしてより多くの知的交際が、かれらの間に広がって来ているでしょうか。かれらは、相当の技能・判断、責任を必要とし、したがって、多額の報酬も得られる部署にまで、徐々に労働の格付けが高くなっていく見込が多いでしょうか。かれらは、他の労働者と比較して、雇われの身分から雇う身分に、したがって自力によって企業を経営する状態にまで出世する見込があるでしょうか。

第五　義務を果たす上で、几帳面でそして誠実という点で、前述しました階層（教育ある労働者と教育のない労働者）の間に、どのような相違（私は、それらを階層として言っているのです。なぜかと申せば、もちろん個人的例外があるからであります）を認めたでしょうか。どの階層が他人の権利を最も尊重し、そして、自己の権利を最も知的にかつ首尾よく守るでしょうか。貴下は、もちろん、この問題には、より一般的問題が包含されていることをお認めになることと存じます。言いかえますならば、財産を所有し、そして、それを子どもたちに伝えようと欲している人たちに、最も測り知れない財産侵犯の恐怖をいだかせるのは、上に述べた諸階層のうちどの階層なのでしょうか。あるいは社会の連帯をゆるめ、証人の証言を不純にし、陪審員の神聖な宣誓を流し、そして、不変の正義の原則に代えるに、当然なりとして、多数の力をもってするそのような公然たる頽廃の恐怖をかれらにいだかせるのは、どの階層なのでしょうか。

第六　最後に財産の蓄えを最大限に所有している人たちに関して言えば、個人のあらゆる権利、財産および人格の保護にとって、われわれのコモン・スクールの制度が、与えることができる確実で包括的な教育や訓育ほど用心深く、そして、有効な警察が他に何があるとお考えでしょうか。そして、そのような教育や訓育を普及するために、十分な税金を支払うことは、自己防衛と保険の最も安価な手段ではないでしょうか。また生まれや家柄の偶然によって、窮乏と貧困の苦悩に遇わされている階級については、つぎのことが言えるのではないでしょうか。すなわち、そのような教育は、かれらに、勤勉と節約の習慣を形成させる際にも、また他人の財産をひそかにうまく掠めたり、あるいは公然と侵害することによって、期待し得るよりも一、〇〇〇倍も多くの利潤を、生み出すであろう増進した技能を、体得させ、そして、創意に富む能力を覚醒させる際にも、新しい方便を与えるものではないでしょうか。

以上のような質問は、賢明で思慮のあるすべての人にとっては、不必要であり、余計なものであり、価値のないものであると思われるでしょう。私もそのことに気づいております。そして、あたかも植物の成長にとって、日光はどのような影響を及ぼしているか、あるいは家屋に採光のための窓を設けることは便利であるかどうか、というような分かりきった質問に、回答することになるのではないかということを、私の質問にたいして、まず感じられたのではないでしょうか。私の質問が、分かりきったことを問題にしているという点では、今述べた例に類似していることも私自身認めております。しかし、私は、それにたいする解答として、以下のような点を考えております。われわれは、同じ共通の社会という邸にともに住んでおります。その場合、自分は、いくつかの採光のよい部屋を確保したので、他の同じ屋根の下に住んでいるものが、部屋が暗くても構わないという勢力のある人々が存在します。また、不幸にして、こういう陽のあたらない部屋に住む人たちの一部のものは、最も微かな弱い陽の光しか見なかったんだから、自分たちや自分の子どもたちは暗いままでも結構であると、言い張ったりします。このような人たちが存在する限り、またこれらの意見が存在しつづける間は、私は、光線の価値や美しさを、暗い部屋に住む人たちにも、また陽のあたる窓に住む人たちにも、事実や論証を引証し、真意を示して立証することが必要であると思います。

ホレース・マン

教育委員会教育長

追　伸

以上申しあげましたことで、私の意図しましたこの概略は説明できたとは思いますが、それでも、そのそれぞれの部分については、質問事項によって、明確に説明されていないかも知れませんので、どうぞその足りない点を補って下さいますよう御願い申し上げます。」

以上が、多くの実業家たちにたいして、主として、コモン・スクールの教育が労働者の生産性に、どのような影響を及ぼすものであるか等を問うた、回状の全内容であった。回状の発送が、一八四一年九月の中旬であるから、回答者は、二ヵ月余りにわたって資料を蒐集したり、調査したりして、同年の一二月には、解答の書翰をマンに返送していた。その一人ミルズからの回答は、第一章において全文掲載したので、ここでは、その要点のみ触れることとする。

実業家たちの回答、ミルズの場合

ミルズは、過去一〇年間、紡績工場、機械製造所、更紗捺染工場等を経営し、常時三、〇〇〇人の労働者を雇用していた。その労働者たちと接触していた職工長や支配人の検証によって、ミルズの個人的観察や調査によって得られた結果は、つぎのようなものであった。

コモン・スクール教育が与える初歩的教育は、労働者として必要な技術、熟練の体得にとっても、あるいは市民的、社会的生活関係を考慮し、重んずる上でも、欠くことのできないものである。

コモン・スクール教育の利益を享受しなかった労働者は、その最下級の段階から上昇することは、殆ど出来なかった。そして、この種の労働者は、かなりの程度の技能や知的敏捷さを必要とする工場作業に雇用された場合、非生産的であった。

特殊な部門で、高度の技能を必要とし、しばしば企業に関する正しい一般的知識や、つねに正常な精神が要求される監督、その他の地位に雇用される大部分の者は、普通の労働者の状態からその地位にまで進出できた者であるが、それは、よりよい教育を受けたことによるものであって、他の手段によるものではなかった。

過去三年間において、毎年雇用された労働者の平均数は、一、二〇〇名であった。このうち四五名（約三・七五％）は、自分の姓名を書くことができなかった。

女子熟練工の平均賃銀は、食費を除いて週給二・五〇ドルであり、未熟練工の平均賃銀は、週給一・二五ドルである。自分の姓名を書けない四五人のうち二九人（三分の二）は、最下級の職場に雇用されている。この四五人の所得額とこれと同数の教育ある労働者の所得額の差は、後者が、約二七％高くなっている。

最下級の二九人の賃銀と同数の教育ある労働者の賃銀は、後者が六六％も高くなっている。この工場で、責任のある職務に従事している一七名のうち一〇名は、普通の労働者あるいは徒弟からこの企業内で昇進した者であった。

この調査で、労働者にとっては、僅かの教育でさえも、少なくとも金銭の上で利益をもたらすものであるという評価を下すことができるとしたことである。この点は、きわめて重要な指摘であった。そして、工場主も等しく、そのことによって利益を受けるということである。労働者が、知的であり、道徳的であり、また工場の諸規定を正しく理解することは、つねに工場主の財産の安全に寄与することになる。なぜならば、工場主の大部分の資本を構成する機械や工場が、最も能率的に使用され、またその不必要な価値低下が防止されるのも、一にかかって技能を有する労働者の掌中にあるからである。このように、ミルズはマンに回答したのである。

バートレットの場合

「　Ｈ・バートレット氏からの回答

一八四一年　一二月一日

ローエルにて

ホレース・マン殿

貴　下

教育が、労働階級にどのような影響を及ぼすかに関する貴下の質問に回答するにあたって、私は、それは、非常に簡単に申し上げることができるものだと思っております。しかし、この問題は、私個人として、大変興味を持っておりますので、やや詳細に申し上げます。どうぞ退屈なさらずに御読みいただきたいと存じます。

私は、過去一〇年間、製造業に従事してきました。その間、つねに四〇〇人から九〇〇人の労働者を使用しておりました。その大部分の労働者は、アメリカ人でしたが、多少は外国人もおりました。この間、マサチューセッツ州の各地で、二種類の違った工場を経営いたしました。

貴下の第二の質問に回答するにあたって、私は、多様な性格や気質を有する労働者に接触してきました。そして、全然教育のない者から、高い程度の教育を身につけている者にいたるまで、さまざまの程度の知性を持つ機械工、製造工が、生産に知性をどのように適用したかを観察いたしました。そして、その結果、教育のある労働者が、最も利潤をあげるものだということを確信をもって申しあげることができます。そして、単に機械の手入れをする婦人労働者でさえも、児童期に教育を受けた強みに応じて、作業の結果が現れているのです。立派なコモン・スクール教育を受けた労働者は、一階層として、つねに無知のままで成長した労働者よりも、すぐれた生産をあげるのであります。前者は、高い賃銀を獲得します。もし、この事実を疑うものがあれば、かれに、ニューイングランドのどの工場の賃銀台帳でも調べさせたり、また、最も高額を得ている少女の人物を確かめさせて見たらよいと思います。そうすれば、私の言ったことの正しさが認められるでしょう。教育のある労働者が、一階層として、一層よく働くことも、等しく明らかであります。なぜ、そうなのかについては、多くの理由があります。かれらは、秩序正しく、そして、整然としています。かれらは、身なりをきちんとしておくだけでなく、かれらが使う機械もよく手入れをし、大切にしております。

しかし、立派なコモン・スクール教育を受けることによって得られる利益は、単に知識だけでなく、その他多くの面にわたっています。そのような教育は、知的、道徳的、身体的の全系統の強化を予測しています。それは、全面的人間の育成であり、そして、かれに労働のすべての分野における生産に必要な、より多くのエネルギーと、より大なる能力とを与えるものであります。このような労働と結びついた教育によって形成された精神は、周知の組合せや配列の教育によるよりも、はるかに優れており、そして、つねに作業の新方法を工夫するものであります。

貴下の第三の質問は、私の雇用している労働者の家庭や社会における行動様式にたいし、教育は、どのような影響を及ぼすかについてでありました。私は、知識は労働者にとってそれ自体価値あるものでありますが、立派なコモン・スクール教育が与える利益は、単にそれだけとはけっして考えておりません。私は、より高い教育を受けた労働者は、一階層として、一様に、立派な徳性をそなえ、かれらの挙止態度は秩序正しく、丁寧であり、さらに会社が定めている、有為なかつ必要である諸規定をよく守っているのを知っております。規則や賃銀の変更のために紛争が生じた際、私はつねに、最も知性があり、教育のある、そして最も徳性のそなわった労働者の加勢を当てにしましたし、そして、殆ど期待はずれはありませんでした。それというのも、かれらは、強制には、最も従い難い人々なのですが、理を説き要求が合理的ならば、概しておとなしく同意する性質を持っているのです。そして、かれらの仲間たちに有益な影響を及ぼしています。しかし、無知で、そして、教育のない労働者は、興奮した感情や妬みの衝動で行動する、概して最も騒々しい厄介な者たちです。

前者は、よき秩序を維持することに関心を持っているが、後者は、結果がどうなろうと一向にお構いなしです。そして、私には、すべてこのことは、全く当然のように思えます。

立派な教育のある労働者であればあるほど、現状に執着する強い愛着心を持っています。かれらは、前に指摘しましたように、身体、衣服、住居を清潔に、快適にし、そして、それらを『肉の嗣ぐべきすべての禍』のより少ない状態に保っております。要するに、教育のある労働者は、一階層として元気に満ちており、そして、満足していることを知ったのであります。かれらは、余暇の大部分を読書や知識の追求に当てたり、家族と過ごしたりして、遊興には殆ど費していません。このような、すべて良い結果は、家庭内での生活が、より秩序正しく、そして、快適なものとなっていることにも現われています。しかし、子どもたちにたいしてほど、この結果が著しく示されていることは、他にはないと思われます。立派なコモン・スクール教育を受けた母親は、その子どもたちを無知に育てるようなことは、全くしないでありましょう。

前に述べましたように、教育のあるこの労働者の階層は、穏かであり、秩序正しいが、さらに、礼拝に規則正しく出席したり、すべての義務をより几帳面に果たすことをつけ加えたいと思います。

貴下の第四の質問は、少年時代に教育を受けた労働者の社会における相対的地位は、どのようなものであるかについてでありました。それにたいする私の回答は、すでに申し上げました中で説明されているものと存じます。

今までの私の観察は、男子労働者と同様に、女子労働者の両面にわたっていましたが、ここでは、とくに男子労働者について説明したいと思います。

ともに働いている労働者の間および市民の間で、影響力を及ぼしている労働者を少しくかれらの教育に準じて、一般的に観察してきました。困難な問題が生じたり、調停を必要とする場合が起きた際、その解決のために選ばれる者は、教育ある労働者であります。そのような労働者を選ぶことによって、無知な労働者は、教育の価値に無意識的な尊敬を払っています。

立派なコモン・スクール教育に相当する教育を受けていない青年労働者にとっては、職場での地位を高め、職工長の地位にまで昇進することは、不可能ではないにしても、非常に困難なことでありましょう。また、労働者を昇進させる場合、一般的状態としては、選抜の方法として、かれらの教育程度を調べる必要はないと思います。なぜならば、かれらの知的教養は、かれらの一般的な外見上の行動や同僚間での地位によって、充分示されているからであります。そして、たとえ、技倆や資格を持っていたとしても、事実、教育のない青年労働者は、『一層良い地位と一層高い賃銀』を獲得するまで上昇することはめったにないでありましょう。

製造工場に就職希望している青年たちが、立派な教育を受けたことを大いに自慢してもし過ぎることはないと思います。教育があるということは、労働者に同僚間での地位を高いものにし、そして、それは、雇主から昇進の手段と見なされるでありましょう。

貴下の第五の質問は、教育のある労働者と教育のない労働者の二つの層における道徳的性格の相違、そして、社会あるいは財産家は、どちらの層から危険を懸念するかについてでありました。この質問にたいする私の最もよい回答としましては、われわれ製造工場の株主にとって、教育および道徳がどのような価値を持っているか、言いかえれば、教育の金銭的観点から私の見解を申しあげること以外には、その方法はないと存じます。このような人たちが、かれらの雇用している労働者の間に、一般的知識が普及することには危険を感じなかったり、立派なコモン・スクール教育を受けた労働者が、最も従順で、最も容易に、合理的要求に同意し、騒動が起きたときには、有益でかつ保守的な影響力を及ぼすことが事実であり、他方最も無知な労働者は、最も手に負えないということが事実であるとするならば、世間一般は、教育のある者より、無知な者の方が、より危険であると感じとるに違いないと思います。大衆に知識が普及することは、大衆に不満を起こさせ、反抗心を助長する危険があるという感情が、若干見られることもたしかですが、しかし、願くは、僅かの限られた範囲内の事であって欲しいものです。しかし、私は、それは、根拠なき恐怖であり、またわれわれの抱く危険感は、反対の拠所から起きているものだと確信しております。私の意見では、教育と道徳との間には密接な関係がありますし、また、私は、われわれのコモン・スクールは、単に知識の習得ということだけでなく、健全な道徳的心性も育成して来たと信じます。また、この学校は、つねにわれわれの青少年の道徳的信条を強化し、堅めるそのような影響を与える環境であって欲しいと思います。さらに、私は、学校が、そのような環境にある限り、社会は安全であると固く信じております。

私の観察と経験から言って、製造工場の所有者たちは、かれらが雇用する労働者の教育と道徳とに深い金銭的利害関係を持っていることを、私は、完全に認めております。そして、この真実性が、ますます明らかになるのは、そう遠くない時期であると確信しています。競争が、より激しくなるにつれ、またある工場が他の工場よりも有利になるため、その規模を転換するに当たって、小さな細かい事柄がより重要になるにつれ、他の事情が等しいとすれば、最もよく教育され、最も道徳的な労働者を雇用する工場が、一ポンドあたり最低の経費で最大の生産をあげるということが、当然起きて来るであろうと確信しております。生産が、労働者の知的・道徳的性格によって、影響されるものだということを私は確信していますので、一工場あるいは一職場が一定の生産量を示さないときは、何時でも機械の調子を調べた後、まず第一に労働者の性格を調べることにしております。そして、非能率な状態が依然として続く場合は、必ずと言っていいほど、賃銀台帳には、名前の書けない者であるという印が記されている多くの労働者が見出されるのが普通です。調査の結果、不規則な生活をしている労働者や疑い深い性質の労働者が、工場や職場の中に多少とも見出された時は、大変失望させられます。私は、長い間この問題に心ひかれて参りました。したがって、工場所有者の金銭的利益は、そこに働いている労働者の間に、一般的知識や特性が普及されることによって、初めて促進されるものだということが、その実際の過程、その結果を見守り、考察することによって、はっきりしたので私は安心しております。

この点、ローエルの町が、私の見解の真実性を雄弁に物語っています。この町ほど、工場に従事している労働者たちに教育・道徳が広くゆきわたっているところは他にないと思います。ローエルの町は、公立学校二三校、教会一五、そして、その他の教育を高めるための多くの施設・機関があります。その結果は、その住民の性格が秩序正しく、また節度があるだけでなく、工場において、大なる生産をあげていることにも伺えます。そして、ローエルのように教育が普及している所で初めて生産もあがるが、そうでない所で果たして生産があがるのであろうか。もし、これらの教育機関と製品の価格との間の関係を疑うものがあるとすれば、前者を破壊し、これらの光明を消滅させ、無知と悪徳とが知性と徳に代わって見よ、そして、学校と教会に反撃する勢力を作り出して見なさい。

そうすれば、民衆の道徳的性格は、製品の価格と同じように、急速に低下するだろうと思います。このローエルの町を築いた人たちは、賢明であり、そして、先見の明を持った人々でありました。また、かれらは、知性、徳、そして、大いなる行動力を持った性格の人たちが生活する優れた社会を形成し、維持しました。そして、かれらは、そうした一連の精神的影響力を及ぼしたのであります。工場所有者あるいは支配人が、これとは違うことを考えたり、また一時は少ない賃銀ですむので、無知で不道徳な労働者を集めるとしたら、賃銀支払の額が少なくなっていくそれ以上の速度で、生産に損害を与えることになるでありましょう。言うまでもなく、このような人たちの掌中にある財産ほど不安定なものはないでしょう。

貴下の第五の質問にたいしましては、要約して、次のように申しあげることができると思います。『財産があり、そして、子どもたちに、それを残しておいてやろうと思っている人たち』は、知識の一般的普及にたいしては、少しも恐怖感を持っていないと私は考えます。かれらの財産権が侵害されたり、かれらの財産が安全でなくなったりすることがあるとすれば、それは、無知が民衆の心を腐敗させ、そして、正義なしに知性を有するある支配者精神の統制力に、服従させるように民衆の心を準備させたときでありましょう。

最後に、貴下の第六の、そして、最後の質問に答えるに当たって、『財産の蓄積を最大限に所有している人たち』は、それこそ保険の一つとして教育の問題に深い関心をよせているということを私は認めました。言いかえますならば、かれらの財産を安全に保持する最も効果的な方法は、能率的なコモン・スクールの教育制度を支持するに足りる充分な財源を、かれらの財産の一部から出資することであるということです。その教育制度によって、全民衆の精神が教育され、そして、保安官あるいは刑務所よりも、より有効な警察が設置されるのです。教育がそのような働きをすることによって、財産所有者は、『生れや家柄の偶然によって、窮乏と貧困の苦悩に遭わされている階級』にたいし恩恵を施し、また、その階級の偏見を除去し、異質であり、かつ社会の両極端をなす階級間の結合の紐を強めるために努力するでありましょう。大多数のものは、つねに相対的に貧困であったし、また、おそらくつねにそうでありましょう。他方少数のものは、この社会の富の最大の分前を所有するでありましょう。多数者の最大の幸福と少数者の最高の利益とが密接に結びつき、また私もそう思うのですが、破ることができぬように結びついているのは、神の賢明なる摂理であります。

敬　具

H・バートレット」

クラークの場合

「J・クラーク氏からの書翰

一八四一年一二月三日

ローエルにて

貴　下

教育が労働者の性格および行動に、どのような影響を与えるかに関する貴下の質問にたいする回答が、大変遅れてしまったことを、どうぞ御許し下さい。と申しますのも、私の企業が異常なほど多忙であったため、文字どおり私用の時間さえ、それに殆ど割かれてしまいました。それでも、この回答をするために、余暇を見出し、努力いたしました。私の友人でありますバートレット氏の友情で、かれが貴下の質問にたいし準備した、大変内容の豊富な、また専門的な回答を一読させて貰いました。その結果、この全問題に関するバートレット氏の経験や見解は、私のそれと全く一致いたしますので、もし同じような側面を私が詳細に述べますことは、私自身もそうですが、貴下に時間的に御迷惑をかけるだけになります。それ故、私は、過去八年間、男女約一、五〇〇人の労働者を監督しましたことについてだけを、申しあげてみたいと思います。そして、私の経験は、バートレット氏が到達した結論を全面的に支持し、確認いたします。殆ど例外なしにと言っていいほど、私の雇用した労働者のうち教育ある者は、最も有能で、知的で、精力的で、勤勉で、倹約家であり、そして、道徳的である、ということを見出しました。言いかえますならば、かれらは、最良の製品を最も多量に生産しますし、機械も殆ど傷ませません。かれらは、あらゆる点において、全労働者のうちで最も有益で、利潤をあげ、そして、最も信頼のおける労働者でありす。そして、かれらは、一つの階層として、より倹約し、そして、財を蓄積する傾向があります。財産所有者も、さらに社会一般も、知識の一般的普及とコモン・スクール制度の拡張や改善に恐怖心を抱いていないということを確信いたします。

私は、最近、相異なる層に属する労働者たちの賃銀を比較して調べて見ました。その結果のなかから、貴下の質問に適用できる次の事実を見出しました。先月の賃銀台帳によりますと、一、二二九人の婦人労働者の性格が記されています。そのうち、四〇名は、『無筆者が署名の代りに書く記号』によって給与を受けとっていました。これらのうち、二六名は、手間賃仕事に雇われていました。言いかえますと、彼女らは、機械から逐払われた作業の量に応じて、賃銀が支払われていました。これら二六人の平均給与は、同じ職場に従事している労働者の一般平均給与よりも一八・五％も低いのです。

また、われわれの工場には、一定期間教員を兼ねる一五〇人の婦人労働者がいました。それらの多くは、夏季に教員となり、冬季に女工となっていました。彼女らの平均賃銀は、われわれの工場の一般平均賃銀より、一七・七五％高くなっています。彼女たちは、一般的に言って、賃銀の高い、そして、程度の高い部門に雇用されていると言えるでしょう。これは、真実でありますが、しかし、これは、多くの場合、彼女たちのより立派な教育にまさしく起因しているものと言えるでしょう。そのような教育は、われわれに、同一の結果をもたらしてくれるものなのです。もし上記四〇人のうちの残り一四人、その大部分が、掃除婦・洗濯婦であり、日雇いである者たちを計算に入れたとすれば、その賃銀の対照は、もっと著しいものとなっていたでしょう。しかし、かれらと比較すべき教育ある婦人労働者が、この職場に働いていなかったので、私は、かれらを計算から除いてしまいました。上記の結論を得るに当たって、私は、純粋に賃銀だけを考慮いたしました。というのも食事費・宿泊費は、すべて同額であるからです。私は、これらの結果が、異常なものであったり、驚くべきものであるとは思っていません。しかし、より立派な教育および知的道徳的諸能力のより完全な発達が、このような当然かつ適切な結果を、そのただ一つの局面として示したのだと思っております。

敬　具

J・クラーク

メリマーク工場長

ホレース・マン殿」

クレインの場合

「数年間マサチューセッツ州において鉄道敷設の大請負業者であったJ・クレイン氏の書翰の抜粋

私の過去一〇年間の主要な仕事は、鉄道の勾配を緩くする仕事でした。その間に雇用した労働者の人数は、五〇人から三五〇人のあいだでした。そして、その大部分は、監督を除いて殆どアイルランド人でした。若干の事実が判然としてきましたので、監督それに私自身も、それらに、注目せざるを得ませんでした。それらについて、貴下に、大まかに御説明いたそうと思います。私は、一〇年以前に約三、〇〇〇人前後の労働者を雇用していたことがあったことを申しあぐべきだったかも知れません。そのうち、約八分の一のものだけが、読み書きができる労働者でした。読み書きができたり、数学の初歩的知識を持っている労働者たちは、かれらの素質とは関係なく、かれらに要求される知識や技能を理解し修得する場合、殆ど一様に迅速でありました。そして、同一の作業量を、速やかに成し遂げるための新しい方法を、より簡単に、そして、しばしば工夫しておりました。このような労働者の中から、監督を選抜いたしました。現にかれらは、請負業者となって活躍しています。教育ある労働者と教育のない労働者との間には、道徳的な面では、殆ど差異は認められませんでした。がしかし、どちらかと言えば、より教育を受けている労働者の方が、身体や住居を清潔にしており、そして、態度も洗練されており、生活様式も経済的であることは、一般的に明らかなところです。かれらの家族は、すこやかに養われ、そして、子どもの就学にも大変気をくばっております。同僚、隣人および同市民の間でのかれらの地位や品位について申しあげれば、教育があればあるほど、より多くの尊敬を受けておるということであります。そして、一寸とした論争を解決する場合にも、かれらは、通常仲裁者として依頼されるのであります。上に述べました二つの階層の道徳についてでありますが、心を錬磨しないで、単に知識を広めることは、立派な人間を作ることにはならないという世間の言いならわしの真理であることを、それがよく説明していることについて、一言させて貰いたいと思います。知識や徳が、より広範に、わが国に普及すればするほど、それだけわれわれの諸制度は、転覆されることがないという大なる安全性を、われわれは、持つことになるのであります。健全にして、実際的な徳性の形成と結びつけられ、また結びつけられるべきわれわれのコモン・スクール制度は、個人、財産そして地位、名声の保護にとって、われわれの案を出し得る最も用心深い、また最も能率的な警察なのであります。そして、富裕な人々がもしコモン・スクール制度が、かれらの財産や人格を保護してくれるものとしたら、かれらの財産の一部を貧困階級の教育のために支出するのが当然だと考えるようになってきていることは、愉快なことではないでしょうか。もし富裕な人が、この問題をその真の見地において考えさえするならば、そのようなすべての人たちをして、単に利己心だけからも、コモン・スクールの教育のために、かれらの財産の一部を出資させることになるでありましょう。マサチューセッツほど、この問題がよりよく理解されている所は他にないでありましょう。そして、近頃学区、町集会で催された自由討論は、この問題にたいする民衆の関心を惹きつける上に効果的でありました。少なくとも、マサチューセッツにおいて、コモン・スクール制度が、それが、産み出し得るすべての善い結果を達成するのは、そう遠い将来のことではないと確信しております。アメリカ合衆国においては、南アメリカの諸共和国におけるように、殆ど毎年のように起る革命が見られないのは、いかなる理由によるものでしょうか。無知と悪徳とは、シェクスピア文学に出て来るあのジャック・ケードのような無謀な性格の人を、これらの共和国を支配するために、つねに招き寄せたし、また、つねに招き寄せるでありましょう。そして、われわれの国家が、放縦の有害な影響から回復する度合に応じて、国家の注意力を著しく道徳や知識の促進に振り向けるという保証を、われわれは感ずることができないのでありましょうか。そして、わが国においては、無能であり、不謹慎であるコモン・スクール教育に、われわれの子どもたちの教育を任せるような所は、どの地区にも存在しない保証を感得し得ないでありましょうか。」(189)

以上が、マンが立証しようとした、命題すなわち、教育は、個人あるいは社会が行うことができる最も生産的事業である、という主張の全貌であり、第五年報において発表されたものである。

3　教育の経済的生産性論にたいする歴史的評価

経済史家の場合

この第五年報において主張されたマンの命題の影響については、第一章でも若干触れたが、ここで再度他の論者の言及も含め検討しておきたいと思う。このマンの命題は、単にマサチューセッツ州だけでなく、教育改革運動が展開されていた他の州にも強い影響を与えたが、就中ニューヨーク州にたいしては、この第五年報が一八、〇〇〇部も当局によって出版されたほど、そのコモン・スクールの拡張に重要な役割を演じたのである。二〇世紀の中期に比較教育学の専門家であるカンデルは、アメリカ教育の発展に与えた、このマンの教育観の影響力を高く評価した。「世界各国のうち、アメリカほど国家および個人の福祉、進歩と教育との緊密な関係を認識している国はない。教育に注ぎこむ経費が配当を生むという考えは、大多数の国では新しいのであるが、それは、マンによって一世紀以前に主張された。マンの教育と生産との関係に関する見解が、教育理論に重要な影響を及ぼすにいたるのには、数十年を経過しなければならなかった。現実への変化は、アメリカでは功利主義的教育目的の認識に伴い約三〇年前に起ってきた」とその影響を述べていた。

このマンの命題を立論する直接的動機は、前述のように、州下院における教育委員会および師範学校の廃止案の上程であった。その廃止案は否決されたのであるが、第五年報の公表後は、下院において二度とそのような廃止案を真剣に考えようとする議員は存在しなかったほど、マンの提示した命題は、広範な支持を獲得したのであった(190)。その意味で、マンの教育の経済的収益性の基礎に基づいて、教育にたいする公的資金の支出を正当視する決定は、成功させる戦略であるということを立証したのである。一八六三年の時点で、当時の著名な教育家であるヒルブリック（John D. Philbrick）は、「第五年報は、おそらく過去二五年間、労働の価値を増大させる手段として、初等教育の価値を資本家に確信させる出版物は、他に存在しなかった」(191)と回想したという。

一九六六年、経済史家のフィシュロー（Albert Fishlow）は、マンのこの命題を積極的に評価していた。かれは、つぎのように述べていた。

過去一〇年の間、経済学者は、生産の要因として、人的資本の役割を再発見し始めた。戦争の傷手に悩むヨーロッパ諸国や日本の急速な復活は、新発展途上国の増大する苦悩とは鋭い対照を示し、教育された人々の重要性に関してヒントを示唆するものであった。それ以来、より直接的研究が進められ、積極的な経済的収益は、学校教育の年数を増大させることによって、獲得することができるということを確認したのである。その重要性を認めるために、一九二九年と一九五七年との間の合衆国における増大した労働生産性の四二％の原因が、教育であったという主張を、文字通り認める必要はないが。

ホレース・マンは、一世紀以前に、明確な論点を主張していた。それは、つぎのような命題であった。すなわち、無月謝で普遍的な教育を促進する一つの理由は、それが、国民的資産の発展もしくは増大の動因として、機能しているからであった。それは、経済学者の著作において、注目された他のすべての事象よりも、一国の全財産の生産および有利な雇用において、より有力なものであったからである。雇用主からの情報を通じて、マンは（一八七〇年に、連邦教育局長第二代のジョン・イートンがしたように）、教育を受けた年数に応じて、生産性の格差を確認しようとしたのである。――国勢調査局は、一九四〇年まで、不幸にして、このような調査を実施しなかった。学校教育が、製造業の工場内での従業員の賃銀に、二五％から五〇％も格差をもたらすという雇用主の評定は、アメリカの特定時代における教育の歴史的重要性を、明敏な同時代の観察者の論評と同様に、立証するものである。

部分的には、そのような論理によって、しかし、疑いなくその時世間に拡まっていた社会的および政治的改革の潮流によって推進されたのが、民衆教育の一大運動であった。それは、また、南北戦争以前に合衆国が経験した、一大運動であった。ニューイングランドにおいては、マンとヘンリー・バーナードによって指導され、他の地域においては、等しく熱心な主義・思想を同じくする人たちによって、州の指導と租税負担の教育制度の概念が、南北戦争以前に大きく勝利していったのである(192)。

教育史家の場合

教育史家タイアック (David B. Tyack) も、一九七六年、マンの命題を「人的資本理論」として受けとめ、肯定的に評価している。それについて、つぎのように述べている。

人間にたいする投資に関する研究は、学校教育の全社会における経済的成長にたいする、貢献に関する一般的研究から、制度的教育の個人にたいする収益率の分析に移っていったのである。経済学者は、学校教育に関しての個人あるいは家庭の小型政策決定を、合理的な費用対便益比として、取り扱っていたのである。かれらは、学校教育の直接的経費だけでなく、扶養家族として生徒を扶養する経費、既往の稼ぎ高をも包含することによって、教育における投資にたいする収益率を積算する、ますます洗練された方法を発展させたのである。アルバート・フィシュローは、一九世紀の期間、親によって支払われた「機会経費」は、すべての教育制度の水準にたいして、公共に支払われた総額にほぼ匹敵する、と計算したのであった。

経済学者は、人間投資の理論をつい最近にいたって樹立したけれども、類似の考え方は、ずっと以前に教育界には流布していたのである。一世紀以上の間、教育家の間に流布していた観念は、学校教育というものは、全体として、社会にたいしては、より大なる生産性を通じて、そして個人にたいしては、より大なる収入をもたらすことによって、経済的利益を創出したのである、という考え方であった。合衆国において、この見解の最初の影響力のある主張者は、ホレース・マンであった。かれは、マサチューセッツ教育委員会の教育長であった。かれは、一八四二年のかれの第五年報で、主として、このテーマを論じていたのである。かれの年報でマンは、学校教育にたいするより大なる投資の経済的正当性を提示したが、しかし、かれの主張は、間もなく強制就学の正当性として、とりあげられたのである。M・ヴィノブスキスが考察したように、マンは、現実的には、非経済的論議によって、教育を論じるのを好んだのである。——たとえば、道徳的あるいは市民的発展における学校の役割について。しかし、教育長としての五年目において、政治的攻撃に曝《さら》されており、そして、不況が政府をして、緊縮財政を余儀なくしていた。そのとき、マンは、裕福なヤンキーにたいして、教育は良い投資であるということを、示す時が到来したと決断したのであった。かれは、「教育が精神の革新者であり、そして知力の増殖者であるだけでなく、また物質的富の最も多産な親である」と主張したのである。根拠として、かれは、実業家のかれの質問にたいする回答を提示した。すなわち教育を受けた労働者と無学の労働者との間の差異について、質問した質問事項にたいしてであった。かれの研究は、客観性や科学的厳密性において、欠けるものがあったが、それを埋め合せたのは、福音主義的情熱であった。マンは、小学校教育にたいして支出された金額は、社会にたいして、全体の収益率として約五〇％を与えている、と結論づけたのである。

マンは、教育は、人々をして長い一連の事件の関係を包括したり、また、結末を最初から予見することによって、合理的な政策決定者になることを可能にした、と主張した。将来に向って、この方向づけを浸透させることに付け加えて——おそらく企業家にとって、最も利益になるものであろう——、学校教育は、労働者をして、時間を正確に守り、勤勉であり、節約であり、そして、かれらの雇用者にたいしては、問題を惹起させるのには、余りにも合理的であるので、問題を引き起すようなことはしないであろう。

マンの証拠は、大巾に印象にのみ基づくものであったり、そして、かれの結論は、これらの理由の故に、疑問と思われる点もあったが、第五年報は、全国を通じて教育改革家たちに好感をもって歓迎される武器であった。ニューヨーク州の立法部は、この年報を一八、〇〇〇部印刷し、これを州内に配布した程であった。ボストンの実業家たちは、コモン・スクールは、「魂の温床であるだけでなく富の鉱山である」ことを立証したマンを、讃えたのである。そして、時の指導的教育家は、一八六三年に、マンの第五年報は、「過去二五年間出版された著作の中で、労働の価値を増大させる手段として、小学校教育の価値について、資本家たちに確信させるのに、これほど貢献した著作は他に無かった」と述べていた。

一八七〇年に、合衆国教育局は、雇用者と労働者を調査し、マンのそれと同じ結果を報告したのである。合衆国上院の委員会は、一八八〇年代の中頃、「労働と資本との間の関係」について証言を行ったが、それは、実業家と従業員とは、全国を通じて、学校教育は、労働者の生産性と予測可能性を増大させるものである、ということに同意する傾向にあったことを見出したのである。この見解は、二〇世紀までに定着したので――世紀の転換で多くの収益率研究を反映して――、ハイ・スクールの義務制就学に関する、肯定のため標準的な主張として、つぎのことが挙げられていた。すなわち「教育は、州におけるすべての個人の繁栄の唯一の保証者である」、「州の教育および州の富は、恒常的な割合を維持し、一方は他方とともに増大する」というものであった(193)。

ヴィノブスキスの場合

マンの第五年報の所論にたいして、正面からこれをとりあげ、批判、分析、評価を行ったのはヴィノブスキスであった。かれは、一九七〇年、雑誌「ニューイングランド・クオタリー」(*New England Quarterly* 43, No.4 (December 1970) : 550-571) に、「ホレース・マンの教育の経済的生産性に関する所論」(Horace Mann on the Economic Productivity of Education) を発表した。そして、一九九五年、かれの著書『教育、社会および経済的機会』(*Education, Society, and Economic Opportunity — A Historical Perspective on Persistent Issues*, Yale University Press, 1995) に再録された。

このヴィノブスキスの所論は、長文にわたるものであるが、重要であると思われるので、第五年報の原文と重複する箇所は避けて、それに言及しておきたい。ヴィノブスキスがこの所論で主張しようとしたことは、第一に、マンが教育の経済的価値を力説するのを、何故第五年報まで待っていたのかの理由を明らかにすること、第二に、マンの方法の妥当性を問うために、教育の経済的生産性を評価するマンの方法論を吟味すること、第三に、改革家として、またこの主張の第一級者として、マンの貢献を評価したい、ということであった。まず、かれは、現時点におけるこの問題にたいするアプローチに関して言及することから始めている。

過去一〇年間、経済学者は、教育改善の経済的価値に関して、ますます着目するようになってきた。教育への投資にたいする収益率に関する同意は存在しないけれども、大部分の経済学者は、それは、経済成長における主要な要因の一つであるということに同意している (Mary J. Bowman, "The Human Investment Revolution in Economic Thought," *Sociology of Education* 39 : 111-137, 1966. Theodore W. Schultz, "Investment in Human Capital," *American Economic Review* 51 : 1-17, 1961)。歴史家たちは、したがってまた、アメリカの過去における教育の役割について調査を開始した。若干の経済史家は、一九世紀アメリカの経済成長にたいする教育の貢献を評価しようと試みたのである (Albert Fishlow. 前出、Lewis C. Solomon, "Capital Formation Expenditures on Formal Education, 1880 and 1890," Ph. D. diss., Purdue University)。他の経済史家たちは、人的資源にたいする投資の重要性を力説した著者たちの著作を再検討したのである (Frank Tracy Carlton, *Economic Influences upon Educational Progress in the United States, 1820-1850,* 1908)。教育史家たちは、より大きな、より良い公立学校制度を正当視するために、一九世紀アメリカ人によって論じられた、経済的論議に関する点に焦点を当てて来たのである (Merle Curti, *The Social Ideas of American Educators,* 1965. Michael B. Katz, *The Irony of Early School Reform* ; *Educational Innovation in Mid-Nineteenth-Century Massachusetts,* 1968. Kathleen E. Kendall, "Education as 'the Balance Wheel of Social Machinery ; Horace Mann's Arguments and Proof," *Quarterly Journal of Speech and Education* 54: 13-21, 1968)。それでも、この経済の理論的基礎の起源を、深さにおいて探求する研究者が殆ど存在しないので、初期の教育改革家の現実的動機において、相当の曖昧さが持続しているのである。

ホレース・マンは、教育の金銭的価値に関するこれらの議論における、中枢の人物である。マンの著名な第五年報で、かれは、教育の経済的価値を評価しようとしたのである。そして、結果として、教育は、全社会にたいして経済的利益をもたらすという見解を、一般化するのに、大いに貢献したのである。不幸にして、マンの経済的観念を論じた教育史家たちは、それらを充分に分析もしなければ、またなぜかれが、第五年報でそれらを強調することを選択した理由に関して、考慮しなかったのである。対照的に、経済史家は、マンの貢献を無視したり、あるいはそれらを偶然的に処理するに過ぎなかった。

教育改革を主張するマンの理由を評価する際、マンが多様な側面から、それを正当化したり、多様な見解表明の方式をとったために、複雑な様相を呈するのである。若干の研究者たちは、マンの努力の特殊な側面を誇張したり、またマンの思考の全般的枠組を無視して、特定の事項の説明にのみ集中してしまったりするのであった。

マンが教育の重要性を主張する論拠を、範疇化しようとする多くの試みがなされて来た。一つの有効な概括は、前述したようにつぎのような七つの範疇を提示していた。すなわち

①　教育は、共和国の保持にとって必要である。
②　教育は、階級分化を防止するのに貢献する。
③　教育は、犯罪を減少させる。
④　教育は、社会における貧困や苦悩を減少させる。
⑤　教育は、生産を増大させる。
⑥　教育は、すべて個人の自然的権利である。

⑦　教育は、社会に流布している誤った価値を、正す働きをする。

マンは、教育委員会教育長としての一二年間を通じて、これらの教育の重要性を主張する論拠のすべてにわたって、人々に訴える充分な機会を持っていた。かれは、経済的利己心に基づいて訴えるというよりはむしろ、道徳的原則もしくは市民的徳目に根ざした訴え方を、より好んでしたのである。それにもかかわらず、かれの目標を達成するためには、人々の利己心に訴えることが、しばしば必要であった。

マール・カーチは、マンはつねに教育の経済的価値を実証しようと試みていたということを主張していた。マンの禁酒運動における経験が、かれに教えたように、利己心に訴えることが物事をうまく処理する方法であることを学んだのである。そして、この信念は、取得欲の傾向の基礎的重要性を、骨相学が強調したことによって、強化された。マンの経歴をよく調べて見ると、違った結論にしばしば導かれるのである。かれは、つねに経済的考慮に注意を払っていたけれども、かれは、何時も教育制度の収益性を強調しようとしていたわけではなかった。

マンが、教育改革家として活動する以前、かれは、負債による投獄の廃止、精神病院の創設、視力障害者のための学校援助そして禁酒運動への活発な関与を示していた。それぞれの場合におけるかれの動機は、人道主義的であったけれども、かれは、禁酒措置が、食糧雑貨商や小売商の当事者にとって、利点になるという経済的分析が州範囲に及ぶことを知ったのである。マンの初期の年報において、マンは、教育改革の選択的タイプの経費計算に関心を示していた。そして、教育と経済的繁栄との間の関係についての言及が、一八四一年以前にも、かれの著作の中に散見されていた。

それでも、マンは、第五年報にいたるまで、教育の経済的価値については、力点を置かなかった。その時までのマンのこの問題にたいする着目は、利己心に直接訴えるというよりは、むしろその他の性質の価値観に基づくものであった。教育の経済的価値に力点を置くことにたいする、かれの気乗り薄は、教育委員会からの指示の前後関係、社会における経済の役割についてのかれの見解および教育委員会が直面する政治状況の中に見えたに相違ない。

マンと教育委員会は、年報、郡教員大会および雑誌『コモン・スクール』誌を通じ、「学校教育の目的における新しい関心を覚醒させる」という課題を遂行するのに、熱心であったけれども、かれらは、年報における公然たる宣伝に訴えることには、気乗り薄であった。教育委員会の教育長にたいする指示は、よく狭く、そしてより客観的役割を要求していた。結果として、かれの最初の第四年報までの報告書においては、マンは、経済的な論点から、公教育制度の全般的擁護についてよりも、むしろ特殊の教育問題に、より多く焦点を当てていたのである。普遍的教育制度の価値について、郡教員大会で講演したマンは、道徳的価値や共和主義政府型態を保持するための、授業を行う教育の重要性に、焦点を当てていた。教育と経済的繁栄との関係については、マンは気づいていたけれども、それについて、マンは、詳細に触れることはしなかった。かれは、経済的価値を、より崇高な諸原理よりも低いものと見ていた。

可能である時は何時でも、マンは、人間の高貴な本能に訴えることにしていた。なぜならば、経済的利己心に訴えるのは、教育改革を通じて、本当の害悪の排除を勇気づける時のみである、と考えていたからである。それ以外に、そのような戦略は、教育長としての職務の初期においては、不必要であった。その時代は、マンは、公衆を啓蒙することが、学校制度の改革に導くことになる、と信じていたのである。

マンは、素朴な理想主義者ではなかった。かれは、現存制度を改革するあらゆる試みに直面して、重大な障害の存在を認識した。大部分の民衆は、学校について無関心であり、そして、立法部は、教育委員会を創設したけれども、地方公共団体に管理されている学校にたいするいかなる強制権も、教育委員会に与えることはしなかった。しかしながら、かれは、かれの改革努力は、究極的には勝利して、ますます民衆は若者を適切に教育することの重要性を認識する、ということを確信していた。州を横断しての巡回旅行において、多くの失望すべき挫折に遭遇したけれども、多くのタウンにおいて、進歩の徴候を見たのであった。したがって、また州内の政治状況も、教育改革の将来にとっても、望ましいものと思われたのである。マサチューセッツ州の立法部は、教育委員会にたいして、情報の蒐集と民衆説得の権限しか与えなかったけれども、教育委員会の勧告の多くは、立法されていったのである。さらに、マンの成功せる立法部における経歴は、更なる援助を手に入れることができる多くの人脈を持っていた。

かくて、マンは、教育委員会の教育長としての職務の初期においては、経済的な論点から、かれの教育改革運動を正当化する必要もなければ、その価値もなかったのである。しかしながら、第五年報の時までに、州と立法部において予期しない展開が見られ、かれをして、教育改革を経済的利益として擁護することが肝要であると考えさせるにいたったのである(194)。

これは、既に前述したように、教育委員会と師範学校の廃止案が下院において提案されたことを意味する。この経緯についても詳細に触れたので、ヴィノブスキスの所論も同様に言及しているが、ここでは割愛することとする。この事実を契機にして、マンは、マサチューセッツの立法部や市民にたいして、教育は、安全な経済的投資であるということを実証する必要性を実感したのであった。これが、ヴィノブスキスが言った、教育の経済的価値を力説するのを、第五年報まで待っていた理由であった。

つぎに、ヴィノブスキスの第二の課題である、マンの方法の妥当性を問うために、教育の経済的生産性を評価するマンの方法論を吟味することに移ろう。

ヴィノブスキスは、つぎのように述べている。

マンの主張を立証するために、マンは、多数の労働者を雇用している経営者に、質問書を送り、それによって統計的証拠を蒐集することを試みたのである。マンは、経営者の回答は、教育ある労働者と無教育の労働者との間の生産性における差異を評価するのに、最も有効である、と考えていた。なぜならば、

① 経営者の多数の労働者との接触は、労働者間の生産性の差異の多くは、自然的能力における差異よりは、むしろ労働者の背景となっている教育の結果がそれを決定していることを、かれらに可能にしたこと。

② 大製造工場においては、「世間に見られるような不合理な、また偶然的な差別は入り込んでは」いない――すなわち、工場は、個人的関係というよりは、むしろ経済的価値に基づいて雇用し、昇進させる傾向にある。

教育の経済的価値の計算を行うのに際して、マンは、生得的な能力あるいは依怙贔屓《えこひいき》による差異が、最少限度になるサンプルを選ぶべきであった。不幸にして、大規模な製造工場に集中することによって、かれは、農業、工業および商業における教育の経済的価値の差異を、判別することができなかった。さらに収益率は、マサチューセッツにおける数多くの小規模製造工場のいずれとも、全く異なっていた。

より重大で、かつ不必要な弱点は、マンが質問をした方法であった。質問書や経営者との文通において、マンは、かれが期待した受けとるべき回答を、明らかに示唆していたのである。たとえば、マンは、かれの書翰を、以下のような見解でもって、結論づけていた。すなわち「以上のような質問は、賢明で思慮のあるすべての人にとっては、不必要で

あり、余計なものであり、価値のないものであると思われるでしょう。私もそのことに気づいております。そして、あたかも植物の成長にとって、日光はどのような影響を及ぼしているか、あるいは家屋に採光のための窓を設けることは便利であるかどうか、というような分りきった質問に、回答することになるのではないかということを、私の質問にたいして、まず感じられたのではないでしょうか。」

この弱点は、つぎのような事実によって、一層それに輪をかけたのである。すなわち、数個の場合において、マンは、経営者にたいして、かれらとマンが討議した主題についてのみ、そして、かれらが、マンの結論を確認するであろうということを知って、質問書を、かれらに送付したのである。

結果として、質問書の回答は、絶望的に偏向していた。それにもかかわらず、これらの質問およびかれらの回答は、マサチューセッツの若干の経営者たちが、どのような教育の経済的価値についての見解を抱いていたかを明らかにしてくれたという点で、有用なものであった。この調査の結果を明らかにするために、マンは、かれが受領した多くの回答から、代表として四人の回答者からの書翰を、再版したのである。言うまでもなく、四つの書翰のそれぞれは、熱心に教育の経済的価値についてのマンの仮説を、確認したのである。この回答書のうち、数箇所の関心興味ある側面は、注目に値するものであった。

書翰のそれぞれは、教育を受けた労働者は、そうでない労働者より、より能率的に労働する能力については、注目しているけれども、それらのいずれも、マンが第五年報を通じて、力説した「発明の才能」の重要性については力説していなかった。その代わりに、かれらは、これらの労働者は、よりよく命令に従うし、より時間に正確であり、そして信頼を置くことができるし、また労使紛争中、無分別な行動をしなかった、という事実の指摘に集中していた。この最後の点は、労使紛争中、暴力に訴える無教育の労働者を恐怖していた経営者にとって、とくに意義深いものであったように思われるのである。かれらは、教育ある労働者は、より乱暴者を和らげる効果を持っている、と指摘したのであった。

二人の回答者は、より高い賃銀によって、実際の教育の経済的価値の評価を試みたのである。J・K・ミルズは、教育のある労働者は、無教育の労働者より、平均二七％も多く稼ぐことに注目していた。J・クラークは、一八・五％の数字に到達した。かれらは、その際、最高に支払われた教育ある労働者の賃銀と最低に支払われた無教育の労働者の賃銀の間の賃銀差を計算した。ミルズの場合、この差異は、六六％であり、クラークは、それを四〇％である、と発見したのである。

第五年報を通じて、マンは、かれの見解を支持する決定的証拠として、これらの回答に言及したのであるが、しかし、これらは、統計的証拠というよりは、むしろより情緒的証拠であった。マンは、それは、「数学的正確さをもって決定する実行可能なもの、すなわち他の個人および他の階級の生産高と比較して、一人の個人および他の階級の生産高」を計算し得ると考えたのである。それにもかかわらず、初等教育の収益率に関するかれ自身の議論は、漠然としたものであり、そして、修辞的であったに過ぎない。マンが行った唯一の明確な計算は、約五〇％の結果をもたらしたことであった。

これは、上述の二人の回答者からの結果を、粗雑に平均化したものであることは、明らかであった。「すなわちミルズとクラーク氏とからの書翰において述べられている諸事実から……最低の教育しか受けていない労働者の稼ぎと、最もよい教育を受けた労働者の稼ぎとの間には、五〇％同様の差異が存在するということは、明らかである――すなわち自分の姓名を書く代わりに記号を記す者と、学校卒業を認められて、まずまず雇用された者との間の差異である。」

マンの五〇％の数字に到達させる方法、およびかれのその結果の適用の両方に、問題が存在する。計算するに当たって、マンは、教育ある労働者と無教育労働者の二集団の平均に基づくよりも、むしろ二集団の両極端に基礎を置いた数字を用いている。かれは、典型的なものよりは、むしろ異例の場合を考察しているのである。もし、かれが、それぞれの集団において稼がれた平均賃銀を使用したとすれば、かれの教育にたいする収益率の評価は、約二三％であったであろう。さらに、教育のある女性労働者の結果として、生産高における増大を確認しようとする時、かれは、絶望的に混乱してしまった。

マンは、コモン・スクールの生産性に関する評価において、多くの他の誤りを犯していた。たとえば、マンは、経営者にたいして、教育のある労働者と無教育の労働者の生産性の間の差異を質問をした。それでも、マンにとっての問題は、すべての者が、教育されるべき充分な学校教育を備えるべきである、ということを実証することではなかった。マサチューセッツにおける大部分の人々は、この見解に同意していたのである。マンは、附加的教育は、経済的に利益になるものであるということを、立証する必要があったけれども、しかし、かれは、その問題にたいしては、質問することはしなかった。教育ある労働者と無教育労働者の両極端に適用して、数字を用いることは、問題解決にはならないのである。なぜならば、それは、典型的な賃銀獲得者に、教育の価値を誇張したからである。マンが、本来尋ねるべき質問は、コモン・スクール教育の一二年終了者は、僅か五年終了者よりも、より生産的である、ということであった。

マンは、したがってまた、両親にたいする教育の収益率と社会にたいするその価値を等しいものであると見たのである。これは、両親にたいする収益率は、つねにより高いということを、認識することに失敗しているのである。なぜならば、教育の経費は、すべての納税者の間に配分されているからである。換言するならば、家庭への収益が、増大されるのである。なぜならば、家庭は、その教育の全経費を負担していないし、その教育の利益のすべてを受け取ることになるからである。

教育の生産性を測定するために、賃銀を用いることは、多分計算の目的にとっては、最も実際的方法であろう。しかしながら、かれは、労働市場における不備に留意することに失敗したのである。賃銀というものは、しばしば雇用者と被雇用者との相対的な契約関係の結果であって、労働者の生産的貢献によるものではない。もう一つの欠陥は、マンは、在学中の子どもは、就労不可能故に、失われた所得がもたらす附加的な教育経費を、計算しなかったということである。このことは、多くの子どもたちが、一〇才から工場で労働していた、一八四〇年代の期間においてはとくに重要であった。さらに、労働者の賃銀の比較において、マンは、かれらの年令を考慮すべきであった。教育を僅かしか受けなかった労働者は、より多く教育を受けた労働者よりも、生涯において、最大の稼ぎ高に到達するのは、若い時の方である。

これらの結果や方法論における他の誤りの結果、マンの積算は、科学的計算というよりは、むしろ経験に基づく推測として、考えなければならない。第五年報において、情報を総括した方法は、教育の経済的生産性を、再計算することを不可能にしたのである。マンのさまざまの誤りを調整することは、困難である。なぜならば、それらの若干は、かれの積算を増大させるだろうし、他方それを減少させることになるからである。同時に、マンの結論に比較し得る他の情報は、存在しないのである。しかしながら、マンの小学校教育の五〇%の数字は、その時代の現実的な教育の生産性を、大変誇張しているとも言えるだろう。より妥当な見積りは、一〇―二〇％の範囲ではないだろうか(195)。

マンの功績

最後に、教育改革家として、また教育の経済的生産性の主張の第一級の人物として、マンの功績を評価する側面を見てみよう。

マンは、マサチューセッツ州立法部が、教育委員会にたいして、ますます敵対的になってきた時、教育委員会にたいする支持層を、さらに拡大するために、この教育の経済的生産性の主張が必要だと思い、第五年報の大部分を、この主張のために振り向けたのである。マンは、この報告書が普及することを希望していた。「私は、第五年報を出版しました。それは、利益を求める出版社に依頼しました。そのために、普及の機会に恵まれています」と記している。この報告書の成功を、かれは、早くから予見し、確認していたのである。第五年報は、国の内外から、一層の教育改革を進めることの重要性の証拠として、歓迎された。ニューヨーク州の立法部は、第五年報の一八、〇〇〇部の注文を発し、海外にも配布され、ドイツ語にも翻訳されたほどであった。

一八二〇年代および一八三〇年代において、若干の教育家や政治指導者たちは、教育の経済的価値を指摘しようとした。しかし、かれらの主張する内容は、分析的であるよりは、むしろ修辞学的である傾向を持っていた。マンのこの問題に関する見解も、一八四一年以前は、この種の範疇を出るものではなかった。マンが、第五年報を書いた時、かれは、教育は、経済において最も生産的要因である、という仮説を立論し、その独創性を主張したのである。マンは、政治家や経済学者が、アメリカ経済を論じる際、総体的に教育の役割を無視している、と批判していた。マンが、大部分の学者や政治家が、教育の重要性を無視している、と批判したことは、正しいことであったけれども、この主題に関する情報に欠けていたのである。たとえば、卓越したボストンの経済学者W・ヒリップスは、一八二八年に、アメリカ経済に関する論文で、教育の経済的重要性に着目していた。

二、三の経済学者や教育家は、教育と経済的繁栄との間の関係を認識していたけれども、マンは、この観念を社会に普及させたのである。この事実は、多くのかれの同時代者たちによって、認められていた。卓越したボストンの経営者のグループは、一八四五年に、マンの業績を賞賛し、つぎのように述べていた。すなわち「貴方は、産業の力に貢献し、それによって、国家の富は増大された。それは、知識の普及に応じて、国家の富は増大したのである。したがって、それぞれの粗末な校舎は、魂の苗床であるだけでなく、富の宝庫であると見なされるということが実証されたのである」と。著名な教育家であるJ・D・ヒルブリックは、一八六三年につぎのように回想していた。すなわち第五年報は、「おそらく過去二五年間、労働の価値を増大させる手段として、初等教育の価値を資本家に確信させる出版物は、他に存在しなかった」と。マンは、教育の現実の価値を計算する試みを実行した、最初の人物であった。マンの分析は、今日の調査研究の方法論的厳格さを欠いていたけれども、それは、これまで、単なる思弁的であったところのものを計量化する努力をしたことに推賞すべき点があった。

第五年報の大成功は、マンをしてその後の著作において、教育の経済的価値に言及し続けることを誘発したが、しかし、かれは、いかなる新概念も、あるいは情報も導入することはしなかった。マンに関する限り、一八四二年の年報において、教育の収益性を既に決定的に実証したのであり、それ以上証拠を蒐集する必要性を認めなかったのである。

それでも、マンは、教育の経済的利益に基づくアッピールが、より崇高な原則から引き出されたアッピールよりも、劣っていたことを、決して忘れることはなかった。かれは、それを第五年報の末尾に述べて、筆を擱いたのである（前述参照)。

一九世紀アメリカ経済の発展にたいし、教育の重要性に関するマンの仮説が、正しいものであるのか、あるいはそうでないのかについては、さらに経済史の分析に待たねばならないが、その着想を合衆国内に普及させた貢献、その開拓者的努力は、疑いのないところである(196)。

ヴィノブスキスは、以上のように、マンの第五年報の教育の経済的生産性に関して、体系的にアプローチして、その所論の成立事情、その方法論の分析、そして評価を行ったのである。調査研究における部分的欠陥、すなわち質問紙の作成上の問題、統計学的処理の問題等々を、ヴィノブスキスは厳しく指摘したけれども、その着想の独創性およびその普及の開拓者的努力を高く評価したのである。このことは、マンの教育改革にたいする政治的、社会的支持の基盤の強さを評価することに連動するものであった。

4　公教育と「資本主義の精神」の形成

教育ある労働者の倫理的性格

マンの主張する教育の経済的生産性に関する四人の経営者の回答の書翰は、H・バートレットの、第二の質問にたいする回答すなわち、「私は、多様な性格や気質を有する労働者に接触してきました。そして、全然教育のない者から、高い程度の教育を身につけている者にいたるまで、さまざまの程度の知性を持つ機械工、製造工が、生産に知性をどのように適用したかを観察いたしました。そして、その結果、教育のある労働者が、最も利潤をあげるものだということとを、確信をもって申しあげることができます。そして、単に機械の手入れをする婦人労働者でさえも、児童期に教育を受けた強みに応じて、作業の結果が現れているのです。立派なコモン・スクール教育を受けた労働者は、一階層として、つねに無知のままで成長した労働者よりも、すぐれた生産をあげるのであります。前者は、高い賃銀を獲得します」が、その典型で、他の回答書翰も異口同音に、その趣旨を述べていたのである。その両者の賃銀差、すなわち教育のある労働者と無教育労働者の賃銀差が、その生産性に応じて、パーセンテージを以って指示されていたのである。これらの結果を総合して、マンは、「教育が精神の革新者であり、そして知力の増殖者であるだけでなく、また物質的富の最も多産な親であるということを、論争の余地なく、立証している」と主張したのであった。

この結論と教育の経済的生産性という命題については、前述の教育史家や経済史家が言及したように、アメリカ教育史の教育改革の歴史的性格を規定する上で、きわめて重要な視点であった。

これと同様に重要な視点は、それと表裏の関係にある、教育のある労働者の倫理的性格である。教育の経済的生産性と並んで、資本主義経済の再生産過程において、重要な要因は、生産労働者の道徳的側面である。前述の教育史家たちの評価においても、その点について若干触れられているが、正当な位置づけがされていないことは、片手落ちである、と言わなければならない。以下、この点に言及することとする。

前述の四人の経営者の回答書翰で、H・バートレットは、この点について、つぎのように述べている。

「私は、知識は労働者にとって、それ自体価値あるものでありますが、立派なコモン・スクール教育が与える利益は、単にそれだけとはけっして考えておりません。私は、より高い教育を受けた労働者は、一階層として、一様に、立派な徳性をそなえ、かれらの挙止態度は、秩序正しく、丁寧であり、さらに会社が定めている、有為な、かつ必要である諸規定をよく守っているのを知っております。規則や賃金の変更のために紛争が生じた際、私はつねに、最も知性があり、教育のある、そして、最も徳性のそなわった労働者の加勢を当てにしましたし、そして、殆ど期待はずれはありませんでした。それというのも、かれらは、強制には、最も従い難い人々なのですが、理を説き要求が合理的ならば、概しておとなしく同意する性質を持っているのです。そして、かれらの仲間たちに有益な影響を及ぼしています。しかし、無知で、そして、教育のない労働者は、興奮した感情や妬みの衝動で行動する、概して最も騒々しく厄介な者たちです。

前者は、よき秩序を維持することに関心を持っているが、後者は、結果がどうなろうと一向にお構いなしです。そして、私には、すべてこのことは、全く当然のように思えます。

立派な教育のある労働者であればあるほど、現状に執着する強い愛着心を持っています。かれらは、前に指摘しましたように、身体、衣服、住居を清潔に、快適にし、そして、それらを『肉の嗣ぐべきすべての禍』のより少ない状態に保っております。要するに、教育のある労働者は、一階層として元気に満ちており、そして満足していることを知ったのであります。かれらは、余暇の大部分を読書や知識の追求に当てたり、家族と過ごしたりして、遊興には殆ど費していません。このような、すべて良い結果は、家庭内での生活が、より秩序正しく、そして、快適なものとなっていることにも現われています。しかし、子どもたちにたいしてほど、この結果が著しく示されているとは、他にはないと思われます。立派なコモン・スクール教育を受けた母親は、その子どもたちを無知に育てるようなことは、全くしないでありましょう。

前に述べましたように、教育のあるこの労働者の階層は、穏かであり、秩序正しいが、さらに、礼拝に規則正しく出席したり、すべての義務をより几帳面に果たすことをつけ加えたいと思います。……私の意見では、教育と道徳との間には密接な関係がありますし、また、私は、われわれのコモン・スクールは、単に知識の習得ということだけでなく、健全な道徳的心性も育成して来たと信じます。また、この学校は、つねにわれわれの青少年の道徳的信条を強化し、堅めるそのような影響を与える環境であって欲しいと思います。さらに、私は、学校がそのような環境にある限り、社会は安全であると固く信じております。

私の観察と経験から言って、製造工場の所有者たちは、かれらが雇用する労働者の教育と道徳とに深い金銭的利害関係を持っていることを、私は、完全に認めております。そして、この真実性が、ますます明らかになるのは、そう遠くない時期であると確信しています。競争が、より激しくなるにつれ、またある工場が他の工場よりも有利になるため、その規模を転換するに当たって、小さな細かい事柄がより重要になるにつれ、他の事情が等しいとすれば、最もよく教育され、最も道徳的な労働者を雇用する工場が、一ポンドあたり最低の経費で最大の生産をあげるということが、当然起きて来るであろうと確信しております。生産が、労働者の知的、道徳的性格によって影響されるものだということを、私は確信しています。……

最後の質問に答えるに当たって、『財産の蓄積を最大限に所有している人たち』は、それこそ保険の一つとして、教育の問題に深い関心をよせているということを私は認めました。言いかえますならば、かれらの財産を安全に保持する最も効果的な方法は、能率的なコモン・スクールの教育制度を支持するに足りる充分な財源を、かれらの財産の一部から出資することであるということです。その教育制度によって、全民衆の精神が教育され、そして、保安官あるいは刑務所よりも、より有効な警察が設置されるのです。教育がそのような働きをすることによって、財産所有者は、『生れや家柄の偶然によって、窮乏と貧困の苦悩に遭わされている階級』にたいし恩恵を施し、また、その階級の偏見を除去し、異質であり、かつ社会の両極端をなす階級間の結合の紐を強めるために努力するでありましょう。大多数のものは、つねに相対的に貧困であったし、また、おそらくつねにそうでありましょう。他方少数のものは、この社会の富の最大の分前を所有するでありましょう。多数者の最大の幸福と少数者の最高の利益とが密接に結びつき、また私もそう思うのですが、破ることができぬように結びついているのは、神の賢明なる摂理であります。」

つづいて、J・クラークの倫理観を見てみよう。

「私の経験は、バートレット氏が到達した結論を全面的に支持し、確認いたします。殆ど例外なしにと言っていいほど、私の雇用した労働者のうち教育ある者は、最も有能で、知的で、精力的で、勤勉で、倹約家であり、そして、道徳的である、ということを見出しました。言いかえますならば、かれらは、最良の製品を最も多量に生産しますし、機械も殆ど傷ませません。かれらは、あらゆる点において、全労働者のうちで、最も有益で、利潤をあげ、そして、最も信頼のおける労働者であります。そして、かれらは、一つの階層として、より倹約し、そして財を蓄積する傾向があります。財産所有者も、さらに社会一般も、知識の一般的普及とコモン・スクール制度の拡張や改善に恐怖心を抱いていないということを確信いたします。」

最後にJ・クレインの道徳観についてである。

「上に述べました二つの階層（教育ある労働者と教育のない労働者）の道徳についてでありますが、心を錬磨しないで、単に知識だけを広めることは、立派な人間を作ることにはならないという世間の言いならわしの真理であることを、それが、よく説明していることについて、一言させて貰いたいと思います。知識や徳が、より広範に、わが国に普及すればするほど、それだけわれわれの諸制度は、転覆されることがないという大いなる安全性を、われわれは持つことになるのであります。健全にして、実際的な徳性の形成と結びつけられ、また結びつけられるべきわれわれのコモン・スクール制度は、個人、財産そして地位、名声の保護にとって、われわれの案出し得る最も用心深い、また最も能率的な警察なのであります。そして、富裕な人々がもしコモン・スクール制度が、かれらの財産や人格を保護してくれるものとしたら、かれらの財産の一部を、貧困階級の教育のために支出するのが当然だと考えるようになってきていることは、愉快なことではないでしょうか。」

このように、経営者が考察した、教育ある労働者は、一様に、立派な徳性をそなえ、かれらの挙止態度は秩序正しく、丁寧であり、知的で精力的で勤勉で倹約家であり、そして道徳的であるということ、そして、穏かであり、秩序正しく行動し、さらに、礼拝に規則正しく出席したり、すべての義務を几帳面に果たす人たちであったと結論づけることができた。

また、教育ある労働者および徳性のそなわった労働者は、労使紛争に際しては、冷静に事態を処理することに協力的であり、従順であり、同僚に有益な影響力を行使することが可能である。それに反して、無知で、教育のない労働者は、興奮した感情や妬みの衝動で行動する、最も騒々しく厄介なものたちである、としている。

最後にこのような教育ある労働者や徳性のそなわった労働者を育成する、コモン・スクール教育制度は、財産を保有する富裕階級にとって、個人のあらゆる権利、財産および人格の保護に関して言えば、保安官あるいは刑務所よりも、より有効な警察機能を有するものであった。したがって、そのような教育や徳育を普及するために、富裕階級が、十分な税金を支払うことは、自己防衛と保険の最も安価な手段である、と言わなければならない。教育が、そのような働きをすることによって、財産所有者の富裕階級は、「生れや家柄の偶然によって、窮乏と貧困の苦悩に遭わされている階級」にたいし、恩恵を施し、またその階級の偏見を除去し、異質である、社会の両極端をなす階級間の結合の紐を強めるために努力するであろう。大多数のものは、つねに相対的に貧困であったし、また、おそらくつねにそうであろう。他方少数のものは、この社会の富の最大の分前を所有するであろう。多数者の最大の幸福と少数者の最高の利益とが結びついているのは、神の賢明なる摂理である、と経営者たちは述べていた。

このような見解は、アメリカ資本主義経済確立期における資本家階級の中でも、開明的経営者たちのイデオロギーを、端的に表明したものであった。したがって、そこには、コモン・スクールの教育を、その教育は、階級分化を防止するのに役立つものである、犯罪を減少させるものである、社会における貧困や苦悩を減少させるものである、そして、生産を増大させるものである、という重要な役割、機能として捉えていたことが示されていたのである。

とくに、前述のように、経営者たちが重視した徳性のある市民および労働者の育成は、コモン・スクール教育における重要な課題でもあった。第一章で述べた如く、マサチューセッツ州の一七八九年の教育法すなわち「青少年に教育を与え、有益な教育を奨励するための法律」は、明確にかつ厳粛に、いかなる例外もなく、すべての教員にたいし、つぎのことを義務として課している。すなわち「教員たちにその保護と教育とが託されている子どもたちや青少年の精神に、敬虔、正義の原則や真実にたいする神聖な尊敬、祖国愛、人類愛や普遍的慈悲、禁酒、勤勉、節約、純潔、節度、克己、人間社会に名誉を加える他の道徳、そし共和国憲法が基礎づけられている根底を印象づけるために最善の努力を傾けること」の義務である。これは、明らかに土着プロテスタントの倫理観に基礎を置く徳目の教授を、教員たちに義務づけた教育法に他ならなかった。

前述のように、一九世紀に入っても、一八二七年まで、マサチューセッツ州では、国教と同様の法定宗教であるプロテスタント教会のために課税され、またコモン・スクールにおいては、特定宗派の教義が教授されていた。

教育委員会の教育長としてのマンにとって、宗派による宗教教育を回避し、しかも、道徳教育の基礎としての宗教教育を、いかにして実施するかが大きな課題であった。かれは、多様なキリスト教の宗派の信条から、一定の共通の原則を抽出し、そして、それを、すべてのものが同意し得る一群の宗教教義の中核にし得ると確信するようになって来た。マンにとって、これらは、「自然宗教」の大原則であり、聖書のなかに与えられてきたところの真理であり、歴史の過程に示威されてきたところのものである、と思われた。したがって、神の語——欽定英訳聖書——が、注釈なしに教授されるならば、それは、宗派教授にはならない、と確信されたのである。

マンは、つぎのように、それについて主張していた。

「われわれの学校制度は、熱意をもってあらゆるキリスト教道徳を教えるのである。それは、その道徳を宗教の基礎の上に基礎づける。それは、聖書の宗教をよろこんで迎え入れる。そして、聖書を受入れることにおいては、他の制度においては許されていないことが、この制度では許されている。すなわち聖書を注釈なしに読ませることである。しかし、そこで聖書の教授は停止する。というのは、それは、すべての真実を手に入れることを要求するためではなく、敵対する宗教上の見解の審判者とし行為することを棄権するためである。」

これは、大部分のプロテスタントにとって、共通の聖書講読と祈祷を、コモン・スクールにおいて行うことを主張することであり、他方において、「三位一体」に関する当否などの教義論争の討議にたいしては、慎重でなくてはならない、ということであった。この宗教教育の在り方にたいして、反対者は、それは、ユニテリアニズムに類似している、と批判したのである。

このような註釈なしの聖書講読と祈祷の宗教教育には、プロテスタントの間でも、若干の異論が存在したが、大部分は、窮極的には、それを承認したのである。

プロテスタンティズムの倫理とコモン・スクール

このような宗教教育を基礎にして、前述のマサチューセッツ州教育法が規定した徳目、すなわち禁酒、勤勉、節約、節度そして克己などの徳育が強調されたのである。これらの徳目は、プロテスタンティズムの倫理観が強く求めるものであった。これらの徳目を強調する中で、勤勉な労働の必要性を訴えることが、南北戦争以前のアメリカにおける学校教科書や子どもたちの読物の中心的使命であった。

こうした勤勉な労働にたいする、子どもたちや青年たちへの訴えは、フランクリンの『自伝』や初期の清教徒の労働の重要性に、人々の眼を向けさせ、勤勉と職業上の成功との関係が、一八四〇年代に入って頻繁にとりあげられ、明白な論点になって来た。フランクリンの『自伝』は、かれの「富に至る道」(「貧しいリチャードの暦」)と「若い商人に与える忠告」との組み合せで、南北戦争前二〇年間に出版され、急速に広まっていった。

フランクリンは、「アメリカ資本主義の育て親」と言われてきたが、マックス・ウェーバーの『プロテスタンティズムの倫理と資本主義の精神』には、「資本主義の精神」を明らかにするために、「若い商人に与える忠告」をはじめ、フランクリンからの引用、かれへの言及が見られる。「資本主義の精神」の担い手は、経営者だけでなく、資本主義を支える労働者もまたそこに含まれている、ということは、重要な視点である。コモン・スクールの大部分の就学者は、アメリカ資本主義を支える労働者として、育成されていくことになるので、コモン・スクールの宗教・道徳教育とプロテスタンティズムの倫理との関係は、きわめて重要であり、注目すべき分析視角である。一八九八年という遅い段階で、アメリカ合衆国の人口の学歴構成は、小学校卒業が九五％、中等学校卒業が四％、そして高等教育機関卒業は一％であり、あらゆる産業の労働者は、圧倒的にコモン・スクール修了者であった(197)。

第一章で既に述べたことであるが、論述の必要上、ウェーバーについて再度述べることとする。ウェーバーは、『プロテスタンティズムの倫理と資本主義の精神』の中で、「資本主義の精神」は、企業家・資本家だけに担われるのではなく、労働者にも担われなければ、近代資本主義は発展しないことを明らかにした。このことは、アメリカのコモン・スクールの性格を明らかにする上で、重要な関係を有しているので、無視することはできない。今明らかにしたように、アメリカ資本主義の労働者は、数の上で圧倒的にコモン・スクールにおいて育成されるからである。ウェーバーは、「資本主義の精神」の例示として、フランクリンの「若い商人に与える忠告」をとりあげ、事業において成功する心得を示したのである。そこには、「フランクリンの道徳的訓戒はすべて、正直は信用を生むから有益だ、時間の正確や勤勉・節約もそうだ、だからそれらは善徳だというふうに、功利的な傾向を持っている。……がしかし、真実のところ、事実は決してそう単純ではない。自伝に現われているベンジャミン・フランクリン自身の世にも稀なる誠実な性格だとか、さらには善悪が『有益』だということが分かったのは神の啓示によるので、それによって、神は自分に善をなさしめようとしておられるのだと考えていることに照らしても、そこに示されているものがひたすら自己中心的原理の粉飾などではないことは明瞭だ。それればかりか、この『倫理』の『最高善』ともいうべき、一切の自然的享楽を厳しく斥けてひたむきに貨幣を獲得しようとする努力は、幸福主義や快楽主義などの観点を全く帯びていず、純粋に自己目的と考えられているために、個々人の『幸福』や『利益』といったものに対立して、ともかく、全く超越的なまたおよそ非合理的なものとして立ち現われている。営利は人生の目的と考えられ、人間が物質的生活の要求を充たすための手段とは考えられていない。これは、とらわれない立場から見れば、『自然』の事態を倒錯したおよそ無意味なことと言えようが、また資本主義にとっては明白に無条件の基調《ライトモティーフ》であって、その空気に触れない者にはちょっと理解し得ないものだ」と強調されていた。

ウェーバーの「資本主義の精神」

このように、フランクリンの助言を読んでいくと、そこには、一切の幸福主義や快楽主義には目もくれずに生涯を職業的な労働に捧げるのだ、という観点が、徹底して終始一貫、あたかもそれが自己目的であるかのように、貫かれている。これは、世俗的な意味での人生への指針といったものからかけ離れていた。そして、厳格で禁欲的なエートス、倫理的精神が、そこに含まれていることを指摘している。さらに、職業的な義務を、神から負わされた義務として、死の瞬間にいたるまで、自分の手足が動く限り実践しつづけ、それ以外に人生の目的は無いとすることが指摘される。その意味で非合理主義に徹していくのである。それが、プロテスタンティズムの倫理として、ウェーバーが抽出した禁欲的職業労働の精神であり、言いかえればそれが、「資本主義の精神」であった。

ウェーバーは、このような「資本主義の精神」が、労働者にも持たれなければ、近代資本主義は成立し得ない、と分析するのである。すなわち、

「〔工場の内部では〕端的に高度の責任感が必要であるばかりか、少なくとも勤務時間の間は、どうすればできるだけ楽に、できるだけ働かないで、しかもふだんと同じ賃銀がとれるか、などということを絶えず考えたりするの

ではなくて、あたかも労働が絶対的な自己目的――》Beruf《『天職』――であるかのように励むという心情が一般に必要となるからだ。しかし、こうした心情は、けっして、人間が生まれつき持っているものではない。また、高賃銀や低賃銀という操作で直接作り出すことができるものでもなくて、むしろ、長年月の教育の結果として初めて生まれてくるものなのだ。……思考の集中能力と、『労働を義務とする』この上なくひたむきな態度、しかも、これに結びついてこの場合とくにしばしば見出されるのは、賃銀とその額を勘定する厳しい経済性、および労働能力のいちじるしい向上をもたらす冷静な克己心と節制だ。労働を自己目的、すなわち》Beruf《『天職』と考えるべきだという、あの資本主義の要求にまさしく合致するところの考え方は、このような場合いちばん受け容れられやすく、伝統的慣習を克服する可能性も宗教的教育の結果最大となる。」

と述べ、労働者が、そのような「資本主義の精神」を身につけることができるのは、長年月の教育の結果であり、しかも宗教的教育によって、その結果は、最大になる、と指摘したのである。

ここで重要な概念は、「資本主義の精神」を形成する不可欠な核となる、天職義務（Berufspflicht）とよんでいるところのものである。このような天職義務とよばれるような精神（エートス）を労働者が身につけている場合のみ、産業経営的な資本主義が成立し得るというのである。もちろん、経営者である資本家たちの場合も全く同様で、この天職義務という精神を、かれらが身につけているのでなければ、経営者としての機能を果たし得ないだろう、とウェーバーは言っている。

この天職義務という精神は、ウェーバーのこの著作の第一章三「ルッターの天職観念――研究課題」において、宗教改革のときにマルティン・ルッターの聖書の翻訳をきっかけとして生まれてきたことを明らかにしている。

「また、語義の場合と同様に、その思想も新しく、宗教改革の産物だった。――このことはひとまず周知の事実だと言えよう。――と言っても、この天職（Beruf）という観念の中に含まれている世俗的日常労働の尊重という事実については、何らかの萌芽が既に中世に、いや既に古代（後期ヘレニズム時代）にさえも、存在していたということを否定するものではない。――これらについては後段で述べることにしよう。それはともかく、つぎの一事はさしあたって無条件に新しいものだった。すなわち、世俗的職業の内部における義務の遂行を、およそ道徳的実践のもちうる最高の内容として重要視したことがそれだ。これこそが、その必然の結果として、世俗的日常労働に宗教的意義を認める思想を生み、そうした意味での天職（Beruf）という概念を最初に作り出したのだった。つまりこの『天職』という概念の中にはプロテスタントのあらゆる教派の中心的教義が表出されているのであって、それは他ならぬ、カトリックのようにキリスト教の道徳誡を》Praecepta《『命令』と》Consilia《『勧告』とに分けることを否認し、また、修道士的禁欲を世俗内道徳よりも高く考えたりするのでなく、神によろこばれる生活を営むための手段はただ一つ、各人の生活上の地位から生じる世俗内的義務の遂行であって、これこそが神から与えられた『召命』》Beruf《に他ならぬ、と考えるというものだった。……

そして、どんな場合にも世俗内的義務の遂行こそが神に喜ばれる唯一の道であって、これが、そしてこれのみが神の意志であり、したがって許容されている世俗的職業はすべて神の前では全くひとしい価値を持つ、ということがその後指摘されつづけたばかりでなく、ますます強調されるようになっていった。……

世俗の職業生活にこのような道徳的性格をあたえたことが宗教改革の、したがってとくにルッターの業績のうちで、後代への影響が最も大きかったものの一つだということは、実際疑問の余地がなく、もはや常識だと言っ

てよい。」(198)

――と。

このように、ルッターによって、天職（Beruf）という思想、つまり、世俗の職業は神の召命であり、われわれが現世において果たすべく神から与えられた使命なのだという思想の発生が見られたことを、ウェーバーは明らかにしたのである。しかし、ウェーバーによると、この天職観念はルッターおよびルッター派の場合には、結局、キリスト教的禁欲と結びついた世俗内的禁欲を生み出すにはいたらなかった。その第二章「禁欲的プロテスタンティズムの天職倫理」で明らかにされたように、ルッター派から離れて、いわゆる禁欲的プロテスタンティズム、すなわちカルヴィニズムおよびその周辺の流れ、それからもう一つの洗礼派の流れ、これら禁欲的プロテスタンティズムの信徒たちの、日常生活のかかわり合いの中で、世俗内的禁欲という型態に形成されていくのである。

「クェイカー派の倫理のばあいも、人間の職業生活は不断の禁欲的な徳性の錬磨であって、天職としての職業に従事するさいの配慮と方法のうち現れてくる、その良心的態度によって、自分が恩恵の地位にあることを確証せねばならない。……そのばあい（職業変更のさい）、何よりも重要なのは、職業の有益さの程度を、つまり神によろこばれる程度を決定するものが、もちろん第一には道徳的規準、つぎには、生産する財の『全体』に対する重要度という規準で、すぐに、第三の観点として私経済的『収益性』がつづき、しかも、実践的にはこれがもちろんいちばん重要なものだった、ということなのだ。けだし、ピュウリタンは人生のあらゆる出来事のうちに神の働きを見るのであって、そうした神が信徒の一人に利得の機会をあたえ給うたとすれば、神みずからが意図し給うたと考える他はない。したがって、信仰の深いキリスト者は、この機会を利用することによって、神の〔天職への〕召命〔コーリング」に応じなければならない。『もしも神があなたがたに、自分の霊魂も他人の霊魂も害うことなく、律法にかなったやり方で、しかも、他の方法によるよりいっそう多くを利得し得るような方法を示し給うたばあい、もしそれを斥けて利得の少ない方法をえらぶとすれば、あなたがたは自分に対する召命〔コーリング〕の目的の一つに逆らい、神の管理人としてその賜物を受けとり、神の求め給うときに彼のためにそれを用いることを拒む、ということになる。もちろん肉の欲や罪のためではなくて、神のためにあなたがたが労働し、富裕になるというのはよいことなのだ。』富が危険視されるのは、ただ怠惰な休息や罪の快楽への誘惑であるばあいだけだし、富の追求が危険視しきれるのも、他日煩いなく安逸に暮らすために行われるばあいだけで、むしろ、〔天職である〕職業義務の遂行として道徳上許されているだけでなく、まさに命令されているのだ。」(199)

このように、ピューリタンの信徒にとって、かれに利得の機会が与えられた場合には、肉の欲、怠惰な休息、罪の快楽への誘惑、安逸な暮らしのためではなく、神のために労働し、富裕になることは、天職である職業義務の遂行として、道徳上許されるだけでなく、神に命令されていることである、と理解されたのである。言いかえれば、信徒たちは、自分自身の生活について絶えず、今日は肉の欲に負けたことはなかったか、禁欲的職業労働によって、神の召命に徹し得たかどうか、と問いかけていき、個人の肉の喜びを超え、個人の生を超越した天職義務――富の追求――の労働に徹する合理性が個人の心的世界に浸透し、そういう規律が、個人の生活の中に根づいていった、ということである。

これにつづいて、ウェーバーは、きわめて重要な論点を述べている。

「人間は神の恩恵によって与えられた財貨の管理者にすぎず、聖書の譬話にある僕《しもべ》のように、一デナリにいたるまで委託された貨幣の報告をしなければならず、その一部を、神の栄光のためでなく、自分の享楽のために支出するなどといったことは、少なくとも危険なことがらなのだ。目の見える人々には今日でもなお、こうした思想の持ち主が見あたるのではなかろうか。人間は委託された財産に対して義務を負っており、管理する僕、いや、まさしく『営利機械』として財産に奉仕する者とならねばならぬという思想は、生活の上に冷やかな圧力をもってのしかかっている。財産が大きければ大きいほど――もし禁欲的な生活態度がこの試練に堪えるならば――神の栄光のためにそれをどこまでも維持し、不断の労働によって増加しなければならぬという責任感をますます重きを加える。こうした生活様式は、その起源について見れば、近代資本主義の精神の多数の構成要素と同じく、一つ一つの根は中世まで溯るが、しかし禁欲的プロテスタンティズムにいたって、初めて、自己の一貫した倫理的基礎を見出したのである。それが資本主義の発展に対してどんな意義を持ったかはきわめて明瞭だ。」(200)

このように、人間は、神の恩恵によって与えられた財貨の管理者にすぎず、言ってみれば「管理する僕」であり、「営利機械」として財産に奉仕する者であるという、既成の巨大な秩序界《コスモス》である資本主義的経済組織に適合した人間類型であり、それは、禁欲的プロテスタンティズムのうちに「初めて、自己の一貫した倫理的基礎を見出した」とウェーバーが指摘したことは、重大であった。かれは、「今日の資本主義的経済組織は既成の巨大な秩序界であって、個々人は生まれながらにしてその中に入り込むのだし、個々人（少なくともばらばらな個人としての）にとっては事実上、その中で生きねばならぬ変革しがたい鉄の檻として与えられているものなのだ。誰であれ市場と関連を持つ限り、この秩序界は彼の経済行為に対して一定の規範を押しつける。製造業者は長期間この規範に反して行動すれば、必ず経済的淘汰を受けねばならないし、労働者もこの規範に適応できず、あるいは適応しようとしない場合には、必ず失業として街頭に投げ出されるだろう」(201)と述べ、個人が生まれながらにして投げ込まれている、既成の巨大な秩序界である資本主義経済組織——官僚制的秩序——を「鉄の檻」とよび、その倫理的基礎を見出したのであった。そこには、近代の合理性を含む近代資本主義経済社会にたいするウェーバーの鋭い批判が込められていたのである。それと同様に、第二章「禁欲的プロテスタンティズムの天職倫理」の末尾の言葉、すなわち「精神のない専門人、心情のない享楽人」としての現代人に投げかけられた問いの言葉も、その起源としての禁欲的プロテスタンティズムそのものにたいする批判でもあったと見なければならない。

禁欲的プロテスタンティズムの天職倫理は、「労働を天職と見、また、救いを確信し得るための最良の——ついにはしばしば唯一の——手段と考えることから生じる、あの心理的起動力を創造したのだった」とウェーバーは述べ、それについて、注において、つぎのように説明している。すなわち、「……禁欲は今や労働からこうした現世的・世俗的な刺激（中世の手工業者は、『自分の創作物』への『喜び』を味わいながら多くのものを作った—筆者）をとりさって——今日では資本主義がそれを永久に絶滅してしまった——来世へと方向を向けかえた。職業労働そのものが（天職として）神の聖意に適《かな》うものとなったのだ。現在見られる労働の非人間性、つまり、個々人の立場から見れば喜びが少なく全く意味のないことが、そこでは宗教的な光輝をさえあたえられていたのだ。資本主義は、形成期には、自分の良心のために経済的搾取にも甘んじようとする、そうした労働者を必要としていた。今日では、資本主義の基礎は固まっていて、来世という刺激剤などなしでも、彼らに労働意欲を強制することが可能なのだ」と。

本文の叙述は、前文につづいてウェーバーはつぎのように述べた。

「また、他面において、この禁欲は企業家の営利をも『天職』と解して、それによって、この独自な労働意欲の搾取をも合法化した。このような天職として労働義務を遂行し、それを通して神の国を求めるひたむきな努力と、他ならぬ無産階級に対して教会の規律がおのずから強要する厳格な禁欲とが、資本主義的な意味での労働の『生産性』をいかに強く促進せずにいなかったかは全く明瞭だろう。営利を『天職』と見なすことが近代の企業家の特徴となったのと同様に、労働を『天職』と見なすことが近代の労働者の特徴となった。」

——と。

このように、労働を「天職」と見なす、近代の労働者の特徴は、ウェーバーが抽出した禁欲的職業労働の精神である、「資本主義の精神」の範疇であり、前述したように、ウェーバーは、このような「資本主義の精神」が、労働者にも持たれなければ、近代資本主義は成立し得ない、と分析した。したがって、そこには、前述のウェーバーの注の説明にも見られたような状況、すなわち「個々人の立場から見れば喜びが少なく全く意味のないことが、そこでは宗教的な光輝さえあたえられていたのだ。資本主義は、形成期には、自分の良心のために経済的搾取にも甘んじようとする、そうした労働者を必要としていた」ことが容認されていたことは当然であった。他面において、そのような禁欲は、資本主義的な意味での労働の「生産性」を促進していったのである。

そして、労働者が、そのような「資本主義の精神」を身につけることができるのは、長年月の教育の結果であり、しかも宗教教育によって、その結果は最大になる、とウェーバーが指摘したことは前述した通りである。さらに、ウェーバーは、その重要性をつぎのように指摘した。すなわち、

「幾世紀にもわたる伝統のうちで硬化していた技能などよりは、資本主義の労働者（ある程度まで企業家も）に必要とされる（いわば）倫理的資質の方が一層『稀少価値』の高いことがしばしばだった。また現在の工業でも、立地の選択に当っては、住民がそうした長い伝統と教育の結果得られた集約度の高い労働への適性を持つか否かに、全く左

右されぬわけにはいかない。」(201)
——と。

このように、ウェーバーの主張する「資本主義の精神」を身につけた近代的労働者の育成は、前述のマンの主張するコモン・スクール、とりわけ土着プロテスタントに依拠する宗教教育に基礎を置く道徳教育を重視するコモン・スクールによって、大量にそして継続的に果たされることによって、アメリカ資本主義経済を支えたのである。

フランクリンの「一三徳樹立」

この近代的資本主義の労働者の倫理的資質とは、どのようなものであるかについては、ウェーバーが「資本主義の精神」の説明の際、例証とし多くを引用したフランクリンの著作、中でもその『自伝』の「一三徳樹立」という項目において、具体的に説明されている。それについて言及することにしよう。

「……私が道徳的完成に到達しようという不敵な、しかも困難な計画を思い立ったのはこの頃のことであった（二五才の時―筆者）。私はいかなる時にも過ちを犯さずに生活し、生れながらの性癖や習慣や交友のために陥りがちな過ちは、すべて克服してしまいたいと思った。自分は何が善で何が悪であるかは分っている、あるいは分っていると思うから、つねに善を為し、悪を避けることができないわけはあるまいと考えたのである。しかし、やがて私は思ったよりずっと困難な仕事に手をつけたことに気がついた。何かある過ちに陥らぬように用心していると、思いもよらず、他の過ちを犯すことがよくあったし、うっかりしていると習慣がつけこんで来るし、性癖のほうが強くて理性では抑えつけられないこともちょくちょくある始末だった。そこで私はとうとうつぎのような結論に達した。完全に道徳を守ることは、同時に自分の利益でもあるというような、単に理論上の信念だけでは過失を防ぐことはとうていできない。確実に、不変に、つねに正道を踏んで違わぬという自信を少しでも得るためには、まずそれに反する習慣を打破し、良い習慣を作ってこれをしっかり身につけねばならないというのである。で私は、この目的のためにつぎのような方法を考え出した。

私がそれまでに読んだ本には、いろいろの種類の徳が列挙してあったが、その徳目の数を見ると、多いのもあれば少ないのもあった。それは著者によって同じ名称を用いながら、それに含ませた意味に広い狭いの別があったからである。たとえば節制の徳は、これを飲食に限っている著者もあれば、その意味を広めて他のあらゆる快楽、食欲、性癖、性欲、肉体ないし精神的情熱、さらに貪欲や野心までも含めて、これらのものを適宜に節することだとする人もある。私自身は明確を期するために、少数の名称に多くの意味を含ませるよりも、名称は沢山使って、各々の含む意味はこれを狭く限定しようと考えた。そこで私は、当時自分にとって必要であり、また望ましくも思われたすべての徳を一三の名称に含めてしまい、その各々に短い戒律を付けたが、それを見れば、私がそれぞれの徳をどのように解したかがはっきり分るはずである。

その徳の名称および戒律は左の通りである。

第一　節制　　飽くほど食うなかれ。酔うまで飲むなかれ。

第二　沈黙　　自他に益なきことを語るなかれ。駄弁を弄するなかれ。

第三　規律　　物はすべて所を定めて置くべし。仕事はすべて時を定めてなすべし。

第四　決断　　なすべきことをなさんと決心すべし。決心したる

第五　節約　　自他に益なきことに金銭を費すなかれ。すなわち、浪費するなかれ。

第六　勤勉　時間を空費するなかれ。つねに何か益あることに従うべし。無用の行いはすべて断つべし。
第七　誠実　詐《いつわ》りを用いて人を害するなかれ。心事は無邪気に公正に保つべし。口に出だすこともまた然るべし。
第八　正義　他人の利益を傷つけ、あるいは与うべきを与えずして人に損害を及ぼすべからず。
第九　中庸　極端を避くべし。たとえ不法を受け、憤りに値すと思うとも、激怒を慎むべし。
第一〇清潔　身体、衣服、住居に不潔を黙認すべからず。
第一一平静　小事、日常茶飯事、または避けがたき出来事に平静を失うなかれ。
第一二純潔　性交はもっぱら健康ないし子孫のためにのみ行い、これに耽りて頭脳を鈍らせ、身体を弱め、または自他の平安ないし信用を傷つけるがごときことあるべからず。
第一三謙譲　イエスおよびソクラテスに見習うべし。

私はこれらの徳がみな習慣になるようにしたいと思ったので、同時に全部を狙って注意を散漫にさせるようなことはしないで、一定の期間どれか一つに注意を集中させ、その徳が修得できたら、その時初めて他の徳に移り、こうして一三の徳を次々に身につけるようにして行った方がよいと考えた。またある一つの徳をさきに修得しておけば、他のいずれかの徳を修得するのが容易になろうと思ったので、私は前に挙げたような順序に徳を並べたのである。第一は節制の徳である。なぜかと言えば、古くからの習慣のたえまのない誘引や、不断の誘惑の力に対してつねに警戒を怠らず、用心をつづけるには、頭脳の冷静と明晰とが必要であるが、それをうるにはこの徳が役立つからである。この節制の徳を身につけてしまえば、沈黙の徳はもっと身につけやすくなるだろう。……

私は小さな手帳を作り、それぞれの徳目に一ページずつ割り当てた。各ページに赤インクで線を引いて縦の欄

ページの形式

節制　飽くほど食うなかれ。酔うまで飲むなかれ。

	月	火	水	木	金	土	日
節制							
沈黙	*		*		*		*
規律	*	*		*	*	*	**
決断		*			*		
節約	*			*			
勤勉		*					
誠実							
正義							
中庸							
清潔							
平静							
純潔							
謙譲							

を七つ作り、その各々を各曜日に割り当てて頭字を書き込んだ。次にこの縦の欄に交叉してやはり赤インクで横に線を一三本引き、各行の初めにそれぞれの徳目の頭文字を記した。そして各行の該当欄に、その日それぞれの徳目に関して犯した過失を調べて、それを一つ残らず黒点で書き込むことにしたのである。

私は次々にこれらの徳の一つをその週の課題として厳重に注意することにきめた。つまり、最初の一週間は、節制に反する行為はどんな小さいことでもこれを避けるように十分に用心し、他の諸徳は格別に注意しないでなるように任せておき、ただ毎晩その日に犯した過失を書き込むことにしたのである。このようにして、もし第一週じゅう節制と記した第一行に黒点をつけずにすますことができれば、この徳の習慣は強められ、反対に不節制の癖は弱められたと考えられるから、そうなればあえて注意を広げて次の徳に及ぼし、次の週には両方の行とも黒点なしにすることもできないではあるまい。こうして最後まで進んで行くと、一三週間で全コースを一と廻りし、一年には四回繰返すことができよう。……

この物語を書いている数え年で七九才になる今日まで私がたえず幸福にして来られたのは、神の恵の他に、このささやかな工夫をなしたためであるが、私の子孫たる者はよくこのことをわきまえてほしい。今後の余生にどのような不幸が待っているかは神のみが知りたもうところであるが、かりに不幸が訪れたとしても、これまで幸福にして来られたことを思い返せば、諦めもつきやすく、不幸に堪えることも容易であるだろう。久しい間健康を保ちつづけ、今もなお強健な体格を持っていられるのは、節制の徳のおかげである。若くして窮乏を免れ、財産を作り、さまざまの知識を得て有用な市民となり、学識ある人々の間にある程度名を知られるようになったのは、勤勉と倹約の徳のおかげである。国民の信頼を得て名誉ある任務を託されたのは、誠実と正義の徳のおかげであ

る。……それで私は、子孫の中から私の例に倣って利益を収めようとする者が出て来ることを希望するのである。」(202)

このように、フランクリンの『自伝』の中の「一三徳樹立」は、かれの着想から一三の徳目の樹立とその実行への努力、さらにその成果とも言えるかれ自身の「アメリカ資本主義の育て親」といわ言われ己の人生にたいする評価が率直に述べられている。ウェーバーが、フランクリンを「資本主義の精神」の典型的持主であるとしたが、そこには、ただ利潤追求主義をめざしたものではなく、「勤勉」と「節約」の二つの重要な徳目を真面目に実践し、時間を惜しんで労働に励むという倫理の実行が、当然の結果として貨幣利得をもたらし、それが、「勤勉」と「節約」を実践した証査に他ならないことを明らかにしたものであった。そして、その延長線上に、そのような「勤勉」と「節約」に基づく利潤の追求もそれ自体すぐれて倫理な行為であると考えられたのである。フランクリンが、かれの子孫に、かれに倣って利益の追求を求めたのも、このような「勤勉」と「節約」の徳目の実践を前提にしてのことであったことは言うまでもないであろう。このような文脈における「資本主義の精神」を、資本家と同様に労働者も共有しなければならないことを、前述のように、ウェーバーは強調したのであった。

前述したように、フランクリンの『自伝』は、南北戦争以前の二〇年間に、「富に至る道」や「若き商人に与える忠告」との組み合せで、しばしば出版された。さらに、原作を部分的に削除したりした数多くの多様な版が出版され、それらは、フランクリンを、若者にとっての模範的な敬虔な人間として画いていたのである。N・ウェップスターは、一八三二年に、「学校での利用のための自伝」として、フランクリン自伝を要約して出版した。これらは、一九世紀アメリカ人に、アメリカ人の生活の重要な指導的指標として影響力を行使したのである(203)。

一九世紀前半における二、三〇年代の産業革命の進行と、それにつづくアメリカ資本主義の形成と並行して、コモン・スクールは確立されていった。教育改革者を中心とする教育関係者たちは、コモン・スクールの最高の教育目標として、徳性の涵養と社会的責任の形成とを強調した。プロテスタントの徳性――「資本主義の精神」――、そして拡大する資本主義経済、充分な読み・書き能力と個人の地位の向上は、社会的進歩と調和と全く両立するものであった。異なった階級に属する人々は、異なった政治的展望あるいは異なった教育の在り方を抱いていたが、コモン・スクールの教育目標の在り方については、意見の一致を見ることができたのであった。それらは、従順な子どもたちを、勤勉、節約、克己の徳性を持つように育む道徳教育、その結果、犯罪を減少させ、悪徳を思いとどまらせるものとなる。共和主義政治を擁護するための市民の資質の形成、生産性を高める3R's（読み、書き、計算）の教育、移民者を同化し統合するための文化教育等々である。コモン・スクールの充実を主張する人たちは、とくにマンは、納税者に訴えるときは、コモン・スクールの教育を受けた子どもたちは、財産を保護し、治安・秩序の維持に心がけ、経営者や企業家にたいしては、教育された労働者は、無知な労働者よりも、より生産的であり、高い倫理性を有し、増大した価値の労働者であることを、それぞれ訴えたのである。下層階級および労働者階級にたいしては、子どもの教育は、経済的利益を促進し、貧困からの脱却を可能にし、富を手に入れる道でもある、と説いたのである。人々を惹きつけるコモン・スクールの魅力は、このような多様な方向においての、その優れた役割を、土着のプロテスタントのイデオロギーによって説明するのに役立つのである(204)。

第三章　義務就学の社会的基盤

一　社会秩序と公教育

マンの義務就学観

マンは、これまで述べてきたように、民衆にたいして、教育の重要性について多様な方法で訴え、コモン・スクールへの就学を勧誘してきた。しかし、マンが教育長に就任してから五年目の一八四一年の学令人口（四才―一六才）の就学率は、約六〇％にとどまっていた。それも、その数字は、公立であれ、私立であれ、一年のうち部分的にある種の学校に就学していた、と見積られたものであった。マンは、親たちの子どもの教育にたいする無関心を嘆いたのである(205)。

マンは、当初、義務就学法の熱心な主張者ではなかった。マンは、すべての子どもたちが就学することを望んでいたし、またつねに子どもたちの利益を考慮して、かれの職務をつづけていたが、それでも、かれは、同時代の政治学の多くの研究者とともに、子どもが何を為すべきかを決定するのは親の権利である、というアメリカ民主主義の原則を犠牲にすることには、嫌悪感をいだいていたのであった(206)。そして、かれは、つねに年報において言及してきたように、強制よりは、むしろ他の手段によって解決することを望んでいた。しかし、学令児童の不就学という不正常な状態の最終的解決策として、州による義務就学の方策に委ねる方向をとったのである。それは、第十一年報において論じられることとなった。

ボストン市においても、一八四〇年代の中頃には、不就学問題である無断欠席児の増大は、困難な教育問題であった。一八四五年に市長になったJ・クインシー二世は、この無断欠席の状態の終結運動に全面協力を約束した。市長は、市議会に委員会を設置し、この問題の範囲を調査させた。一八四六年に、この委員会は、「無断欠席の習慣によって惹起された悪影響は、市内の多くの学校に見られ、過大評価だと言っていられる状態ではない。価値ある改革あるいは恒久的な改革は、この障害が除去されるまで効果は発揮されないであろう」と報告した。クインシー市長は、「男女の何百という子どもたちが、毎日かれらの親の生活を支えるために、学校を休み、しばしば怠惰に、そして深酒に陥っていた。波止場で盗みを働いたり、あるいは悪徳の儲け仕事に走っていた。そして、まともに売春宿や飲み屋のために教育されており、いずれ矯正院や監獄送りになっていくのである」という事実に我慢できないことを発見した。クインシー市長は、州は親たちにかれらの子どもたちを学校に就学させることを強制する権限を有していると確信していた(207)。

市学務委員会もまた、小学校長に毎月、「矯正できない不従順な子ども」あるいは「習慣的になっている無断欠席」の生徒について報告することを命じたのである(208)。説得と矯正上の犯罪とすべきであるが、しかし、一八四八年にボストン市議会がそのようなラジカルな行動をとるとは考えられなかった。

その年の一一月、学務委員会は、無断欠席を調査する小委員会に、ボストン市を通じての浮浪児および無断欠席児の一覧表を報告させた(209)。市長は、その一覧表に、数に基づく統計表の作成を担当官に命じた。担当官は、一八四九年二月に新市長ビッゲローに提出した。それは、上表のようなものであった。

ボストンにおける浮浪児と無断欠席児童一覧、1849(210)

全人数、6-16才	1,066
男　子	882
女　子	184
アメリカ人の親の子ども	103
外国人の親の子ども	963
一定の学校に属するが無断欠席の子ども	106
ボーリング場に規則的に雇用されている子ども	139
いかなる学校にも就学せず、法的に認められていない雇用の子ども	821
衣類、教科書等不足の為、不就学の子ども	129
未亡人の子ども	238
父親はいるが母親のいない子ども	29
孤　児	54

この担当官は、完全に正確であるとは主張しなかったけれども、約一、五〇〇人の子どもたち(学令児人口の在籍者二〇、五八九名、平均就学者一二、〇〇〇名、就学率約六〇%)(211)が、六才ー一六才の年令で、浮浪児もしくは無断欠席者であった。かれは、現実に、この一覧表で、一、〇六六名を数えたのであった。

このような事態が明らかになるにつれて、市学務委員会は、市長と市議会にたいして、すべての子どもに就学を強制する法律の可決を要請した。同時に友好的な州議会議員は、州議会にたいし、類似の提案を提出したのである(212)。

マンは、これより二年前に、前述したように、コモン・スクールの義務就学の発想を、第十一年報において公にしていたのである。教育長という職務上から、一八四〇年代に入ってから急増する少年非行の事態に、苦慮しており、その解決策を州のすべての子どもたちのコモン・スクールへの義務就学実施以外にないということを、多くの著名な教育家の証言を根拠に、議会、一般市民に訴えたのである。

「第十一年報」(一八四七年) の主題は、「州を社会的悪徳と犯罪から救い出すコモン・スクールの力」に関する論究である。この論究の内容から判断すると、この主題は、より正確には、「もしすべての学校が高度の知的・道徳的資質を具えた教員によって管理され、すべての子どもが四才から一六才まで毎年一〇ヵ月そこに就学する場合、州を社会的悪徳と犯罪から救い出すコモン・スクールの力」と表現した方が、その真意がより明らかになるであろう。

第一章で述べたように、建国期の政治的指導者や知識人たち、すなわちジェファーソンやラッシュは、フランスの思想家を含む数多くのヨーロッパの知識人たちと同様に、包括的な教育制度の提案を行った。しかし、かれらが教育制度の可能性を思索している間に、その努力の大方は死産のままであった。しかし一世代後には、マンがジェファーソンやラッシュの提案の実行可能性を確信したのである。それは、マンが教育や教育の科学に絶大の信頼を寄せていたからである。

マンの時代から一世紀以前の人たちは、地震および嵐は、神の干渉の結果であると信じていたが、これらの自然の力の多くは、科学的法則の理解を通じて、説明されたり、操作され得るという自然界の現象として、認識するようになり、マンは、子どもたちの道徳的および知的発達は、神からの移り気の神の摂理でもなく、また形而上の神業でもなく、科学的法則に従って進むものであると考えた。そして一度学ぶと、これらは、すべての者のための公教育の体系的アプローチを通じて適用できるものだと信じた。慎重にインプットを確認し、かつ厳格にそのプロセスをコントロールすることによって、望ましいアウトプットが科学的実験ないしは、立派な技術のある産業のプロセスのように規定される、と考えたのである(213)。

著名教育家にたいする質問およびその回答

マンは、州内外の著名な経験豊かな教育者である、ジョン・グリスカム、ディヴィッド・ページ、ソロモン・アダムス、ヤコブ・アボット、F・A・アダムス、E・A・アンドリューズ、ロジャー・ハワード、カザリン・ビーチャーに回状と質問紙を送付し、「もしすべての学校が高度の知的・道徳的資質を具えた教員によって管理され、すべての子どもが四才から一六才まで毎年一〇ヵ月これらの学校に就学するとすれば、貴下の指導にある子どもたちのどの位が——何%が——世の中に出ていった時、社会の損失とならず利益となり、恥辱とならず名誉となるように教育され、訓練され得ると考えられるか。あるいは、一般的な型態において、この質問をすれば、もしすべての子どもたちが、私がここで仮定した有益で前途有望な影響下に置かれるとすれば、その何%が矯正し難く、そして見込みがないと断定されるか。もちろん、私は低能者もしくは白痴に言及しているのではなく、理性的でそして責任のある人間だけについて述べているのである」(214)に関して意見を懇請したのである。この質問は、今まで政府、宗教団体および家庭が失敗してきたところのものであり、慎重に組み立てられた教育課程と科学的教育を行う学校が成功することができるか否かを問うたものであった(215)。

この回状と質問紙、それにたいする回答については、後に詳述するが、ここで概略しておこう。

マンは、コモン・スクールの教育を強制することによって、言いかえれば義務就学をすべての子どもに実施することによって、すべての子どもの八〇、九〇もしくは九九%を、節酒、倹約、勤勉で、公共精神に富んだ、金銭的に正直な、そして、博愛心に富んだ人間に形成することができる、と推察した。たとえ高い目標が達成されなかったとしても、もしすべての子どものうち一定の割り合いが、悪徳と犯罪から救済されるならば、また価値ある市民になるように教育され、そして訓練されることができるならば、国家は、依然としてすべての子どもに教育を要求する責任と必要とされる手段を用意する責任を持っていると主張したのである。

ジョン・グリスカムは、つぎのように回答している。

「質問において言及された状態の下で、多くて二％が、社会にたいして矯正できない、迷惑な行為をする者となりますでしょう。そして九五％は、かれらが住んでいる社会の道徳的福祉の支持者になりましょう。師範学校において、適切に養成された教員によって、また賢明な立法によって、さらに学校にたいする評判の良い対応がなされることによって、反社会的な悪徳者のうちの二〇のうちの一九は、われわれの社会制度の土壌から監禁され、もしくは根絶されるものと、私は確信しています。……この回状に述べられている状態においては、そして、福音の精神を吹き込まれた教員を想定すれば、『賢明な判事も見込みなく、矯正し難いと判決せざるを得ない』子どもたちは、教育された子どもの一％の半分以上も存在しないであろうと信ずるのであります。」(216)

――と。

ソロモン・アダムスは、つぎのように回答している。

「私自身の経験や他人の経験に関して、私の知識を拡大する限り、この問題にたいする犯罪の統計に、いかなる光を投げかけてみても、私は、自信を持って一〇〇のうち九九、否それ以上さえが、社会に役立つ人たちになっていると申せます。貴殿が想定されたような教育の手段によって、また、私たちが期待することを許されるような神聖な恩寵によって、人々は、社会の良き構成員になり、秩序および法律、真実および公正、そして、すべての正義

の支援者に成ると期待しています。」(217)

ハワードは、経験から導き出された結果に基づいて、つぎのように確信を持って述べていた。

「私が見たもの、そして、知っているものから判断して、もし、貴殿が指摘されましたような条件が厳密に守られるならば、――もし生徒たちの就学が、貴殿が述べられているように、普遍的であり、恒常的であり、そして、長期継続的であるならば、もし教員たちが高度の知的および道徳的資質を持った人たちならば、――神の御言葉および神の摂理が、つねに私たちに教えるその恩寵に恵まれて教えることができ、そして、教員の職務に献身することができると思います。このような条件に基づいて、そして、こうした環境の下では、私は、失敗は一％にもならない……という見解を表明することに躊躇するものではありません。」(218)

さらにビーチャー女史は、力強く述べている。

「私がかつて住んだ合衆国のどの地域においても、住民が一〇、〇〇〇人から一五、〇〇〇人の一定の地区で、四才になったすべての子どもたちが、一日六時間、一二年間、私が担当し、そしてこの国のどの州でも、子どもたちは、教員養成課程を経た同じ見解を持った教員の配慮の下に置かれるという手筈が整えられた、と想定する。すべて、これらの子どもたちが、引き続き一六才まで、これらの教員の下に留まるように、手筈を整えて見よ。そして、またかれらは、この都市で生活をさせるようにさせて見よ。そうすれば、私は、躊躇なくつぎのように言うことができるでしょう。私は、一人否たった一人さえも、社会の尊敬し得る、また裕福な構成員となることに失敗することはないと信じています。否それ以上に、私は、すべての者が生涯の終末で、無限の平和と愛の世界に入ることを許されるであろうと信じております。私が行い、もしくは他の人によってなされた不完全な実験的試みによって、また私が是認している充分な信念でもって、このことを厳粛に、そして慎重に申しあげます。しかし、これ以上に、私は、神の権威によって支持されていることを申しあげたいと存じます。」(219)

以上が、マンの受け取った回答の一部であるが、長文の見解表明の中で、基本点となる一点、すなわちマンの提示した条件の下では、すべての子どもたちは、立派で有用な市民となるように教育し得るということで、異口同音に質問に、賛意を表明したことであり、注目すべきことであった。このことを前提にして、ある者にたいして作用する教育システムは、すべての者にたいして作用するだろうということである。この点に関して、ソロモン・アダムスが最も明確に述べている。

「もしも立派に運営された教育が、ある場合に、努力、正義、真実、愛国心、神への愛および人間の愛を教育することができるのであれば、同じ状況下で、同じ教育が、すべての場合に同じ結果をもたらすであろう。」「ここに偉大なる統一の原理がある。この失敗は、道徳的原因と結果の統一にたいする、われわれの信頼を損なうことになるのであろうか。この原理が失敗する時は、社会を結びつけているあらゆる絆が、引き裂かれるときである。すべての社会的立法は、社会がそれによってその構成員を規制しようと試みるものであるが、そのすべての動機は、一人の人間が他の人間に影響を与えることを意図するが、この統一の性格を帯びるのである。それは、すべての社会的影響が回転する要点である。それなしに、われわれは、道徳的目的にたいする道徳的手段を形成することはできない。それを破壊すること――それを疑うこと――は、社会の道徳的混乱と成るであろう。」(220)

とアダムスは主張した。

これらの回答の中に少なくとも一世代ないしは一〇年前には殆ど考えることができなかった社会的・政治的政策、

すなわち州によって支持され、コントロールされる機関で、すべての子どもたちのための強制された義務就学が正当化されたのである。マンは、これによって、第十一年報で「マサチューセッツ州の四才―一六才のすべての子どもたちが、毎年一〇ヵ月就学すること、すなわち学校は、今後一人か二人の例外はあるにせよ、すべての子どもたちに就学が恒常的であるように運営されなければならない」(21)ことを結論づけ、公的に訴えたのである。これは、合衆国初の一八五二年のコモン・スクールの義務就学制度成立に、決定的影響を与えた重要文書であった。

二　義務就学の社会的要請

1　義務就学による社会的悪徳と犯罪の阻止

第十一年報の意義

アメリカ資本主義の発展によって、都市を中心として、悪徳と犯罪の一塊の群生と瀰漫《びまん》は、大きな社会問題であり、その対策は、政治的課題でもあった。この課題は、政府も、教会も、家庭も、いずれも、その解決に失敗したのである。そのマンは、その課題を、現在のコモン・スクール制度の手近の改善によって、善処し得ることを発想したのである。その発想を経験豊かな教員たちの証言によって、信憑性を高めるために、第十一年報を公刊したのである。

まずマンのその発想の教育思想的基盤を見ることにしよう。前述したように、第十一年報は、「州を社会的な悪徳と犯罪から救出するコモン・スクールの力」と題したものであった。冒頭で、民衆教育機関の創出運動の教育史的意義を重視する。

「マサチューセッツ州やわが合衆国の他の諸州における民衆教育の創出運動が作り出している、反論の余地のない進捗は、われわれ自身の間で、心から喜ぶべき事柄であるし、また神にたいして心から感謝『報恩』の気持を抱かせるものである。この民衆教育創出運動は、最も有能で熱心な主唱者たちを説得することができた、ということは否定し得ないことである。この主唱者たちは、けっして職務上から、それにかかわったのではなく、最も純粋な義務感と慈善心とから、それを心に懐《いだ》いたのである。ちょうどそれは、他の善良な運動にたいして生じるように、この場合にも、つぎのようなことが偶然生じたのであった。すなわち、その本職の友人の何人かが、副次的な動機から、そして何人かは、縁起の悪い動機から、それに加入したのである。このような運動には、敵が存在するということは、等しく真実である。けれども、この社会においては、それらの敵対行為を公然と敢えて宣言するものは稀である。しかし、それらの反対が秘密裡に行われるときは、それは、恐るべきものとなって来る。かれらの反対行動の程度は、効率的でないわけではない。なぜならば、かれらは、間接的であり、そして猫を被ったと見せかけて、かれらの素性を隠してしまうからである。教育の有益であることについて、何ら信念を持たない第三のクラスが存在する。かれらは、その時代に一杯溢れているユートピア的改革計画と、かれらが喜んでよぶところのものの一つに、教育を位置づけている。そして、かれらは、改革計画の旗を掲げて、それを前進させようと努力している人たちについて、目的において誠実なのか否か、あるいは知性において健全であるのか否か、という公然たる疑いの眼をもって見るのである。

教育において、若干の未知の、そして人知を超えた力の存在を疑うところの人たちが存在する。……そして、最後に、金銭ずくの動機からだけで、教育にこぞって反対する人たちが存在する。一ドルにつき一ミルか二ミルの

課税負担が、かれらの財産から差し引かれるからである。」(222)

過去一二年間、合衆国の北部においては、教育の価値について、著しい発展が見られるようになった。

「このような教育にたいする反対や無関心に出会うと、わが国の北部においては過去一二年間、教育問題が一層熱心に議論されるようになってきた。過去一二年間、教育問題について話題となり、印刷にされ、聞かされ、そして読んだ総量は、植民地時代以来のそれらの合計したものと同量のものであったと断言しても、間違っていなかった。その結果、たしかに教育の価値についての著しい発展が見られたし、また公衆の認識によって、公衆の精神の相応の広がりもしくは拡大が見られた。多くの賢明な人々にとって、それは、人類の改善にたいする、また、われわれの制度の永続にたいする願いを鼓舞する啓示のごとく到来した。それらは、かれらが以前にはけっして夢みることができなかったものであった。教育問題を活力をもって甦らせ、そしてそれが、知慧をもって光を発するほどになったのである。

この問題を、普通の人たちにも分り易くするために、自然自身が設けた明確な相違点に従って、三つの側面から、それを考えてみた。第一に、健康と長寿を確保するために、身体に関する適する配慮と訓練を進んで受け入れるものとしての教育である。第二に、われわれが置かれている世界について、よりよく知るために、そして、創造者の栄光ある属性をよりよく知るために、われわれが認識し、比較し、分析し、そして綜合し、記憶し、推理し、そして、自然的適性や事物の美を認識する能力器官を培養するものとしての教育である。そして、それによって、神の法則とわれわれの行動をより忠実に調和させることによって、われわれは、われわれの幸福へのそのきわめて美しい適応をよりよく享受することができるのである。第三に、われわれの道徳的性質を、その神聖なモデルにいくらかでも類似させるようにするものとしての教育である。それは、われわれの精神的傾向を、義務の法則に従属させ、われわれの慈悲心を普遍的な兄弟愛に拡大させ、そして、われわれの精神を偉大な、敬虔な神の観照にまで高めさせるものである。

この基本的な考えを履行して、わが国における最高の医学者の権威によって、以下のことが明らかにされたのである。すなわち現在の不完全な生理科学の状態においてさえ、身体的欠陥や疾病の事例の半分以上、苦痛や病気の費用の半分以上、早死のすべての事例の半分以上――すなわち七〇以下の死亡――は、全くの無知の結果である。健康や生命の状態についてのわれわれ自身の粗野な無知である。」(223)

そこには、三つの側面の教育価値が存在することを明らかにする。身体教育、知的教育および徳育である。疾病や早死等の半分以上の原因は、身体教育の不備によるものであることを指摘する。

世俗的な繁栄にとって、教育は不可欠の要因であることを、つぎに継続して強調する。

「世俗的な繁栄にとって、教育の欠くべからざることは、また、実証されてきたものであった。無知な人々だけでなく、貧困の人々もまた存在することは事実である。かれらは、聡明さ、将来への配慮を欠き、またもちろん自活できるだけの資産、そして、衣食住を安楽にするものを欠いているのである。この証拠は、歴史の教訓に依存しているのではなく、自然の構造に依存している。豊かな風土地帯でもなく、自然の土壌の生産性もなく、商業上の施設も欠き、地上の宝庫に集められた、金やダイヤモンドの貯えもない所では、無教育の国民には、世俗的繁栄さえも与えられることはない。そのような国民は、それ自身の富を創出することはできない。いかなる豊かな富が、その上に積まれたとしても、それは、いずれ浪費されてしまうであろう。無知な真珠海女たちは、かの女たちが採取した真珠を身につけない。ダイアモンドの探索者は、かれらが発見した宝石によって、我が身を装飾しない。金銀の採掘者は、かれらが採掘した貴金属によって豊かになることはない。最も肥沃な土地で働く者たちは、かれらの集める収穫物で、家が一杯になることはない。地球上で最も多く産出された生産物は、鉱物であれ、野菜であれ、発見された所が何処であれ、集積された処が何処であれ、若干の秘密の、そして、抵抗なしの誘引によって、短期間の中に、より知識のある者の手に、道を開けてしまうのである。

過去四世紀の間、スペインの人々は、ヨーロッパのすべての他の国々が集めたと同量の金、銀を所有していた。しかし、現在では、貧民は、実際のところ、かれらより僅かしか所有していなかった人たちである。原材料の多くを生産した国民、同時代のすべての国々よりも、より見事なリンネルを生産した国は、今やキリスト教国では、最もみすぼらしい、そして惨めな国である。種を蒔き、もしくは、その成果を収穫する者は誰であれ、聡明な者が、豪華な招宴で食べ尽すのである。

実際、何らかの特殊な州もしくは国家を構成する人々が相互に比較されたとき、最も聡明な者が、つねに最も富裕な人であるとは限らない、ということは認めなくてはならない。この天理は、他と同様に、人為的でかつ思いつきの制度によって、変動し易く、そして動乱になり易いのである。長子相続、限嗣相続、独占は、その行動を混乱させる可能性がある。それでも、ここでさえ、一般的原則にたいして、確証を付け加えたごとく、富を引き継ぐ劣った人の家族、権力を継承する低能な主権者もしくは支配者は、かれらの昇進を若干の祖先の偉大さに負っているのである。その祖先の精神的優越性が、かれ自身にたいして、抜群の力を持つだけでなく、かれの子孫にたいしても、また力を発揮するのである。

ボストン市における最近の『機械見本市』を訪ねた者で、そこで展示された発明の才能や技能によって作成された、その多様性や数に、うろたえさせられなかった者がいるだろうか。普通の観察者にとって、それは、混乱を生み出す贅沢品であった。アフリカ内部における部族の間で、あるいは、われわれの西欧的な荒野の土着民の間で、『機械見本市』の結果および『総計』は、どんなものになるのであろうか。やっと石の鉞《まさかり》以上のものができた状態、火打石頭の矢、端が焼けた棒きれ、槍を鋭くしたもの、二、三ヤードの安くてけばけばしい貨幣か装飾！　それは、他方の貧しさと粗野と比較して、一方の多様性と豊かさを見て、そこからかれらが飛躍する心の相対的な力と弱さの、弱々しいシンボルとでしか目に映らないであろう。そして、何処から、この巨大な驚くべき知的優越性は、生来したのであろうか。それは、古い石板や鉛筆、チョークのかけら、板のかけら、削られた板あるいは削られていない板、綴字帳、そして読本と言ったものが目に入る環境からである。それらは、すべてわれわれの辺境を通じて、すべての家庭に発見されたものであり、プリマスの岩石の周囲を厳寒の冬期そして吹き荒ぶ嵐の中、登っていった最初の粗野な小屋のような家の時代からのものであった。それらは、すべての子ども部屋の友であり、玩具であり、そして、すべての学校における教室の教具であり、二世紀以上の間、子どもたちが生れるや否や眼にするものであった。……

私は、第五年報で、最も卓越し、成功した実業家たちからの証言を提示した。その証言は、実務の情報から得られた、論争を超えた事実、すなわち労働は、労働者がより知的になるにつれて、より利潤を生み出すものである、ということを証明したし、そして、富を真に創出する所、すなわちこの国の真実の貨幣は、フィラデルフィアもしくはニューオリンズの壮大な政府の施設で発見されるのではなく、粗末な校舎の中で見出されるのである。

質問の際、最も聡明な製造業者の一人は、かれ自身の推理の結論に従うだけでなく、現実の経験の結果として、ニューイングランドにおける最良の木綿工場は、もし、読み・書きができないような、そのような知性の程度の低さで、工員が労働するならば、経営者は、利潤を生み出すことはけっしてできないであろう、と明言したのである。――機械はすぐに消耗させられ、所有者は窮乏させられ、工員自身も一文なしにさせられてしまうのである。長期にわたって、多数の労働者の監督の任に当っていた者の証言は、つぎのような驚くべきものであった。すなわち、生産は労働者の知的および道徳的水準によって、影響されるものである、ということを確信しているので、一工場もしくは一部屋の適切な生産総量を達成することができなかった場合、私の行う最初の調査は、機械の状態を点検した後、労働者の性格についてである。依然として非能率が長期にわたる場合には、給与支払台帳の名簿に、自分の姓名が書けないので、それに代わってある種の記号が印されている数が多いことに気付くのである。そして、調査の結果、かれらの一部分は、正常でない習慣や疑わしい性格のものであることを知って、大いに失望させられたという。」(224)

このように、知性ないし知識によって、人間の生活は、自然の生み出す資源の活用方法いかんによって、天地の差ほどの相違を生じさせるのである。ボストンの機械見本市のように、科学および技術工学の発達によって、アメリカ合衆国の生産方法は、アフリカ原住民とは全く異なる生活水準をアメリカ人に提供する。科学や学問の発達は、長期にわたる民衆にたいする教育が普及することによって、実現されるものであることを、マンは主張する。と同時に、マンは、アメリカ経済の発展は、企業家と同様に知識を身につけた労働者によって、利潤が生み出されることを、第五年報で証明したことを、ここで再論していた。言いかえれば、アメリカ合衆国の富の源泉は、造幣局に在るのではなく、粗末な校舎のコモン・スクールにこそ在ることを、マンは力説したのである。第二章で論じた教育の経済的生産性に関する主張である。教育を民衆に普及させる度合に応じて、経済的生産性は上昇するという観点であり、知性ないし知識の発達は、教育の普及に依存する、ということも当然の前提であった。

知性および知識普及の緊急性

しかし、人間は、知性の発達、知識の豊富化、それだけで幸福に到達することができるのか否か、重大な課題である。マンは、この課題に厳しく直面せざるを得なかった。この課題に言及してみよう。

「人間が置かれている物質的宇宙の諸力や資源を、人間の本性と比較して、人間は、地上で最も幸運な人たちがこれまで達成したいかなる水準よりもはるかに高く、知的および道徳的高さにまで到達させるべく、意図しているということは、最も明白に実証し得るのではないだろうか。わが惑星に属していて、目には見えないエネルギーで活動しており、そして、つねに気まぐれな変化を示している物質的世界は、その一つ一つの局面は認識し得ても、その背後にある法則を理解できない人にとっては、最も残酷な獄舎であろう。人類以下の下等の生物が持っているものより、より優れた感情的および共感的能力の保有であっても、推理や判断の能力を、もしわれわれが保有しなければ、われわれを取り巻いている環境とわれわれを調和させることができず、より哀れで、無防備なものにわれわれをしてしまうであろう。知識なしには、われわれの現在の生活は、われわれを死滅させることができる獣の生活よりも、はるかに卑しい状態になるであろう。なぜならば、人間は、あらゆる側面で傷つき易いものであり、最も強烈な苦痛を受け易いからであり、他方その原因となっているものを回避することができないからである。

四季の一巡は、もしわれわれが移り変りを予見し得なかったり、また変化に対応した必需品を用意し得ないならば、全人類に欠乏と生活の低下をもたらすことになるであろう。彗星や日食は、胆を潰したり、人々の心にうろたえをもたらすのには、それらの本質から言って、知性がそれらを生じさせる壮大な宇宙の秩序を充分に説明することができるまで、当然な事である。

未開人にとって、雷や稲妻は、神の怒りの証拠である。他方、キリスト教の哲学者にとっては、それらは、ただただ神の偉大さと叡知の著しい、そして、生き生きとした証拠である。啓蒙された人たちにとって、暴風雨あるいは旋風は、ただの暴風雨であり、旋風であるに過ぎない。しかし、未開人は、それらを千回以上も畏怖するのである。なぜならば、かれらは、それらが、神の怒りであるということを意味し、現実的な被害よりも、それらが災害への予兆となるからである。北極のオーロラは、科学の眼には、大変美しいものであるが、恐怖を懐く心には、無数のショックを与えるものであった。視覚の幻想とわれわれがよぶところの、無数の多様な現象は、無知なる者にとっては、最も恐ろしい恐怖の源泉であった。

要するに、自然がその荘厳な道程を誇示する驚異と栄光は、自然の崇高な法則を学んでいない人々にとっては、迷信の源に過ぎない、ということを、われわれは知っている。迷信は、既に暗くさせられた人たちを、さらに暗くし、品性の落された人たちを、さらに悪化させ、そして、驚かされた人たちを恐怖させるのであった。慈悲深い神が、その高い能力でもって、人類に才能を授けることができるか否かは、神が人類の発達や教化啓発を用意し、そうすることを命じるかどうかにかかっている。人間以外の他の元気になっている自然の秩序は、かれらの条件に適応している。しかし、人間は、好奇心の抑え切れない衝動によって速められ、期待の幻想に従属し、そして、恐怖の苦悶に服し、それが包囲する神秘を改名する力量を持っていないのである――その内部から自発的に発生してくる希望を、実現する力を持っていないのである――恐怖の束縛から自らを解放する力を持っていない。そのような人間は、永久に自然の震え戦《おのの》く奴隷になってしまうであろう。他方自然は、人間にたいして情け容赦のない暴君となるであろう。その住んでいる場所が、どうよばれようと、それは、消すことのできない火の住処となるであろう。

知識および高度に発達し、高度に訓練された理性は、現世の人間にとって欠くことのできないものである。それは、野獣にとってちょうど本能にあたるものである。しかし、本能は、完成し、完全であり、自己活動する。他方知識と理性とは、活発な自己努力や外部からの豊富な教育活動なくしては、充分な高水準に到達することなど在り得ない。それ故、人類が類人猿――無尾猿、猿もしくはヒヒ――以上の存在の基準にまで、けっして高められなかったことは、人類にとってはるかに良かったのである。この類人猿は、過去の経験から知恵を引き出す充分な能力なしに、また将来の必要のために、準備をする充分な能力なしに、記憶、希望、恐怖および想像の能力が付与されていた。教育を行う以外に、この世に存在し得る能力は、存在しないのである。この教育によって、これらの不足する能力を補い、野獣以上に人間は高まるように計画され、それ以下に落下しないように、人間を救済することができるのである。

したがって、また、公正・道徳および慈善の慣行が、人類にとって可能でないならば、その状態は、荒野をつねに獲物を漁り歩く野獣の群あるいはジャングルの奥深くで、待ち伏せのために、自らを隠している野獣より、はるかに悲しむべきものになるであろう。虎や狼でさえ、すべてかれらの狂暴行為でもって、相互にたいして、もしくはかれらを取り巻く弱者にたいして、一時的苦痛以外の罰を与えることができるのである。

あらゆる動物の中で、最も発明の才のあるものは、かれら自身の仲間あるいは下位にあるものを、拷問にかける道具をけっして発明しなかった。鉄の長靴、親指締め（拷問道具）、拷問台は、自然史において恐ろしい現実であるが、しかし、それらの発明や利用の破廉恥性は、獣の性質に由来するものではない。獣は、舟を造ることはできないし、太洋を渡ることもできない。他の半球の無防備の人種や類似の種族を略奪し、奴隷にすることもできない。かれらは、いかなる足枷も、鉄であれ、法律であれ作ることはできない。足枷は、情け容赦なく奴隷を拘束し、かれ自身だけでなく、かれの子孫の世代を犠牲者にするのである。獣は、かれらの自然的本能から、相互の命を奪うことはしないし、母親に彼女の子を忘れさせ、仲間になった一対は、相互の命を攻撃したり、あるいは孫は、親殺しの手をその親にかけたり、地上の最も上等の果物を毒に変換させることによって、この毒を恥ずべき利益のために売却することはしない。

最も利己的で、そして卑しい種類の動物は、大気を通じて飛来したり、あるいは海を泳いでやって来るが、貴族や平民あるいは領主と庶民という階級を設ける、権力の偶然的所有をけっして利用することはなかった。そして、かれらの仲間の一部の集団に、すべての労苦の遂行を宣告し、その部族にすべての負担を押しつけたり、他方かれら自身、すべての余暇およびその奢侈を独占したりすることはなかった。もし、昆虫の二、三の種類が、巨大な平原の真っただ中で、あるいは見渡す限りの森林の葉の上や草の茎の上で、秘密裡に集会し、昆虫の生存の目的や永続の秘訣のすべてについて、決定を下すだけでなく、かれらの結論に不同意であったり、かれらの権威に従わない者たちに、投獄したり拷問にかけることを命じたならば、どんな光景が見られるであろうか。

未開な部族が存在することは事実である。その部族は、他の部族を食いものにするのである。しかし、それは、自然の食糧が不足した時のみである。そして、空腹が満たされた時、かれらの獰猛さは、鎮静する。北部では、それはない。そこでは、かれらの激情は、北極の寒さによって刺激される。南部においては、そうではない。そこでは、かれらの血は、熱帯地方の猛暑で熱くなり、かれらは、被害者を地下牢の生涯の独房入居を命じたり、不必要に身体を焼き、遺骸の上に、侮辱して積み上げたりするのである。

わが人類という種の中には、神の意志の一部ではなかった者が存在するというのであるならば、その恐るべき傾向は、統制されるべきであり、そして、そのより高度の感受性は、その最高のものにまで高められるべきである、と私は思う。動物学は、いまだに、そんなにも惨たらしい、悲惨で相互に捕食性である動物の種を発見しているので、人類は、それらを羨む理由を持っていない。

後世代が、もし歴史がわれわれに示すように、われわれに先立つ世界のすべて二〇のうち一九は、そうであったように、なってしまうならば、人間は、高貴なものではなく、最も卑しい生存物であり、呪われたものであり、神に好意を持たれた存在ではない。私は、そのような人力の及ばない、事の成り行きを信じないで、私は、それを回避する道が存在すると、私は信じているのである。」(225)

知識や技術を身につけても、本能に依存することなく、教育によって、本能以上にその能力を高めようと努力しても、人類にとって、公正、道徳および慈悲心が欠落するとなれば、本能によって生きる野獣以下の、最も卑しい生存物になり下ってしまう事例を、多面的に例示して、危機的状況を人々に、マンは訴えるのである。それを回避する道が存在することを示そうとするのである。それについては、つぎのように述べている。

「以前の年報において、賢明で、技術を持った人たちの証言によって、疾病は、健康によって追放できるし、身体的苦痛は、娯楽を持つことによって追放できること、そして、早死は、長寿によって、単に二、三の重要な生理学的原理についての知識や訓練――一六才以前の学習ですべての人々が容易に身につけることができるような、そのような知識や訓練――によって、追放することができることを証明してきた。そして、また、知性は、自然からの寛大な贈物と協力して、すべての人類に慰安と自活できるだけの資産を確保するに値する能力を持っている、ということを等しく根拠のある、そして満足すべき証言によって提示してきた。したがって、この年報においては、現在われわれの社会を悲しませ、苦しめている、大きな一塊の悪徳と犯罪を、現在のコモン・スクール制度の手近の改善によって、われわれの間から追放できるという、嬉ばしい課題の提示を、等しく例外でない、そして承認せざるを得ない証拠によって述べようと思う。

去る夏季期間中、私は、その証言を得たいと思っている人たちに、その趣旨を明示し、現在の学校制度の改善事項を適確に説明し得る回状を用意したのである。それは、手近の改善だけを示し、そして、それが改善されたということを仮定して、その結果を、回状を送った人たちの経験と判断とに照らして回答して貰う回状を、準備したのである。この回状は、このような重大な課題に関する証拠を提示し得るような、そういった大変有能な教員たちに発送された。これらの教員は、学問、経験、節度のある判断、誇張を抑制し得る叙述において有能であるので、それらの教員の証言によって基礎づけられた、非常に広範な推論を演繹することが可能となる。この回状は、高潔で、そして広範な教材に関する知識を有する教員に発送されたので、かれらは、それらについて、証明し、否認、欠点の指摘、疑問を発するであろう。以下、その回状と回答が付されている。」(226)

マンは、ここで述べているように、これまでの年報において、専門家、経験者の証言によって、教育改革に関する提言を行ってきた。第六年報（一八四二年）において、マンは、生理学や衛生学の学習の重要性を、優れた医師の見解を引用しながら論述し、生理学がすべての学校の教育課程において、重要な位置を占めるべきことを力説したのである。これによって、すべての子どもたちに、病気を追放し、生涯健康を維持するに必要な具体的知識や行為を学習させようとしたのである。第五年報においては、しばしば言及したように、「世俗的な幸福や人間の財産にたいする教育の効用、すなわち財産、個人的な安楽と有能性、個人および社会の外面的、可視的、物質的な利害や幸福にたいする教育の影響」について、いわば教育の経済的生産性について、実業家の証言によって、証明しようとしたのである。これによって、州および市民は、公立学校の全般的普及によって、経済的に受益者になると同時に、公立学校への経済的基盤の確立に資することを明らかにしたのである。

今度の第十一年報においては、社会の悪徳と犯罪を消滅させるために、八名の著名で経験豊かな教員の証言を得て、すべての子どもの義務就学制度を実現させようとしたのである。その際、現状のコモン・スクール制度を、若干改善するという前提に立って、仮定の状態を想定しての質問であった。これらの教員の証言は、重要な役割を果たすことになっていった。

2　現場教員への質問回状発送

教育と悪徳・犯罪との関係

以下、その回状と質問事項に言及することとする。

「回　状

○　○殿

私は、民衆教育の目的にとって、きわめて重要な主題に関して、科学的および実際的な両面を有している教員たちの御意見を伺いたいと存じます。貴殿の学校経営における長い経験、貴殿が教育された大変多くの数の子どもたち、そして、貴殿の教授者および訓育者としてかち得た評判は、私をして、末尾に添えた質問にたいして御回答を、貴殿にして戴きたいと思わせたのであります。

私の一般的目的は、ニューイングランド制度の枢要な原則に基づいて運営される良きコモン・スクール教育の、社会的および道徳的性格の形成における能率性に関して、貴殿の経験が、貴殿に正当と認めさせるような見解を得たいということです。換言すれば、社会の高潔な振舞や善良な道徳において、もし、すべてのコモン・スクールが、どのようになれば、そして、それらのどの部分が、さらにそれらの全部がどれだけ改善されれば、民衆によって尊敬を得られることになるのでしょうか。また、われわれのコモン・スクールが、間もなくそうなるように、どれだけの改善を合理的に希望し、期待されるでしょうか。

私たちの周囲に見られるように、社会は、大小両方の悪徳で群がっているのを、私たちは目にしています。生活の価値が減じられ、生活それ自身さえも、時には煩わしいものとなり、そして、人間の形をした有害な人や厄介な人が、私たちの周囲に存在することによって、憎むべきものとなったのである。それを、破壊することは、法律が禁止しているし、それを、私たちのあらゆる努力でもって、全面的に改革することはできないのである。私たちが、社会から不道徳な人あるいは有害な人を、ちょうど獲物を漁り歩く狼を牧場から追い出したり、あるいは、疫病にかかった一群の子どもたちにたいして、卓効の解毒剤を適用するように、追い出し、根絶することが許されるならば、放蕩の親が、世の中にその子どもたちを送り出そうとしている時、私たちは、その時即座のやり方で、現在の不安から、そして、将来の苛立ちから、私たち自身、安全を確実にすることができるのです。そこで、また、もし長い習慣の勢いを止めることができるならば、あるいは、かれらのしばしばの踏み歩きによって、平坦な広い公道を擂《す》り減らした人たちを、徳の道に失地回復させることができるならば、私たちは、それで、より苦労の多い救済であるけれども、より平穏な道に到達するのです。しかし、人類の共通の感覚は、違反者の生活を根絶することによって、道徳典のすべての違反を防止するいかなる提案にも、反対するでありましょう。

そして、すべての歴史および経験は、成人した男女の生れつきの習慣は、主として第二次的目的の統制を超えたものである、という共通の根拠を提供するのであります。かくて、すべての州や国家の立法の大部分、あらゆる法的裁判所の尨大な数の判決、そして、依然として慈善的およびキリスト教徒のあらゆる努力や支出額の大部分は、明確な悪の処罰もしくはその名もなき無数の不法行為を繕う、無益な試みに充当された、ということであります。これらの悪業や不法行為を防止することができれば、私たちの子孫たちは、新しい地球を相続することになりましょう。

社会が悩まされ、苦しめられている共通の犯罪の種類は、無数であります。しかし、それぞれの種類の下での、違反の個々の行為は、絶対的に不可解であり、神によって救済されるものであります。冒涜的言辞を罵る嫌悪すべき行動が見られるが、それらは、動機のない、そして、理由のない不道徳な行為である。……

現在においては、大いに制限されているけれども、その破壊的機能において、そして徐々に、より尊敬し得る、そして知識階級から社会の両極端――貧富の――に移っていったが、それでも大酒飲みの悪徳は、私達の周囲に依然として存在します。それを犯すところは、何処でも、家族の資産を食い荒らしてしまいます。子どもたちの教育費を使い果たしてしまうだけでなく、子どもたちを教育するという、本当の気質を根絶してしまうのであります。天真爛漫の子どもたちを、犯罪の被害者に含ませてしまい、罪を犯した者が感じない、恥の付け加えられた激痛で、子どもたちを拷問にさえするのであります。……

法律が処罰し得るものとして判定する名誉毀損もしくは中傷程度以下で、しばしば知人仲間に難癖をつけたり、友情を壊したり、近隣や地域社会に不一致を持ち込んだりする誹謗、仲を悪くさせたりするものが、沢山あります。

嘘をつくという、不正で卑怯な罪は、この憎むべきカタログから除くことはできません。この悪徳は、その真の性質において、暗殺者および卑怯者の多くを含んでいるので、それは、秘密の一撃を加えるために、待ち伏せしてこっそり狙っているのであります。それは、多くの者が、情熱と利害の強力な結びつきによって、団結し、相互信頼し、共通目的の実行に、大胆さを付与するのであります。かくて、嘘つきとして知られる私的個人は、嫌悪され、侮辱され、そして、人から避けられるのであります。他方、不品行な政治的名誉毀損者および宗派的な狂信者は、野心もしくは不寛容な共通の感情によって、鼓舞され、かれらの数や党派性によって、平然としてこの悪徳を協力者と歓迎し、そして、その援助によって獲得した成功を喜ぶのです。

金銭的取引において、騙したり、法外な要求をしたり、そして、現実的な不正直への誘惑は、最も悲しむべき数量に達しています。購入者は、販売者の困窮を利用し、かれの財産の移動で、その価値の一定部分を獲得します。販売者は、抜け目なく、かれが販売する商品の量、質あるいは価値を誇張するのです。そして、おそらく、かれは、法外であり、不公正であると知っている価格で手に入れるために、購買者の無知もしくは、人を信じ易いことを利用するのであります。雇用者は、しばしば雇用される者の困窮を利用して、かれらが有している価値よりも少い費用で、かれらの役務を手に入れるのです。……

ヨーロッパの商業的国家の若干では、商人の負債返済不能ということは、かれの金銭的信用どころではなく、かれの道徳的性格に影響を与えるものとなります。支払不能ということは、かれの富の不足額から生じたのであるが、その原因がかれの統制し得ない災害等によって惹起されたものであることを、明示し得ないならば、かれは、名誉ある商人の中で、かれの商業上の立場を失なうことになります。そして、かれが、そこに復帰できるのは、現実的な証拠によってのみであり、それによってかれの人格も回復することができるし、あるいは、新たに作られた正直の証拠によって、回復するのであります。説明もされない、過失も償うこともない二回目の失敗は、汚名を着せられ、そして、商売から追放されるのです。

上述の種類の悪事を犯すことは、類似の性質の他の多くのものとともに、法律によって、軽犯罪と見なされています。それらの中、いくつかは処罰されないことがあります。それでも、それらの広範囲にわたる瀰漫《びまん》、そして、度重なる頻度から、それらは、おそらく憎んで余りある、そして、恐るべき性格のものと同様に、社会にたいして罪悪の総量は多大なので、罪が科せられるでありましょう。」(227)

これらの、道義にそむいた不正な行為は、軽犯罪と、法律によってよばれており、処罰の対象とならない場合が多い。

しかし、一定の社会の状態を大きく歪めるという点において、それは、重罪の発生に勝るとも劣るものではなかった。マンの時代においては、歴史上、経験上、成人した男女の生れつきの習慣は、主として第二次的目的の統制を超えたものである、と確信されていたのである。これは、子どもの時代に形成された、考え方や行動は、その後の教育の影響は、殆ど作用しない、という観念の表明であるとともに、子ども時代の教育の必要性を認めない、という考え方を表明したものであった。

軽犯罪であれ、重罪であれ、教育とそれらの発生との関係は密接な関係を有している。マンは、これらについて、つぎのように述べている。

「重大な性質の犯罪に関しては、わが国の状態は、全キリスト教国の他のどの国々とも比較して、良い状況にあります。とくに、もし、われわれが、合衆国のどの地方をとっても、抑止力の弱いことを考慮するならば、現実的な（道徳的な）罪を思いとどまらせることは、注目に値することになりましょう。そして、概して、刑法上の制裁に関する情報は、悪事を働く人にとっては、恐怖となって、それを阻むことになるのです。それでも、われわれの周囲には、この極悪の犯罪のぞっとするような数が存在するということ、また、財産、人間、名誉および生命に関する権利にたいする、名うての犯罪が行われているということ等々は、犯罪裁判所の記録、また罪人や悪漢の悲しみに沈んだ行列によって、証明されるのです。そういった光景を、私たちが刑務所や他の犯罪者収容施設へ行く途中で、見ることができます。

軽犯罪および重罪を含むあらゆる種類の犯罪は、私達の周囲において、夥しい数になっていることは、否定し得ないことです。そのことについて、私たちの間で多くの人たちは、このような犯罪者は、生れてこなければ良かった、あるいは、かれらの悪事の傾向が芽生える前に、外国に行ってしまったり、社会の平和を阻止する前に、そして、すべての正直な人たちが当然受けていい安全感を破壊する以前に、幼年期において死んでしまった方が、良かったと本当に言っているのです。

人類の福祉にたいして敵対するこの大群の数を縮少し、全体としてこれらの者を教化し得ない、悪業の精力を無力化することは、これまで、始めから慈善家および聡明な人たちの仕事であったのです。しかしながら、かれらの努力は、若者にたいしてよりも、年配者にたいし一〇〇万倍も費やされたのであります。したがって、また予防よりも処罰のために、一〇〇万倍もエネルギーを費やしたのであります。

古代の共和国の中で、二、三の賢明で聡明な人たちは、明らかに人格にたいする教育の影響如何を理解していたのです。そして、勿論、個人や大衆の両者の天真爛漫さ、および犯罪行為にたいする教育の関係についても、同様に理解していたのです。人々の間では、この真理についての何らかの定まった、効果のある信念は、けっして存在しなかったのです。そして、単一年の間で、それらの長い歴史における考え方を、指摘することは困難でありました。政権を取り、そして、国家の法律を案出した人たちの大多数は、庶民のきわめて重要な知性もしくは愚鈍、廉直もしくは不誠実は、その子どもたちにたいして教化される教育の種類や程度によって、測られ、そして、影響されるという重要な考え方に関しての、何らかの実際的もしくは理論的概念に充分に答えたのであります。それは、ちょうど地球の表面における地帯が、それらに発散される太陽光線の量によって、測られ、そして影響されるのと同じようなものであります。

現代においては、この早期教育が成人の人格にたいして及ぼす影響ということについては、より明瞭になり、一般的には大巾に、原因と結果との間の関係である、と認識されてきたのであります。この真実を確立するための一つの手段として、多くの熱心な人たちは、『教育と犯罪に関する統計』とよばれるところのものを、巾広く蒐集したのであります。刑務所に収容された者たちは、読み・書き能力を確認するために、個人的試問を受けなければなりませんでした。この調査においては、この比較は、読み・書き両方ができる者と両方あるいはこれらの中一つしかできない者との間で行われたのであります。

教育という用語の検討

私は、ここで、『教育』という用語についての定義に関する、驚くべき、また馬鹿らしさについて、長々と論じようとは思いません。教育の精神もしくはその用語は、読み・書きができるという単なる能力によって、もう満たされてしまうのであります。読むことと書くことは、これらの階層の人たちの間では、普通には、単なる無意識の過程であります。それなのに、そのような能力の達成が、教育の名によって、どうして勿体を付けられたのでありましょうか。あるいは、真夜中の無知の暗黒に、真昼のような知識の光を注ぐ、高貴な魂の文化とどうして混同させられてしまったのでしょうか。その高貴な魂の文化とは、すべての動物的欲求や傾向の上に、道徳的能力を王座に付けるべく努力し、教育の全行程を神を愛し、そして、人間を愛する偉大なる義務に役立つようにすべく努力する行為なのであります。現在、途方もない、明白な不条理が行われてきていますが、それらは、一般に行われてきた低い、そして、価値のない教育の観念に関係させることによってのみ、説明することができるのであります。読んだり、書いたりするむき出しの能力は、道具が労働者でないのと同様、そんなものは、教育ではありません。望遠鏡がラプラスもしくはルベリールでないのと同様に。

教育の手段を所有することは、高遠な能力を所有することと同じではないし、そして、教育の免除を意味するものでもない。詩人の業や『天与の能力』を所有することは、詩人がペンを持つこと以上の何物かであります。もしくは、キリストが、それでもって、かれの弟子たちを自由に出入りさせる行動の自由の所有は、キリスト教義の所有以上のことであります。そして、読むこと、および書くことは、ただの道具であり、あるいは、教育において用いられる手段であるということは、明白な真理であるのは、今では、軽蔑すべき議論であるほど、直観的に明白であります。したがって、二人の人間のうち、その一人は、やっとのことで、自分の名前を書けたり、新聞の一段落を骨を折って、読みとり説明することができるが、他方、他人にすべての原稿や図書館のすべての図書について説明することができる人がいるけれども、それは、かれの観念にとっては、ただの虚構に過ぎないものであります。道徳的な生活にとって、前者の機会が、後者のそれよりも、より多く優れている、ということを断言することは、危険なことでありましょう。最も優れた権威者も、この疑問に付き纏《まと》っているすべての疑の雲を取り払うことは、誰もできないのであります。

ある執筆者たちは、犯罪は、初歩的知識の普及に応じて、現実的に増大する、ということを主張しています。その際、普及する知識が単なる初歩的状態に留まっていればの話であります。しかしながら、名前が書けるようになった状態の統計の結果は、全体として、犯罪は、知識が普及につれて、減少するという明らかに支持する、ということを容認しなければならない、と私は思います。充分に高く昇った太陽が、旅行者にかれの道を見えるようにし、それを妨げるものを回避させるごとく、日の出前の薄明の最初の、そして最も弱い光の微光は、かれの行くべき道の発見を助け、そして、その危険を避けさせるのであります。大きな数が比較の基礎として考慮される時、そのすべてが初歩的知識を所有している場合、それらのうち若干は、初歩的以上のものを所有しているであろう、ということは忘れてはならないでありましょう。かくて、全社会を一緒に考慮するとき、私は、民衆の間に知識のあらゆる進捗は、犯罪の範囲を狭めていくであろう、ということは、合理的かつ必然的結論である、と私は信じているのであります。

しかしながら、過去何年間、私は、注意深くこれらのいわゆる『教育と犯罪の統計』を詳しく調べてみました。そして、私は、それらは、二つの階級の間に、差異があることを立証している、と信じています――その一つは、読み・書きができる階級、他方は、このいずれもできない、もしくはそのどちらか一つができる者である――。かれらを、相対的に犯罪を免れさせるか、あるいはそれに曝《さら》すかに関して、いまだ私は、教育の義務を熱望する教育を高め、高尚にするための主張として、民衆にこれらの計画を提示するように仕向けることは、けっしてできませんでした。そうすることによって、その議論は、それを支持するためにもたらされた証拠の弱さによって、その力の半分を刈り取ってしまうであろう、と私は感じたからであります。それは、太陽の光り輝きによって取り巻かれている一方、光の存在を証明するために、小型ろうそくを提示することに似ているでありましょう。

私たちの現在の社会の状況、私たちの生活している政府の型態、私たちの神によって私たちに与えられた改善し得る能力、そして、私たちを待っている厳粛なる運命は、すべて『自然に関する知識および識字力、そして字を正しく書く方法』およびペンを持って書かれた、もしくは印刷された記号を模倣する、機械的な能力以上の、巨大なものを要求しているのであります。

それでも、この教育についての程度の低い考え方は、ヨーロッパの無知なる階級に関して、理解されたものでありますが、ある程度私たち自身の国においても、適合するものであり、また影響を与えるものでありました。国会法の権限で実施された、合衆国の最近の国勢調査は、また合衆国憲法の規定に応じて、このヨーロッパの誤った考え方に基づいたものでありました。それは、事実上、教育あるものと無知なる者との間の差異の古い境界線を採用したのであります。なぜならば、二〇才以上の読み・書きできないすべての人の列挙を、それは、要求しているからであります。その結果は、出版され、それらは、現在、合衆国の恒久的統計として具体化されています。タウン、郡および州が分類され、それらの状態は、この道理に合わない知識と文化の規準以上、もしくはそれ以下の相対的位置に従って、名誉と汚名に言及しているのでありました。そのような基準の法的裁可は、この問題にたいする世論を低下させる破滅的効果を持ったということは、必然的なものでありました。何人かの人の関心を惹起させる事実は、提示されていますが、しかし、教育から、その最も高貴なるものの属性が奪われる傾向である、ということもまた真実であります。

しかし、民衆の心は、つねに法的定義に思考の方式を適合させることが、傾向として強まり、また高い権威あるものによって裁可された見解に同意してしまいますが、それでも地域社会の常識とくに合衆国のうちでも最も教養ある州は、成長していき、この狭量の意図を脱し、そして、教育という用語にたいして、はるかに豊かで高揚した意義を付与したのであります。

この問題にたいして、知識階級に属するすべての思索する人たちは、今や極度に、読み・書き・計算の知識だけが教育の概念を構成するという考え方を、捨て去り、そして拒否するようになりました。いかなる知識人も、今やその利益のために良しとする最低の主張は、人間の性質について、その領域を三倍以上に拡大するというものでありました。すなわち、人間の身体についてであるが、それは、健康を確保し、健康によい法則等を体系的に、また聡明に遵守することによって、身体を訓練すること、強国で長寿の生命を持続させることであります。人間の知性に関しては、精神を元気づけ、精神を知識で補給し、そして、徳に結びつくすべての眼識でもって培養することであります。そして、人間の道徳的および宗教的感受性に関しては、利己主義を追放し、良心を王座につけ、人々にたいしては、善意で愛情を注ぐようにし、そして、神には、感謝と崇敬で相対することであります。

学務委員会によって用意された、何千という報告書、公的行事の際に行われた講演や講義において、高度の公文資料に掲載されたすべての教育上の文献において、また科学的正確さを主張するすべての著作において、あるいは教育の問題にたいする包括的概略を意図するすべての著作において、これらの神聖でそして、荘厳な属性が叙述されるようになって来ました。そして、それは、何百回となく実証されてきたものであります。すなわち、民衆の健全な教育の効果は、偶然的ではなく、必然的に、時おりではなく、つねに、犯罪に走ることを抑止して来ました。そして、教育は、人間の幸福の普及を促進しなければなりません。そして、これらの真理を無視したり、あるいは、意識的反抗をしたりすることは、私たちの仲間の最善の関心にとって、裏切り行為であり、また道徳的領域の著者にたいする不敬虔な言動となるのであります。

世界の改革において、教育の道徳力に関しては、多くの事が発言されて来ました。しかし、多く発言されて来たにもかかわらず、依然として、その力の範囲に関しては、漠然としており、不明確でありました。その力は、それらの強さから多くの論議や雄弁を奪い取ってしまいました。教育の道徳力についての擁護者が、どれだけ、それが、明確にそして特別に達成することができるかについて、自信をもって述べたものは、何処にもないのです。いわゆる物事の改善をする、ということが、思慮分別のある人に提示されたとき、その改善によって得られる利益は、それに要した費用を上廻るものなのか、そして、それは、どの程度なのかを、かれは、知りたいと思うものです。資本家は、投資の利益性についての予測に満足するまで、新しい企業に金銭で援助しようとはしません。製造業者は、新しい機械を購入する時、それが、同一時間内でよりよく効率的に作業を進め得るかどうか、より安価に達成し得るかどうかを確認し得るまで、それを購入しようとはしません。

社会改革において、教育の道徳力の有力なることを主張する人たちにとって、今や抜群の地位に身を落ち着かせる時が到来した、ということが言えると、私は思います。その時というのは、かれらの周囲に存在する惨めな人たちや無数の犯罪者を調査し、人類をそのような悲惨な境遇から救済するために、教育の力と特権を公言すべき時を意味するのであります。そのような惨めな人たちや無数の犯罪者を目にして、最も剛毅な人でさえ、ぎょっとさせられ、博愛主義者も呆気にとられる光景であります。そして、教育の道徳力を主張する人たちは、すぐに確立され、すべての文明化した地域社会において、完全に実行可能である教育制度によって、人間の間の悲劇は、どれだけ軽減することができるのか、また犯罪の範囲を、どれだけ縮減することができるのかを、反論できない、そのようにして、かれらは、民衆の責任感に向けて、民衆の良心を覚醒させるべきであると、私は思います。」(228) そして、個人的経験の結果によって、かれらの結論を確認する証拠を基礎にして、宣言すべきであると思います。

このように、マンは、教育という用語の定義が曖昧なために、教育と犯罪との関係を示す統計についても、これまで多くの誤りがあったことを指摘するのである。人格の形成も幼年時代から、在るべき教育が実行されることによって、実を結ぶのであって、幼少年時代における教育にたいしては、国家および社会は、配慮を示さず、発生してしまった成人の悪徳および犯罪の対処のために、彪大な精神的努力や経済的支出を行うことにたいして、マンは、その非合理性を批判するのであった。教育の定義も、単に読み・書き・計算のごとき狭量の範囲にとどめ、科学性を無視した概念構成をしていることに、批判の矛先を向けるのであった。

マンによれば、教育とは、高貴な魂の文化に係わる精神的行為なのである。すなわち、高貴な魂の文化とは、すべての動物的欲求や傾向の上に、道徳的能力を王座に付けるべく努力し、教育の全行程を神を愛し、そして、人間を愛する偉大な義務に役立つようにすべく努力する行為なのである、と規定したのである。そして、従来の読み・書き・計算の知識だけをもって構成する教育概念の領域を、三倍以上に拡大しなければならない、と主張したのである。すなわち、人間の身体についてであるが、それは、健康を確保し、健康によい法則等を体系的に、また聡明に遵守することによって、身体を訓練すること、強固で長寿の生命を持続させることである。人間の知性に関しては、精神を元気づけ、精神を知識で補給し、そして、徳に結びつくすべての眼識でもって培養することである。そして、人間の道徳的および宗教的感受性に関しては、利己主義を追放し、良心を王座につけ、人々にたいしては、善意で愛情を注ぐようにし、神には、感謝と崇敬で相対することである、としたのである。ここに、知育・徳育および体育の近代的教育概念の構築を、マンは構想したのであった。

教育における道徳力の教化力を主張する人たちの代弁者を以って任じるマンは、巷に溢れる悪徳者の一群、刑務所に向って列を作って並ぶ犯罪者を眼にして、今こそ、コモン・スクールの改善を計り、それによって、社会から悪徳と犯罪を根絶する方策を提示する絶好の機会であり、またそうすることが義務であるという責任感を懐いたのである。しかも、その方策は、経験に裏打ちされた証拠によって提示しない限り、民衆の良心を覚醒させることは、不可能であると、マンは深く自覚したのである。

したがって、マンは、教育経験豊かな著名な教育者に、反論し得ないような証拠を提示して貰うために、質問事項を検討し、その回答を求めたのである。それは、つぎのようなものであった。

「この考え方は、より明確な形で、つぎのような質問によって、提起することができるでありましょう。

私たちが、現在手の届く最も確実で、最も活発な教育制度の下で、生れて来るすべての子どもたちのうち、どれほどの部分が、あるいは何%が、有用な人間および模範的人間になることができるのでしょうか——正直な販売者、良き親、良心的な陪審員、真実の目撃者、腐敗していない投票者もしくは行政長、善き隣人社会の良き構成員——。換言すれば、私たちの現在の教育方法の知識や教育科学でもって、すべての子どもたちのうち、どれだけの部分もしくは何%が、現在の社会の状態において、かれらのためになし得る最善の教育努力にもかかわらず、矯正できない、そして改善できない、ということを断言すべきであると思います。どれだけの部分、あるいは何%が、大酒飲み、不敬な言葉を口走る人、誹謗する人、無頼漢、暴徒、裏切り、窃盗、喧嘩好き、財産権・個人・名誉もしくは生命にたいする侵害者になるのでしょうか。簡単な言葉で言えば、権利の怠慢と悪事を働く罪である。社会にとっては、かれらは、生れて来なければ良かった人たちである。これは、当然の成行として発展したところの問題であり、社会や政府が遭遇しなければならない問題であります。

もし、私たちが思うがままにできる教育手段や財源を、手にし得るならば、すべての子どもたちの八〇、九〇、九五、もしくは九九%は、節酒、勤勉、節約、すべての振舞において、良心に恥じない、進んで同情し、無知的な人に教えてやることができ、それを嘲ったり、それに付け込む代わりに、公共精神に富み、慈悲深く、そして、すべて神聖な事物の順守者になることができるのであります。また、私たちの子どもたちのどのグループも、人間の努力および神の摂理の普通の道程が、私たちに期待することを許すような神聖な恩恵によって、これらの資質を身につけることができるし、それらを行動することができるのに、私たちの子孫が、この悪徳と犯罪からの実際的免除に立ち遅れたり、これらの達成し得る徳を身に付けることに失敗する限り、私たちの法律を作り、それを執行し、世論を形成し、そして公共行為を導いていく者たちは、この差異にたいする責任を負うべき罪を犯していることになるのであります。

これほど、明白な道徳的提案は、他にないと思います。社会は、その集合的能力において、あらゆる知識の所有者であり、また現存のすべての財産の所有者であります。政府は、教育の目的のために、この財産の中から一定の必要額を充当するために組織されてきたのであり、その権能を与えられていたのであります。そして、充分な誘導と報酬を提供することによって、最高の才能ある人たちのサービスを、政府は、思うままにできるのでありす。かくて、このようにして、政府は、教育の経費を充当し、最高の能力を持った教員を雇用することなどを遂行する義務と手段は、同時に到来したのであります。唯一残っている質問は、どれだけなし得るか、であります。

もし、確実性の合理的程度でもって、すべての子どものうち、九九、九五、九〇、八〇%、もしくはその一定割合が、悪徳と犯罪から救済することが可能であり、そして、価値ある市民に成るように教育され、訓練されることが可能であると証明される場合、州が、この事業の実施を拒否したり、もしくは辞退したりするならば、その時州それ自身、犯罪者となり、そして、全世界の王座に座っている偉大な道徳的判事の前で、恥辱と有罪の見せ物として、立たなければならないし、それは、ちょうどそれ自身の法的裁判所の前で、それ自身の拙劣な犯罪者の一人のように立たなければならないのであります。

著名教育家にたいする具体的質問事項

私が心に懐いていた目標を、充分証明するのに必要と思われたこれらの予備的考察とともに、私はつぎのような質問と、それにたいする回答を、貴殿に要請したいと存じます。

1　貴殿は、学校経営に何年間従事されましたか。そして、それは、田舎、人口多きタウン、それとも都市においてでありましたか。

2　貴殿は、何人の子どもたちを指導・教育されましたか。その性別および年令はどうでしたでしょうか。

3　もし、私たちの学校が、高度の知的、道徳的資質を身につけた教員によって運営され、すべての子どもたちが、四才から一六才まで、年間一〇ヵ月これらの学校に就学するとすれば、貴殿の指導下にある子どもたちのどの位――何％――が、世の中に出て行った時、社会の損失とならず、利益となり、恥辱とならず、名誉となるように教育され、訓練され得ると考えられるでしょうか。あるいは、一般的な形でこの質問をいたしますならば、もしすべての子どもたちが、私が、ここで仮定した有益で前途有望な影響の下に置かれるとすれば、その何％が、矯正し難く、そして見込みが無いと、貴殿は、断定されるでしょうか。もちろん、私は、低能者もしくは白痴に言及しているのではなく、理性的で、そして責任ある人間だけについて述べているのです。

貴殿は、一定の点において、私が、現在の社会の状態について、変化を想定していないということを、御気づきになるでしょう。私は、家庭を、今それがある様に考えています。そして、年長世代の若者への望ましい影響力は、もちろん、すべて望ましくないものを、これまでのように、少なくとも暫くの間作用しつづけることを認めているのであります。私は、協同的もしくは補助的機関――日曜学校、説教壇およびその他――におけるいかなる急激な、もしくは変転する変化を想定してはおりません。ここで概観したような、事物のそのような状態は、徐々に社会の進歩を促すすべてに、新しい活気を分け与えるということは、確かでありますけれども、他方、それは、それを遅らすところの、すべてから、力を弱めることになるでしょう。

しかしながら、他方において、私は、二つの大なる変化を想定しているのです。私は、すべて私たちの子どもたちは、第一級あるいは第一等の教員の名称によって、現在私たちが敬意を払っている、そのような男女の人たちの指導の下に、置かれるべきであると想定しています。――学校の教室で、教授し、管理する両面が可能な教員たちであります。そして、かれらは、教室の中からかれらの神聖な職業の目的を促進することにおいて、伝道者のような精神によって鼓舞されている人たちであります。

私は、したがって、また地域社会におけるすべての子どもたちは、毎年一〇ヵ月間、四才から一六才の子どもたちが、そのような教員の人格形成力を持った影響下に置かれるべきである、と想定しているのであります。

それ故、上述の想定は、学校の外においては、すべての子どもたちが、多くの場合、悪影響を受けている家庭や社会の影響を認めている一方、他方子どもたちは、学校で毎日高度の訓育と道徳原理の教化を享受する、ということを前提にしております。私の想定は、これまでと同じような家庭と成人の影響の継続を認めています（少なくとも、それらが、次世代のよりよき影響力にとって代わるまで）、なぜならば、これらの影響力は、言いかえれば、世俗の影響力は、すぐに変化させることができないのが事実であるからです。しかし、私は、高潔な教員の一団、年間開校日数の長さそして就学の普遍性を想定したのであります。なぜならば、これらは、今日の教育状態の改革を意味するものでありますし、また、それらは、大きな遅滞なしに効果が上るものであるからです。そのような変革の完成には、最大で、せいぜい二、三年で可能であるからです。……　敬具

ホレース・マン

教育委員会　教育長」(229)

マンは、このように、コモン・スクールの教育を、すべての子どもたちに強制することによって、その八〇、九〇もしくは九九％を、節酒、倹約、勤勉、公共精神に富んだ、金銭的に正直な、そして、博愛心に富んだ人間に形成することができる、と推察したのである。たとえ高い目標が達成されなかったとしても、すべての子どものうちの一定割合が、悪徳と犯罪から救済されるならば、また価値ある市民になるように、教育され、そして、訓練されることができるならば、州は、依然として、すべての子どもたちの教育を要求する責任と必要な手段を用意する責任と義務を有していると主張したのである。このような推察と改善された教育条件の下で、すべての子どもたちの強制就学の結果は、どのようなものになるのかを、経験豊かな著名な教育家たちに質問したのである。

マンの推察は、根拠のあるものではないし、かれの熱望としてのユートピア的なものであった。しかし、人々を「価値ある市民」に形成することを強制する、慈悲深い政府によって進められる、有機的組織体としての社会の概念は、都市の混乱、貧困および大量の移民問題に苦悩している人たちに、訴えるものがあったのである。公教育にたいする、マンの福音主義は、他の人たちからも主張され、そして、強固に、子どもの州所有（少なくとも教育目標にとって）という信念を、かれらの精神に植えつけたのである(230)。一八四六年という、教育長職の終わり近くの段階で、マンは、かれ自身

の職務についてのほどほどの自尊心で、「マサチューセッツは、その政府の範囲において、親のようなものである。ますます、年月が過ぎ去るごとに、マサチューセッツは、子どもたちを悪徳と犯罪から救済するために、父親の代理人として、その予防に努力している」ということを述べているのである。

「親を失なったすべての子どもたちにたいしては、とくに社会が親のような愛情を持って責任をとらなくてはならないであろう。あるいは、親を失なったことよりも一層悪いのであるが、放縦、貪欲な親、もしくは親の胸中における愛情の本能的傾向が抹殺され、中絶されているかのように思えるあらゆる型態の悪徳を身につけた非道な親を持った子どもにたいしても、同じことが言えよう。これらの子どもにたいしては、社会は、親たるべく、また賢明な父親がその子にたいして行うあのようなすべての合理的保護や配慮をすべく二重に義務を負っているのである。」(231)

ここで社会という用語を用いているが、具体的にはマサチューセッツ州を代位しているのである。そのような意味をこめて、つぎの叙述は、このことを明らかにしている。

「この州の財産は、そのすべての青少年に貧困と悪徳とを免れさせ、そして、社会的・市民的義務の充分な履行を準備させるそのような程度までの教育を保証している。」(232)

こうして、マンは、すべての子どものうち、少しでも多くの割合の子どもが、悪徳と犯罪から救済されるならば、州は、強制就学をすべての子どもに求め、また必要な教育手段を用意する責任と義務を負っている、社会的根拠を明らかにした上で、その具体的結果の予測を、教育家たちに求めたのであった。

3　義務就学等にたいする賛同の証言

グリスカムの場合

上述のマンの回状を受けとって、経験豊かな教員たちは、それぞれの経験に基づき、またそれぞれの知見に従って、質問事項に答えるとともに、自己の教育論を率直に表明していた。それらは、つぎのようなものであった。

「ジョン・グリスカム氏からの書翰

一八四七年　八月二七日

ニュージャージー、バーリングトン

私の尊敬する友よ、——多数の人々に発送された同文の書翰は、好意と精読する喜びを私に与えて下さいました。私の心からの賞賛を満足させるものであることを、私は率直に申し上げることができます。私は、それを、経験ある教員にたいして問われる、大変公正で合理的な質問である、と見なしております。その経験のある教員の公的および法的義務が、教育という事業への関与を、監視するのであります。——かれらは、コモン・スクールの教育力の中に、人類にとって生れつきその傾向がある、社会を大いに悩ます悪業を、どれだけ矯正することができるのかについて、考えているのです。これらの悪業のうち、最も顕著なものは、この回状の中で、説得力をもって、また雄弁に描写されております。

若者を教育する教員および指導者として、文字や科学の知識につけ加えて、徳性を指導することは、男女教員の職務であると考えます。あらゆる適切な機会に、できるだけ実行可能な方法で、一般社会の名誉ある、そして、価値あるすべての構成員の人格にとって、基本的要因である、親切、公正、純粋および慈悲心の『善き行動』の諸原則を教え込むことは、等しく義務であることを信じない者は、教員および指導者としての資質を欠いていると思います。

子どもたちにたいする道徳的要求について、極端に不完全な見解を、余りにも多くの教員たちが持っているということは、問題外と言わざるを得ないと思います。しかし、教員が生徒にたいして有している道徳的責任は、かれらの義務のうち顕著なものであり、また不断に注意を払う分野である、ということを確信している比率は、増大してきていることを、確実に断言できると思います。

それは、『ニューイングランドの無月謝学校制度』の創設者の高貴な法令制定であった、――教員の道徳は善良であるべきであるということ、また善良な行為は、読み方および算数と同様に、学習されるべき教科の中で、顕著なものとして位置づけられるべきものであるとされたのであります。以下のこともまた高貴なことであります。すなわちマサチューセッツの憲法は、以下のことを規定したのであります。すなわち『この州の今後の将来において、以下のことは、立法者および行政長官の義務である。人道の諸原則および一般的慈善心、公的および取引関係における時間厳守、誠実、ユーモアーを解すること、そして、あらゆる社会的愛情および人々の間の寛大な感情を奨励し、教え込むことである。』

もし子どもたちに多かれ少かれ、学校で良き道徳と良き行為の原則を教化することが可能であるならば、この目的を効果的にするものは、教員の技能と能力の高さに帰せられるのであります。生徒にたいして愛情を懐き、そして、生徒の幸福に関心を懐くすべての教員は、ある程度、この能力を持っているということを否定する知識人は、道理に合わないと思います。その証拠は、沢山あります。つぎのような親たちが、ふと漏らした発言は、しばしばでありました。すなわち、かれらの子どもたちが、一定の教員たちの教育している学校に入学して以来、子どもたちの家庭における行動が大変良くなって来た――すなわち、子どもたちは、従順、学問好き、勤勉、良心への服従、かれを取り巻くすべての者への親切が増大した、ということであります。他の面での改善の証拠には、普通の観察者にとってさえ、不足しておりません。知識の学習と同様に、人格の進歩に際してさえ、生徒たちにたいする道徳的支配を獲得する教員たちの能力や技能において、大きな差異が見られるということを確実に認めなければならないと思います。それは、天賦の才、好意、才能であり、それらを、すべての者が同様に所有しているわけではありません。しかし、その差異は、教員の間では、生徒たちはもちろん、親、親方、組長および監督の間に見られるほど、存在することが観察できるものではありません。……

私は、聖書において教えられているように、キリスト教道徳が、成人の間での宗派的意見の不一致にもかかわらず、多くの親たちによって、統語法の規則もしくは代数学の方程式のように、全く重要な学習内容と見なされる時が、到来すると確信しています。私は、読み・書きをもって、教育とよんでいる不条理について、回状の中で言及されている見解に、全く同意するものであります。統計学に基づく合理的計画が、合理的な時代において、貴殿の啓蒙化された教育委員会の保護の下に、賞賛に値する、そして、精力的に追求される人たちの努力から、良い結果がもたらされるであろうと確信しています。

私は、以下に貴殿の質問に回答致します。私自身と同様に、多くの人たちは、百分率で回答するに充分な資料が整っていないことに、当惑していると思います。

第一、私の経歴は、四二、三年間の教職実地経験の期間を含んでおります。ニュージァーシー州の南部の郡で、丸太の田舎校舎で、一、二年、同州のバーリングトンという小都市で一三年間、ニューヨーク市で二五年間、教育に従事しました。そして、ロードアイランドのプロビデンスで、二年半、フレンド協会の寄宿舎学校の学事担当監督を勤めました。現在、上記の職務を離れ、教職も去り、既に一二年も経っています。

第二、その間の多くは、男女の生徒を指導しましたが、その数は、平均はおそらく一〇〇名でありました。数年間、五〇〇―七〇〇人の学校で、日々私は五〇名の少年たちの訓育と教育に当たりました。そして、同時期の一時、三〇〇名の少女の上級学年の訓育と教育に当たりました。教育した生徒の総数は、殆ど推測できません。数千人の少年少女が、私の訓育や授業を受けたに相違ないと思います。ニューヨーク市の二〇年間、私が教育した公的授業に出席した成人や青年の数多くの者たちは、この数に含まれておりません。

第三、質問において言及された状態の下で、多くて二%が、社会にとって矯正できない、迷惑な行為をする者となりますでしょう。そして、九五%は、かれらが住んでいる社会の道徳的福祉の支持者になるでありましょう。師範学校において、適切に養成された教員によって、また賢明な立法によって、さらに、学校にたいする評判の良い対応がなされることによって、反社会的な悪徳者のうち二〇のうち一九は、われわれの社会制度の土壌から監禁され、もしくは、根絶されるものと、私は確信しております。それは、そのような進捗におけるあらゆる段階で、つぎの段階をより容易にしているものであります。これは、国と国との比較および州と州との比較の大なるスケールに基づくだけでなく、その隣接の学区と学区、そして、近隣と近隣のそれに基づいて立証されるのであります。

最後に、この回状に述べられている状態においては、そして、福音の精神を吹き込まれた教員を想定すれば、『賢明な判事も見込みなく、矯正し難いと判決せざるを得ない』子どもたちは、教育された子どもの一％の半分以上も存在しないであろうと信ずるのであります。　　　　敬具

ジョン・グリスカム」(233)

ページの場合

つぎに、ニューヨークのディヴィッド・ページの回答を見てみよう。

「ディヴィッド・ページ氏からの書翰

州立師範学校

ニューヨーク、アルバニー

一八四七年、一一月二〇日

ホレース・マン殿

拝啓、私は、二、三週間前に、われわれのコモン・スクールにおける、子どもたちの知的および道徳的教育に関するいくつかの質問を提起した、貴殿の回状を受け取りました。……貴殿の回状において、私は初めて、私がけっして存在するとは知らなかった事態を貴殿が仮定していることを知ることができました。したがって、私の回答は、私が実際に見聞したことに基づくよりもむしろ、人間性および教育における大目的と効果とに関する私の知

識に基づいて行われます。なぜならば、私の経験は、現在、教室での教授活動が一二年以上に及んでいますが、さらに、貴殿が説明された信念や協力の程度や種類は、しばしば目撃されましたけれども、私は未だけっして、それを理解していませんでしたし、あるいは、他の人たちによって、真に理解されたということも見ていませんでした。

貴殿が提起した条件を適用した学校に、私が関係し、そこでは、すべての子どもたちが、一定期間、継続して私の授業に恒常的に就学し、すべての私の同僚の教員たちは、貴殿が想定するそのような教員たちであり、そして、貴殿の回状に述べられている、あらゆる望ましい影響が私を取り囲み、そして、教員として普通の能力の私さえ、元気づけられるならば、そこで教育された子どもたちのうちで、貴殿が指摘した結果を確保するのに失敗するのは、たった一つの事例も考えられないでありましょう。……

依然として、私は、宗教的性格への期待は、与えられた卓越した訓練に応じて、大巾に増大するであろう、というのが私の強固な見解であります。と申しますのも、神はけっして、祝福しようとは思われない手段を、命令されることはございません。そして、神は申されました、『子どもを進むべき方向に訓育せよ、そうすれば、かれが成人した時、そこから離れることはないであろう』と。そして、私が教員であることが適切でなく、私自身それが許されない状態になったとき、貴殿が想定した援助や影響のすべてが効果を発揮するならば、子どもたちが成人した時、一〇〇のうち一を除いて、『正直な販売者、良心的な陪審員、真実を語る証言者、腐敗していない投票者、腐敗しない行政長官、善き両親、善良な隣人、善き社会の構成員になるべく、育成することに失敗することはないでありましょう。あるいは、貴殿が他の場所で表明していたように、かれらが、『節酒し、勤勉で、節約し、かれらの販売において、良心的であり、敬虔を促し、無知を教育し、無知を軽蔑したり、それを利用したりする代わりに、公共心に富んだ、慈善的およびすべて神聖なる事柄の遵守者』になるでありましょう。そして、消極的には、大酒飲みにならない、冒涜的な言辞を弄さない、誹謗中傷はしない、無頼漢、暴動者、裏切り、強盗、財産権、人権、名誉、生存権にたいする侵害、そして、生れて来なかった方が良かったような、悪事を行うことのないような人間になることでありましょう。……神が、この望ましい結果に向けての貴殿の努力を御導き下さいますように。

敬　具

ディヴィット・ページ」(234)

ソロモン・アダムスの場合

ソロモン・アダムスの回答は、つぎのようなものであった。

「　ソロモン・アダムスからの書翰

ホレース・マン殿

拝啓、二、三日前に受けとりました、貴殿が私に敬意を表わされ回状にある質問に、喜んでお答えしたいと思います。……

1　私は、この職業に二四年間従事して来ました。最初の五年間は、田舎の学校で、残余の期間は、都市の学校で勤めて参りました。

2　私の教えた生徒の総数は、二、〇〇〇人を少し下回ります。最近の一九年間は、女子の生徒たちでした。それ以前は、男女両方の生徒でした。

3　貴殿の第三の、主要な質問は、重大な考慮を必要とします。そして、絶対的精密度をもって回答することは、容易でないことを発見致しました。

私は、二、三年前、教職に入った最初の五年間、私が教えた生徒の殆どの者の経歴を知っているある紳士から、かれらのうち一人も、かつて悪い生活によって友達に恥をかかせたり、もしくは屈辱を与えた者は居ない、ということを告げられました。私自身、私の生徒たちの全リストを調べることはできませんが、疑問をいだかせる者は、居ませんでした。生徒たちは、学問的職業、機械、技術などの多様な職業に、それぞれ従事しているのを、私は知っております。女生徒たちは、合衆国の半分の州を通じて、教員として分散しており、また地球上のいたる所で、キリスト教伝道者の妻および補助者として、活躍しております。

それ故、私自身の経験や他人の経験に関して、私の知識を拡大する限り、この問題にたいする犯罪の統計に、いかなる光を投げかけてみても、私は、自信をもって一〇〇のうち九九、否それ以上さえが、社会に役立つ人たちになっていると申せます。貴殿が想定されたような教育の手段によって、また、私達が期待することを許されるような神聖な恩寵によって、人々は社会の良き構成員になり、秩序および法律、真実および公正、そして、すべての正義の支援者になると期待しています。……

敬　具

ソロモン・アダムス

ボストン、一八四七年一一月二四日」(235)

アボットの場合

つぎは、聖職者ヤコブ・アボットからの回答である。

「　聖職者ヤコブ・アボット氏からの書翰

ニューヨーク市

一八四七年六月二五日

ホレース・マン殿

拝啓　ヨーロッパへの旅行前夜であったので、より簡潔に、貴殿の質問にお答えしなければなりませんでした。

1　私は、ボストンとニューヨークで、主として、私立学校で約一〇年間教職に従事して参りました。

2　私は、長いにせよ、短いにせよ、おそらく八〇〇人程の生徒の面倒を見て来ました。かれらは、男女であり、そして、年令は、四―二五才でした。

3　もし、すべての私たちの学校が、正しい知的および道徳的資質と私が見なすところのものを、保持している教員の責任の下に置かれるならば、そして、地域社会のすべての子どもたちが、年間一〇ヵ月間、これらの学校の影響下で、教育されるならば、全地域社会の人々を、知的に、そして、有徳にまで育成する仕事は、間もなく達成されるだろう、と私は思います。……

次世代を徳性を持った人格にまで形成する方法の秘訣は、生徒たちに道徳的義務の正しい理論を教え込む、教員の能力、また、生徒たちにそのような理論の支持のための議論を努力する、教員の能力にあるのではなく、幼年期のあらゆる生活、遊び等における正しい行為の習慣を、教員の個人的影響や模範を通じて、生徒たちを誘発することにあると思います。……今やもし、教員が、これらの資質に附加して、他の本質的なものを持つことができるならば、そして、教員が、教えるべき領域に関して、充分教育されているならば、もしかれが、学校における教授上の配置を体系的に整えるならば、もし、かれの管理上の運営が確実になされるならば、そして、生徒たちに知識の獲得にたいする意欲を誘発させる力を持つならば、また改善への欲求を起こさせるならば、最後に、かれの行為や人格が、宗教的原理によって、自己管理されるならば、かれは、教員としての職務にたいする準備がなされたことになるのであります。

この国のすべての子どもたちが、このような教員の責任の下に置かれるならば、一日六時間、一年間に一〇ヵ月、学令期の期間、これらの影響が継続されるならば、私は、二世代において、実質的に全人口は、有徳――廉直、義務に誠実、公正、節酒そして相互の善意の習慣にまで――な人間にまで形成される、という結果にならないという理由を、私は理解することはできないのであります。

この影響は、あらゆる場合において、極端に悪い影響を受けている学校を除いて、効果を与えると私は思います。

敬　具

ヤコブ・アボット」(236)

F・A・アダムスの場合

つぎに、F・A・アダムスからの書翰を見てみよう。

「F・A・アダムス殿からの書翰

ホレース・マン殿

政府を通じて、最良の学校における若者の着実な訓練として、次世代にたいする道徳的影響力を大きく与えることができ、社会に影響力を与えることができる機関は、学校の他に存在しないという信念を表明するのに、躊躇することはないのであります。

そして、今や私たちは、子どもたちの活発な生活の場面において、このようにして、若者たちを訓練しつづけることにしよう。無知の中で成長した人、またかれの初期訓育の怠慢が、かれに影響し続けたあらゆる偶然の影響の下で成長した人とかれを区別する現実的性格を見逃して、私たちは、かれらが大人になりつつある現在、かれらの人生航路へのその影響における、この一つの重大な環境を見てみよう。一方の人は、書物の正しい利用の仕方を学んだのである。知識の黄金の小麦畠が、かれの前に開かれている。そして、何時でも、そこに入り、収穫することができ、それを妨げる他の仕事は何もなかった。

他方の人間は、そのような眼識も能力も持ち合せていなかった。この偉大な教養の手段を通じての知識は、かれには、すべて締めだされているのである。しかし、興奮したり気晴らしをする機会も、かれにも在るに違いない。かれは、それらを、狭隘で品位を落した精神に似つかわしいものから、求めなければならないのである。

貴殿の回状に述べられている質問に回答するにあたって、回状において仮想された学校教育の条件の下で、若者のうちどの位の割合が、かれらの社会的および道徳的義務の遂行において、不名誉に陥ち入るのであろうかについて、私は、一〇年間の私の経験の過程において、三、五〇〇人程の男子生徒を教えましたが、それに該当するのは、二人の生徒を越えるものではない、ということを申しあげたいと思います。……

敬　具

一八四七年一二月一一日
オレンジ、ニュージァーシー」(237)

アンドリューズの場合

つづいて、E・A・アンドリューズからの回答文である。

「　E・A・アンドリューズ殿からの書翰
ニューブリテン、コネチカット
一八四七年一二月八日

ホレース・マン殿

拝啓　……貴殿の第一および第二の質問にたいする回答において、生徒としてあるいは教員として、五〇年以上教育の分野に関係して来た、という事実に注目することをお許し願いたいと存じます。私は、田舎と都市の両方で教えて来ました。田舎の場合には、大部分二、三の選ばれた生徒だけに責任を負ってきたが、後者においては、約二〇年間、私は、大きな教育機関に従事してきました。私の生徒が、全体で何人であったか、性別の割合を決定する客観的資料を手にしていません。

貴殿の第三の質問において、提案された調査の性質から、それは、数学的型態をとる必要のある回答であると私は思います。したがって、数学的確実性の性格を、それに与えることは、明白に不可能である、と私は思います。それは、予想された教育制度について、予想される成功に関する見解の表明を要求しています。それは、私たちの経験と関係したいかなるものとも、非常に重要な事項において、異なっているものです。そして、依然として、他の制度の結果に関する私たちの経験は、類推によってのみ、適切に、また必然的になされるものであって、提案されている成功に関する点も、それが、判断の基礎になっています。今提案されている制度における成功の最も重要な要因は、私たちの過去の経験からして、大巾に欠けていたものでありました。それは、全社会の子どもたちや若者のすべての善良な行為にとって及ぼす影響力が、これまで授業にふり向けられていた時間内で、注意深い訓育によって改善されることになるからである。この要因の重要性は、劣った資格の教員の代わりに、資格を持った教員への一般的転換である。同時に以前の教員の実態調査なしに、資格を持った教員への転換を、評価することはけっしてできないものであります。これらの条件の改善による結果が、いかに重要な評価に値するものであるかを強調することは、殆ど危険のないものであることを、多くの人が確信しております。……

敬具

E・A・アンドリューズ」(238)

ハワードの場合

つぎに、バーモント州のロジャー・ハワードからの回答である。

「ロジャー・ハワード殿からの書翰

サースフード、バーモント州

一八四七年　九月一日

ホレース・マン殿

拝啓　……　私は、ニューバリポートにおいて、一五年間、いかなる妨げもなく学校で教えて来たということを申し述べたいと思います。私は、以前大学在学中、時々田舎の学区学校で教育した経験があります。ニューバリポートにおいて、私が教育した一五年間のうち、約一二年間は、少年たちを教育しました。残余の期間は、少女たちを教育をしました。私の普通の場合の生徒数は、五〇名——大抵の場合一二才から一六才の間の年令であった——であり、一校での平均勤続年数は、三年でありました。今述べましたことから、私が教育指導しました子どもたちが、いかに多様なものであったことが、容易に理解されることでありましょう。

貴殿の第三の質問にたいして、私は、現実の経験と観察に基づいて見出された、確定的な回答を与えることはできません。なぜならば、貴殿が想定した条件に従った状態を、私はけっして見たことがないからであります。すべての子どもたちが、特定の期間、施設が良く整い、そして、良く整備された学校に、高い資質の徳性と知性を持ち合わせた教員によって、教育される学校に、恒常的に就学するという、貴殿が想定する教育機関を私は知りませんでした。しかし、私の見たもの、そして、知っているものから判断して、もし、貴殿が指摘されましたような条件が厳密に守られるならば、——もし生徒たちの就学が、貴殿が述べられているように、普遍的であり、恒常的であり、そして、長期継続的であるならば、もし教員たちが高度の知的、道徳的資質を持った人たちならば、——神の御言葉および神の摂理が、つねに私たちに教えるその恩寵に恵まれて教えることができ、そして、教員の職務に献身することができると思います。このような条件に基づいて、そして、こうした環境の下では、私は失敗は一％にもならない——あって欲しくない——という見解を表明するに躊躇するものではありません。……

コモン・スクール教育の真に啓蒙化され、そして、キリスト教的制度の力強さは、今まで殆ど理解されず、評価もされて来ませんでした。親たちが、当然そうあるべきだと思いますが、その重要性について感じ始めた時、——地域社会が一般的に当然の努力や犠牲を払うことに、積極的になって来た時、——そして、教員には、学問的資質や高い道徳的目標を持つことが要求され、そして、殉教者の熱情でもって教職に就く時、毎日、かれらが、人間の精神に永遠の印象を植えつけているという意識を懐くようになった時、——その時私達は、最も熱心な情熱的な民衆教育の主張者の最高の期待を、大きく凌駕する結果を見るであろうと、私は確信しております。

敬　具

ハワード」(239)

ビーチャー女史の場合

漸く最後の回答者、カザリン・ビーチャー女史の証言を例証することになった。それは以下のようなものであった。

「ミス・カザリン・ビーチャーからの書翰

ブラットルボーロ

一八四七年八月二〇日

ホレース・マン殿

拝啓　貴殿が提示された質問に関連して、私は、一五年間教員として、コネチカットのハートホード、そして、オハイオのシンシナチで従事して来ましたことを回答します。私は、ある種の実際的教育実験をする目的のために、全く年少の子どもたちの、二、三の学級を教育しましたが、私の生徒の大部分は、年令において一二才から二〇才にわたっておりました。生徒は、全国の州から来ていました。明確な記録はありませんが、教えた生徒数は、一、〇〇〇人より少ないということは、ないと思います。

私は、つねに教育の主目的に従属するものとして、知的教養を考えて来ました。教育の主目的は、イエス・キリストが私たちに教えるところの、人類の永遠の福祉にとって必須である人格の形成であります。幼児の僅かのクラスを除いて、私の努力は、悪徳を矯正し、そして、善行、習慣そして諸原則を、既に多かれ少なかれ、教育によって発達した心の中に供給することを、進めることに向けられていました。そして、これは、未だ有害な影響によって害されていないような精神の正しい訓育よりも、より困難な仕事である、と私は考えているものです。……

私は、今やつぎのことを想定致すことにします。すなわち、私がかつて住んだ合衆国のどの地域においても、住民が一〇、〇〇〇人から一五、〇〇〇人の一定の地区で、四才になったすべての子どもたちは、一日六時間、一二年間就学し、私が担当し、そして、この国のどの州でも、子どもたちは、教員養成課程を経た同じ見解を持った教員の配慮の下に置かれるという手筈が整えられた、と想定する。すべて、これらの子どもたちが、引き続き一六才まで、これらの教員の下に留まるように手筈を整えて見よ、そして、またかれらは、この都市で生活をさせるようにさせて見よ。そうすれば、私は、躊躇なくつぎのように言うことができるでしょう、――私は、一人否たった一人さえも、社会の尊敬し得る、また裕福な構成員となることに失敗することはないと信じております。否それ以上に、私は、すべての者が生涯の終末で、無限の平和と愛の世界に入場を許されるであろうと信じています。……敬具」(240)

4　強制就学制の法制化

強制就学への全面的支持

以上八名の著名で、経験豊かな教員たちからの、マンの回状における質問にたいする回答であった。回答の中心は、第三の質問すなわちマンが想定した適切な教育条件である、学令児、四才―一六才、年間開校日数、一〇ヵ月、専門教育を訓練された教員、組織化された教育課程、全員就学の下で、すべての子どもたちは、有用な市民となり得るか、という問いに集中していた。回答者たちは、マサチューセッツ州以外の者が、多数を占めていた。もちろん、回答者たちは、事前に相互に協議したり、連絡したりするということはなかったが、到達した結論においては、全く一致していたことは、注目すべき事であろう。これらのマンの想定した教育条件が満たされるならば、有用な市民となることに失敗するのは、グリスカムは、「一％の半分以下」であると予測した。ページは、「たった一つの事例も」あり得ないであろう、と考えていた。ソロモン・アダムスは、「成功するのは、一〇〇のうち九九、それ以上でさえ」あると考えている、としていた。アボットは、その結果は、「二世代において、実質的に全人口が有徳な人間にまで形成されるという結果にならないという理由を、理解することはできない」と力説した。ハワードは、「私は失敗は一％にもならない、という見解を表明することに躊躇するものではありません」と回答した。ビーチャー女史は、躊躇することなく、「一人さえも、社会の尊敬し得る、また裕福な構成員となるのに失敗することはないと信じています」と言ったのである。

このような結論の一致をみるという前提には、マンの想定した若干の教育条件の改善事項を承認したことを意味するのである。すなわち、マンが述べる、いわゆるコモン・スクール教育の救済力および転換力の承認である。それは、現在のコモン・スクール制度は、ある程度の実行可能な修正で、社会が今悲しみ嘆きそして苦悶している悪徳や犯罪のすべての九九％を追放する救済力および転換力を生み出すことができる、ということであった。

しかし、若者の心の中に、悪の根源を枯渇させることによって、実際的不正行為の荒涼とした奔流を喰い止めるという、この神聖な結果は、マンのこれまでの主張から判断すれば、一定の規定された条件の先行もしくは達成によってのみ約束されるものであった。これらの条件というのは、三つのつぎのようなものであった。

① コモン・スクールは、現在のニューイングランド制度の基本的原則に基づいて運営されるべきである、ということ。

② コモン・スクールは、毎年一〇ヵ月の期間、高い知的および道徳的資質をもった人たちによって、すべての子どもたちを教えるべきであるということ、換言すれば、すべての教員は、われわれが現在、第一級もしくは一等級とよんでいる教員と、能力において、人格において等しいものであるべきである。

③ マサチューセッツ州におけるすべての子どもたちは（四才―一六才）、学校に規則的に就学すべきである。すなわち、かれらが守るべき就学期間は、毎年一〇ヵ月間である(241)。

この諸原則の中に、少なくとも一世代もしくは一〇年以前には、殆ど考慮されることができなかった、社会的・政治的政策、言いかえれば州によって支持され、統制される教育機関で、すべての子どもたちの為の強制された義務就学が正当化されたのである。

①については、第一章の一で詳細に論じられたところのものである。したがって、ここでは触れることはない。

②および③について、マンは、つぎのように述べている。学校が、毎年一〇ヵ月間継続されるものであることを想定

してみよ。多くの大タウンにおいては、学校は、今や年間これよりも長く開校されているけれども、それでも、州としては、全体の平均的開校日数は、八ヵ月に過ぎなかった。したがって、延長された開校日数と改善された教員給与の両者の増大した経費を、調達しなければならない。地域社会は、この経費を調達することが、できるのであろうか。

こうした教育改革による増大した経費を、如何に支弁するのかの問題にたいして、マンは、つぎのように述べていた。暫らくの間、われわれの全社会の九九％の者は、節酒で、正直、勤勉、倹約の人々になり、そして、精神において良心的であり、行動において模範的である人々になるということを想定してみよ。そうなるとすれば、二つの重大な金銭的な結果が、直ちに発生するということが確実ではないだろうか、と問題を提起するのであった。一つは、生産力における巨大な増大であって、第二章において論証された教育の経済的生産性の驚異的増大であろう。それは、不就学者の減少による、労働者の生産性の一層の増大が惹起される、当然の結果であった。そして、犯罪的破滅の巨大な減少および労働の生産性の増大による貧困の減少である。これら増大の源泉のいずれも、マンが示した証拠に従えば、両者の増大に続いて起る、コモン・スクール制度の増大した費用を支払うよりも、より多くなるであろう、と述べたのである。教育条件の改善が実行された場合の教育費は、現在の僅か三倍を超えないであろうこと、しかも、犯罪と悪徳との減少の結果生ずる節約は、現在の費用の一〇倍に値するであろう、ということを明示したのである(242)。

③の就学の強制についていては、マンの神経を悩ます問題であった。かれは、これをマサチューセッツ州の植民地時代からの歴史的慣行に依拠して説明している。これについて、要約して述べてみたい。第一章のマサチューセッツ州の教育伝統と遺産において、詳述したように、植民地議会は、強制的手段に訴えてでも、子どもたちに教育を受けさせる権利を留保していたと考えられた。州は、それぞれの子どもにたいして、教育を与えることによって、子どもに善良な

行為を振舞わせることを、義務として負わせる権利を保有している、とした。そして、子どもの心の中に、徳性と宗教の原則を滲み込ませることによって、子どもに善良な行為を振舞わせることを、義務として負わせる権利を、州は保有しているのである。それによって、子どもは、知性と高潔さをもって、大人になった時、かれの社会的および政治的義務を遂行することが可能になる、としている。こういった考え方は、マサチューセッツ州の植民地時代の初期から、その法令の記録に散見されるのである。一六四二年の植民地法は、「子どもたちの良き教育は、いかなる州にとっても、類のない程有用であり、利益のあるものであることを見れば、『宗教の原理および主なる国法』を読み、かつ理解する能力において充分な訓練を施されるように両親や親方を督励する権限が、すべてのタウンの行政委員に与えられるべきことを命じ、そして、子弟の訓練を怠り、あるいは当該行政委員に釈明を拒むものには罰金が課せられるべきである」ことを規定したのである。

一六七一年の法律施行までに、行政委員は、すべての子どもたち、および青少年は、「英語を完全に読むことを教育されるべきこと、主要な法律に関する知識を持つべく教育されるべきこと」を監督することを、再度要求されたのであった。

プリマス植民地の法律は、「多くの親たちや親方は、かれら自身の行事や職業にたいする尊敬もしくはかれらの子どもたちや使用人の幸福に配慮を欠き、子どもや使用人の教育にたいするかれらの義務を、余りにも無視してきた。他方、子どもたちや使用人は、青少年であり、そして、学習する能力を持っているが故に」と述べた後、マサチューセッツ湾植民地の法律において、上述の規定と同様の要求を実質的に行う方向に向ったのである。そして、その後、もし親もしくは親方に、警告や勧告がなされたにもかかわらず、依然として、かれらの義務を無視している場合、「それによって、子どもたちや使用人たちが、野蛮な、粗野な、もしくは不従順な人間に成長してしまう危険があり、そして、社会にとって有益である代わりに、有害な人であることが立証された場合には、一〇シリング罰金が、そのような怠慢な親もしくは親方にたいして、科せられるべきである」ことが、宣告されたのである。

もし、この科料のあと、三ヵ月経っても、当然の配慮がなされず、依然として、そのような子どもたちや使用人たちの教育が、無視しつづけられるならば、二〇シリングの罰金が科せられるものとされた。そして、最後に、もし、その後三ヵ月経過して、その怠慢に改善がなされなければ、その時行政委員は、そのような子どもたちや使用人は、親たちからとりあげられ、そして、ある親方たちに何年間か預けられ（少年たちは二一才まで、少女は一八才まで）、かれらは、この法令の規則に従って、厳密に、より教育され、そして、管理されることになったのである。

上述の立法は、死文ではなかった。初期の法的および行政的記録は、自然の親が、血縁関係の結びつきや義務、たとえばかれの子どもの教育を無視したり、放棄した時、法律が介入し、かれらにたいして、民事上の親を用意したのである。

近代立法は、これらの規定に関する厳しさを、大きく緩和してきたということは、真実である。マサチューセッツ州の現在の教育規則においては、その充分な代替物は、見出されてはいない。そして、既に無視された幼年時代は、犯罪を行う大人になるまで、社会にたいして、復讐するのである。大人の時代が到達する以前の長期間、犯罪の早熟がしばしばであった。

しかしながら、教育に関する強制的立法は、マサチューセッツ州の祖先の人たちの精神のすべてが、未だ達成されていない、ということが、依然として立証されている。マサチューセッツの法律は、多様な場合において、未成年の子どもたちを年期奉公に出すことができると、いうことが規定されている——男子は二一才まで、そして、女子は一八才まで――、しかし、すべての場合において、契約書に、その子どもたちは、「読むこと、書くこと、そして、計算することが教育されるべきである」ということが条件として規定されていた。

「言うことを聞かない、不従順な子どもたち」は、矯正院に送致することが、法によって可能であった。ボストン市においては、その親が死亡したり、もしくは、もし生存しているとしても、悪徳もしくは他の理由から、適切な職業に就くことを怠けたり、もしくは、子どもに、健康上の配慮をなし得ない、その一六才以下の子どもたちは、裁判所によって、矯正院に送致することが可能である。最近の立法によって、州立矯正院が設立され、一六才以下の男子罪人は、州のいずれの地方からも、この教育機関に送致することができるし、そこで、敬虔および徳性、かれらの年令や能力に適した、有用な範囲の知識が教授されたのである。

ここでは、収容者を年期奉公に出すことができる。しかし、受託者の義務として、奉公人の宗教的および道徳的教育にたいする配慮を怠ってはならないことを明らかにしていた。受託者は、少年たちに、良き範例の機会を確保するよう配慮すること、そして、有益な教育、そして徳性と知識における改善の確実な手段を確保するよう配慮すること、かくして、州の知的・道徳的な市民に成る機会を確実にする目的に心掛けることを、義務づけられたのである。

製造業者および製造工場の監督者は、一五才以下のいかなる子どもたちも、かれらの工場に雇用することは、法によって禁止されていた。その子どもたちは、雇用者が雇用し得る年度の特定期間、コモン・スクールに就学しなかった子どもたちである。そして、雇用者たちは、一二才以下のいかなる子どもも、一日一〇時間以上、いかなる事情の下でも、雇用することは、法によって禁止されている。

火災、爆発し易い物品、伝染病、伝染病発生地からの移民者、旅客者にたいして、また、その他の場合において、法律は、共和国を損失から救済するために、必要な禁止措置の完全かつ即決の権限を担当に付与している。パレイという人は、「無教育の子どもを世間に送り出すことは、他の人類を傷つけることになる。それは、狂犬もしくは野獣を街頭に放つのと同じくらい悪いことである」と言っていた。一人の無教育で、悪徳の男は、いつも存在するすべての狂犬病にかかった犬や野獣よりも、世間にたいして、無限に、より害を与える可能性があるので、かれが、それを「同じくらい悪い」ということをどのように考えていたのかを、理解するのは困難である。伝染的疾病にたいしては、精力的救済が必要であるのと同様に、伝染的悪徳にたいしては、より救済が必要である。そして、道徳的健康のためには、検疫(隔離)法は、すべての衛生上の規制が最も必要である。

パレイという人物の発言を通じて、マンは、すべての子どもたちの強制就学の根拠となる社会的基盤を、大変雄弁に語らしめたものであるとは言えないであろうか。したがって、マンは、この問題の最後の所で、つぎのように述べていた。

「しかし、私は、州教育委員会に、この問題に関するさらなる配慮を求めることは、差し控えたいと思う。わが民衆の大多数の人々が、その結論にたいして疑問を懐くようになるよりは、むしろなぜそのような議論が必要なのか、についてむしろ驚くことになることを、私は望むものである。」(243)

——と。

今や、すべての子どもたちを、コモン・スクールに就学させるということは、その可否を議論する段階ではなく、いかに速やかにそれを実施に導くかについて、意見を一つにする段階に到達している、ということを意味したのである。

マサチューセッツ州の政治指導者たちは、かれらの義務就学法の支持によって証明されたように、父親としての政府に関するマンの見解に同意していたのである。たとえば、一八四八年のブリッグス知事の州立法部にたいする年頭教書において、自分の子どもを、コモン・スクールに就学させることを拒否することによって、地域社会および州に害を与える、名うての悪事を行ったこれらの親たちを、痛烈に批判したのである。同知事は、市民たちが、かれらの家庭を、かれらの子どもたちの無知や愚鈍で、暗い住み家にしてしまうことは認めるとしても、しかし、社会に向けて、悪徳な男女を送り出し、それによって、社会を腐敗させ、かれらの犯罪によって、その平和を乱す権利は、いささかもないということを主張したのであった。個人および公衆の関心は、すべての子どもは、コモン・スクール教育の、この上もない価値の恩恵を受けることを要求したのである(244)。

プロテスタントの指導的牧師たちも、州による強制就学制を主張していた。一八四九年に、ユニテリアン派の牧師、チャールス・ブルークは、マンの親友であったが、コモン・スクールの熱心な主張者であったが、「アメリカ教育協会」で、合衆国における公立学校との関係で、州立法部の義務について、つぎのように述べたのである。

「父としての、またキリスト教の立法部は」「道徳的原理を教え込むことによってのみ、無知の動物的残忍性」を無害にすることができると、ブルークは力説したのである。州は、すべての子どもにたいして、「一定の知的および道徳的文化を学習することを強制すべきである。親が認めるにせよ、拒否するにせよ、就学を強制する法律は、政治的、経済的および綜合的愛の法律である」と。そして、もし慈悲深い父親的恩情干渉主義が、家庭の権利にたいする侵害を正当視しないならば、住民は、移住してしまうであろう。「われわれの混合した人口構成の現状においては、この法律(義務教育法—筆者)は、われわれの防禦として要求されている。」もし、社会が犯罪にたいして、自らを擁護する、否定することのできない権利を持っているならば、犯罪の原因——無知——にたいして、自らを擁護する同じ権利を持っているのである。数年後、影響力のある会衆派の定期刊行物である、『ザ・ニューイングランダー』は、義務教育の実施にたいして、神の権威を持って援助の手をさし延べたのである。五才―一五才のすべての子どもの七二%、とくに外国人の子どもは、「良き市民を形成する、この能率的な養生法（コモン・スクールを指す―筆者）」の影響を受けるという、見積りを立てて、この雑誌は問うた。

「そのような、毎年の知的な勢力の勢ぞろいにたいして、……イエズス会の信徒あるいは敵対的な外国人は、州にたいして、どんな損害を加えることができるのであろうか。具体化された大衆の意志としての州は、神聖な機関として、すべての親や保護者によって、あらゆる障害をのり超えて、子どもすべてに、（この能率的な養生法）が及ぶまで、これを進めて行くことは、疑いなかった。明らかに神自身、民主主義的強制のこの型態を承認したのであった。」(245)

アメリカ最初の義務教育法の成立

こうして、マンのコモン・スクールを義務就学制にしようという主張とその社会的根拠を論証した、第十一年報の影響は、政治、経済、教育および宗教の各界の指導層に、きわめて効果的であったことは、明らかであった。したがって、義務教育就学制の法律化は、時間の問題であって、何時それが成立してもけっして不思議ではなかった。マンの教育長辞任の三年後すなわち一八五二年に、合衆国最初の義務教育法が、マサチューセッツ州において成立した。

マサチューセッツ州の一八五二年の義務教育法は、つぎのごとく規定していた。

「第一条　八才から一四才までの子どもを保護する者は何人も、少なくとも一二週間、かれの居住している町あるいは市の公立学校に、その子どもを就学させるべきである。もしそのような町あるいは市の公立学校が、開校されている場合は、何時でも、連続六週間、その子どもを就学させるべきである。

第二条　この法律の第一条の規定に違反するものは、何人たりとも告訴や起訴によって、二〇ドル以下の科料に処せされるものとする。

第三条　この法律の第一条の規定に違反するものは、町および市の出納官によって告訴されるものとする。

第四条　もし地方学務委員会の調査によって、あるいは、裁判によって、つぎの事情が判明すれば、それらの人々にたいしては、この法律違反を適用しないであろう。居住地区に学校のない場合、コモン・スクールにおいて教えられる学科目を既に修得してしまった場合、子どもの身体的、知的条件が、通学あるいは学令期間、学習を修得する事を妨げる場合、子どもの保護者が、貧困の理由によって子どもを就学させることが不可能な場合。」(246)

この第四条は、第二条の適用免除規定であった。この免除規定の中には、貧困者の子どもが含まれている以上、怠慢な親、否それ以上に、経済的必要から就学させることが困難な家庭では、この法律無視に傾斜しがちであった。ボストンの学務委員会などが、義務教育法の成立を期待していたのは、この貧困者の子どもたちの不就学を、排除することが、その主たる動因であった。一八五〇年代を通じて、ボストンの教員たちは、これらを根拠に、就学の法的強制を正当視していた。ボストン市学務委員会の報告書は、それについて、つぎのように述べていた。

「親は、子どもの絶対的所有者ではない。子どもは、地域社会の構成員であり、一定の権利を有しており、そして、一定の義務の履行を負っている。これらは、公共の利害に関係している限り、政府は、子どもにたいする統制の権利を、親にたいするのと同じように所有している。政府は、子どもの教育に関する手段を提供するが、その教育は、子どもが社会の負担となったり、仲間の市民にとって、有害な人とならないように計算されているのである。ボストン市の納税者の住民は、これらの子どもたちは、公立学校の管轄下に置かれるべきである、と主張する。なぜならば、かれらの浮浪癖によって、われわれの財産が、最も危険に陥れられるからである。かれらこそ、州の保護力を最も必要とするものたちである。」(247)

しかし、この一八五二年の義務教育法は、マンが構想したものより、教育条件をより低水準に設定していた。年間の就学期間に関しては、一八四七年の段階で、州平均は八ヵ月に達しており、マンもそれを斟酌して、一〇ヵ月と設定したが、法においては一二週間という短期間になっていた。また学令の設定に関してもマンのそれが、四才―一六才であるのにたいして、法は、八才―一四才としているように、二才も短縮していた。このような、年間の就学期間や学令の設定は、当時のマサチューセッツ州の工業の発展と児童労働の状況を反映せざるを得なかった。とくに、児童労働の問題は、アメリカ資本主義の発展にとって、重要な労働力供給問題であるとともに、コモン・スクールの就学上昇を阻む、主要因でもあったからである。この点に関しては、これまでにも、その都度言及してきたが、ここで再度、確認しておかなければならない。

一八三五年、マサチューセッツ州下院の教育部会長のカーターは、子どもの工場労働に関する法律が制定されるよう議会に勧告した。それは、①一八三七年四月一日以降一五才以下のいかなる子どもも、毎年少なくとも三ヵ月間法的に資格のある教員によって教育される公立ないしは私立の全日制学校に就学することなしに、いかなる工場にも雇用されないものとする、②この法律の規定に反し、子どもを使用した工場の所有者や管理者あるいは監督者には、起訴に基づき一件につき五〇ドルの罰金を課し、この罰金は当該工場所在の町のコモン・スクールのための収入とする、というものであった。これは、一八三六年に工場労働法として立法化された。これは、就学を証明する最初の型態であり、そして、かかる証明と結びついた陳述を確認する手段としての宣誓書の使用の始まりでもあった(248)。

工場に雇用されている子どもが、年一二週間コモン・スクールに就学することを要求した、この工場労働法を、マンは、その時点においては、評価したのである。それは、強制力を欠いていたけれども、結果として多くの子どもたちを就学させることになったからである。第十一年報において、マンは、その法律を支持した工場主たちに敬意を表したのである(249)。工場の規模によって、その法律にたいする態度は異なっていたが、概して大工場は、その法律に従っただけでなく、雇用された子どものために、コモン・スクールを援助した。これにたいして小さな工場は、この法律を無視する傾向があった。マンの最も不満とするところは、子どもの教育にたいする親の態度であった。当時、幼い子どもを工場に働かせていた親たちは、子どもを金銭以上の何らの高い基準で評価しようとはせず、したがって、子どもを学校に就学させるということへの関心は、非常に低かったのである。

一八四二年、労働出勤法（Labour Attendance Law）に、大きな変更が行われた。すなわち、一二才以下の子どもが工場で一日一〇時間以上労働することを制限する規定であった。これまでの工場労働法は、強制のための何らの権限もなかったが、今やこの義務は、州の地方学務委員会に付託され、地方学務委員会は、あらゆる違反を起訴する権限を与えられたのである(250)。

このように一八三〇年代から一八四〇年代にかけての工場労働法は、子どもたちを規則正しくコモン・スクールに就学させるために、子どもの労働にたいする規制、とりわけ労働時間を短縮するという努力をしてきたのであった。

したがって、一八五二年の義務教育法は、これらの工場労働法の規制に支えられながら、またそれらを基礎に、すべての子どもたちの就学を強制化しようとしたものであった。しかし、学令児は、毎年最低三ヵ月就学すれば、残余の九ヵ月は、工場に就労することが可能であることを考慮すれば、以前の工場労働法の措置と殆ど差異はなかった、という見方も可能であろう。しかし、これは、飽くまでも最低の就学期間を想定してのことであって、当時の趨勢としては、既に各学校の年間開校日数は、八ヵ月に達する段階にあったので、実質的に、義務就学によって、全般的な上昇が期待されたのである。

マサチューセッツ州の学令児の出席率は、下表によって、義務教育法施行後、上昇しつつあるのを知ることができる。義務教育法施行後五年目で、出席率は、五％近く上昇しているのが、統計表から明らかである。

前述のボストン市学務委員会の報告書において、貧民の子どもこそ、義務教育法の最も直接に目標とするものである、ということを明らかにした。そして、かれらこそ、州の保護力を最も必要とするものたちである、ということも、その報告書は力説していたのである。

ところが、移民者、とくにアイルランド系の移民者は、「州の保護力」を承認したくなかった。かれらは、義務教育法は、「子どもたちの教育は、教育の事業でもなく、また家庭の仕事でもなく、州の事業である」と主張している、と見たのである。州が、子どもたちを、コモン・スクールに生徒として入学させたとき、それは、親に

義務教育制度の実施状況（1849−1861、マサチューセッツ州）

年次	公立学校数	公立学校 平均生徒数	公立学校 平均出席生徒数	5～15才 全児童数	5～15才 出席生徒数	5～15才 児童出席率
1849	9, 878	185, 374	139, 212	193, 232	103, 222	53. 5
1851	4, 056	192, 468	144, 226	202, 880	104, 271	51. 5
1853	4, 163	190, 038	147, 752	206, 625	110, 049	53. 4
1855	4, 300	203, 891	157, 101	222, 853	120, 520	54. 2
1857	4, 421	208, 995	165, 084	223, 304	125, 820	56. 3
1859	4, 497	212, 637	168, 684	223, 714	134, 901	60. 3
1861	4, 605	225, 179	178, 892	224, 252	143, 628	63. 8

Annual Report of the Board of Education (Massuchusetts), 1851,53,57,59,1861.

結びつけていた絆を弱めさせてしまった。州は、あらゆる権限でもって、学校から宗教教授を排除することができるし、また排除したのである。アイルランド人のカトリック教徒は、ボストン市の指導者たちが、カトリック教会の影響力を減少させようとしていることに恐れを懐いたのである。雑誌『ボストン・パイロット』は、ボストン市のあらゆる公的機関は、カトリック教徒の子どもたちの堕落のために設立されたものである、と非難した。一八四九年に、卓越した聖職者は、公立学校に就学している三、〇〇〇人のカトリック教徒の子どもたちの間で見られる、宗教的信条の喪失を嘆き悲しんだのである。他の聖職者ハスキンスは、監督制教会からの改宗以前に、プロテスタントの牧師として活動していたが、「私は、ボストンの著名な博愛主義者であり、市政府の構成員の一人であった人物が、外国人の人口の地位を高める唯一の方法は、かれらの子どもたちをプロテスタントにすることである、と言っているのを聞いた」と証言したのである(251)。

カトリック教徒は、公立学校におけるプロテスタントの聖書の使用は、かれらの子どもたちを改宗させる意図を持ったものである、という最も顕著な証拠であると見ていたのである(252)。一八二七年以降、前述したように宗派教育は禁止されたが、それに代わるものとして、聖書の講読と祈祷に宗教教育は限定されてきたのである。とくに、マンは、この聖書の解釈なしの講読と祈祷の宗教教育をコモン・スクールの教育において重視した。この宗教教育の方法は、プロテスタンティズムの教義に酷似するものである、と批判されてきたのも事実であった。事実、一八四〇年代を通じて、多くの宗派から聖書講読にたいする激しい攻撃が加えられた。プロテスタント派でもない、またカトリック派でもない宗派の信徒たちは、教会と州の分離に一撃を加えたいと願っていた。むしろ、かれらは、かれら自身の宗教的関心と解釈を擁護しようと努めたのである(253)。

その目的のために、カトリック教徒は、かれら自身の教区学校制度を設立しようとしたのである。一八五〇年代の初期まで、かれらは、良くも悪くもない状態に置かれていた。そして、公立学校においては、カトリック教徒の子どもたちは、依然として聖書の講読を要求され、そして、プロテスタントの祈祷を暗唱させられたのである。もし、かれらが、それに従わなかった場合、かれらは、しばしば罰せられたり、あるいは学校から退去を命じられたのであった。一八五一年には、親たちのグループは、事態が改善されなければ、裁判訴訟も辞さないことを、市当局にたいして警告したほどである。翌年、『ボストン・パイロット』の編集者は、学務委員会の偏屈者どもは、学校におけるプロテスタント神学の強制を中止すべきである、と要求した。義務教育法が成立した翌年すなわち一八五三年のボストン市学務委員会報告書は、明確にそのような宗教教育の正当性を主張していた。それは、つぎのように述べていた。「道徳的および宗教的教授は、健全な教育にとって必要である。……われわれの学校は、もし、そのような教授が与えられなければ、それらに期待された結果を生み出すことに失敗するであろう。それ故、政府の目的として、宗教教授がわれわれの公立学校において、与えられるべきであることを要求するものである。……与えられる教授の全性格は、それらの子どもたちを、アメリカ市民および熱心なアメリカ制度の支持者に形成しようとするようなものでなければならないし、またそれのみが、与えられるべきである」(254)と。この主張は、カトリック信徒の最悪の嫌疑を強めたものであった。

しかし、このような主張は、前章で詳述したように、マンが教育長として、公教育における宗教教育の必要を述べる際、力説する論点でもあった。このようなプロテスタントの宗教教授を要求するボストン市学務委員会の権限は、一八五九年の論争的裁判――エリオット学校事件――において、支持されたのであった(255)。

終章　マンの公教育思想にたいする歴史的評価

マンは民衆教育を、民主主義、資本主義およびプロテスタンティズムとの関係において、把握し、そして、位置づけていた。この関係は、かれの十二巻にわたる年報を通じて熟知されていた。国家は、もはや無知であっては、自由も民主主義も存在し得ないものとなった。政治組織や構造は、いかに人為的に想定されたにせよ、内在的に市民の権利や自由を保証する民主主義は存在しない。なぜならば、自由を核とする民主主義は、知識が民衆の中に、広くかつ深く、普及し、滲透した時にのみ確保し得るからである。かくて、普遍的な民衆教育は、そこに民主主義政治が確実に依存しうる唯一の基礎なのである。こういったジェファーソン主義的前提は、マンが自明なものとして、承認してきたところのものである。しかしながら、マンにとって、問題は、より深い所にあった。すなわち、それは、本質的に徳性の高揚のそれであった。前述したように、第十二年報で、マンは、「コモン・スクールが、人間社会にかつて存在したものよりも、より遠謀深慮の知性と高潔な徳性を創出するまでは、議事堂において叡知が議長となり、その深遠な知識ある言説が法令全書のページに記録されることは、けっして在り得ないであろう」と述べたのである。知識は、力であることは確実であるが、しかし、それは、善にも、悪にも用いることのできる力なのである。民主主義教育の本質は、単に知的であるということだけでは、けっしてあり得ない。価値観が必然的に絡んで来る。それは、当然、道徳、宗教、思想、政治および経済の問題に、密接に結びついて来るのである。

マンは、アメリカ人口構成の異質性に、大いに驚き、さらに、その社会的、人種的および宗教的集団の、その巨大な多様性に驚異の眼を見張ったのである。そして、価値観の矛盾が政治的統一体（国家）が引き裂かれないように、また、それが無力なものになってしまわないように、心を砕いたのである。宗教的政治的および経済的利害の対立の破壊的な可能性を恐れて、マンは、アメリカの民主主義政治を強固にし得る共通価値体系を求めたのである(256)。キースルに言わしめれば、それは、土着のプロテスタントのイデオロギーであった(257)。

その共通の価値体系は、あらゆる多様性と信仰のアメリカ人によって共有されるところの、共同生活体の観念である。マンの努力は、矛盾する文化的伝統の迷路から、新しいアメリカ人の性格を形造るために、教育を用いることであった。マンにとって、それは、コモン・スクールであった(258)。

これも、前述したように、マンの想定する学校は、一般民衆（Common People）にたいする、伝統的なヨーロッパの学校観念においてではなく、すべての人民にとって、共通の新しい観念に基づく学校を意味した。それは、あらゆるアメリカの子どもの生得権の一部として、すべてに利用され、そして、平等であるべきものである。それは、富裕者にも貧困者にも同一であるべきであり、無月謝であるだけでなく、いかなる匹敵し得る私立学校とも、質において同水準であるべきものである。そこにおいては、あらゆる信条、階級および素性の子どもたちが混在することになり、子ども時代の暖かい交流が、成人生活の緊張および分裂による対立を緩和し、相互愛と尊敬の精神に点火することになろう。そのような、社会的調和こそ、マンが、コモン・スクールに求め得る一つの大きな目標であった。

コモン・スクールの普及および水準の向上による、社会的病弊の消滅ないし根絶は、マンの一大悲願であり、宗教的願望であった。コモン・スクールの普遍的教育は、人間の諸条件の「偉大な平衡装置」「社会という機械の平衡輪」となり得るものであった。それについて、第十二年報で、つぎのように述べた。

「……社会の両極間（資本と労働との間）の距離は、短縮されるかわりに益々延長しつつある。徐々に財産が増加する一方、反面には貧困が著しくなってきている。それぞれ人間の精神を非人間化し、生命の最低限度の維持に必要な欲求のために、闘争が人々を貪欲なものにしている。巨大な私有財産は、民衆の幸福をふみにじる最も危険なものの一つである。このような財産は、新しいタイプの封建制を創り出すものである。イギリスおよび大陸における封建領主は、民衆を、今日における工場経営者や資本家が、かれの労働者にたいして負わせている苛酷な状態ほどには放置しておかなかった。今日の労働階級の状態は、奴隷階級のそれよりも、絶望的なものである。マサチューセッツにおいては、合衆国の他のいかなる州におけるよりも、はるかに過大な富と絶望的な貧困との恐るべき両極が露呈されつつある。すべての資本は、一階級の掌中にあり、そして、すべての労働は他の階級に投げかけられている。」

と、アメリカ資本主義の現状を指摘したのである。アメリカ資本主義の急速な発展に伴う、資本と労働の対立の中で、教育そのものの存立を危うくする現状にたいして、マンは眼をそらすことはできなかった。したがって、資本と労働との対立の渦中において、教育の果たすべき役割を把握し、それを、それぞれの階級にたいして、説得しなければならなかった。この事態の中で、教育の価値を説得する場合、マンは、教育の経済的生産性の意義を力説しなければならなかった。すなわち経済的独立なくしては、人間の平等は在り得ないという前提にたって、この経済的独立に役立ち得るものとして、教育の役割を評価したのである。

マンは続けて言った。

「今やたしかに教育の普遍化以外のいかなるものをもってしても、資本の支配と労働の隷属とへのこの傾向を抑止することは不可能である。もし一つの階級がすべての富と教育とを占有し、社会の残余が無知であり貧しいというのであるならば、この両者の関係がいかなる名でよばれようともそんなことにかかわりはない。事実においては、真実のところ、後者は前者の奴隷的な下属者である。しかし、もし教育が平等に普及するならば、教育はその及ぶところに最強の力をもって財産を引きよせるであろう。なぜならば知識のある役に立つ人間が永久に貧乏でいるというようなことはかつてあったためしがないし、また在り得るはずがないからである。されば、教育は、人間が考えだした他のあらゆる工夫にまさって、人々の状態を平等化する偉大なはたらきをするものである。教育は社会という機械の平衡輪である。教育は人間に独立を与え、……富める人々にたいする貧しい人々の敵意をとりのぞく以上のことをする。というのはそもそも教育は貧者であることを止めさせるからである。教育の普及は、社会における人為的な区別を阻止する以上に、新しき富を創造する特権を有している。」

——と。

このように、マンは、教育は、人々の状態を平等化する偉大な働きをする、偉大な平衡装置である以上に、新しき富を創造する能力を持っている、という教育の経済的生産性の意義を指摘したのである。これは、独想的な発想であった。

これまで、教育にたいする支出は、非生産的なものであり、消耗的性格であって、何ら生産的性格を有しない、消費支出と見なされてきた。したがって不況期には、無駄な消費支出である教育経費は、つねに縮減の対象となってきた。現に州教育委員会や教育養成機関の廃止案が、州下院に提案されるに及んだのである。これを契機に、マンは持論を展開するに及び、教育の経済的生産性を実業界の指導的人物の証言を基礎にして、第五年報において公表したのであった。そこで、マンは、下層階級ないし労働者階級にたいしては、子どもの教育は、経済的利益を促進し、貧困からの脱却を可能にするものであると説き、さらに他方では、富裕階級ないし資本家階級にたいしては、教育された労働者は、無知なる労働者よりも、より生産的であり、有利であること、すなわち労働力の価値を増大させる手段として、教育の価値を説き、それによって、教育費支出の有利なる根拠を与えようとしたのである。

マンは、教育は経済的生産性を有していると主張し、教育を経済的範疇において把握し、これを評価しようとした。すなわち「教育ある国民は、つねにより勤勉にして生産力のある国民であって、知識と富は相互に因果の関係を保つ。そして、知性は国民の富の第一の要件である」という命題である。またしたがって、「教育は、単に道徳的革新者や知力の増殖者であるのみならず、物質的富の最も多産な親である。それ故、それは、財産を蓄積するのに最も誠実にして最も確実な手段である」としている。コモン・スクールで教育される読み・書き・計算についてすら、一定期間教育されることによって、工場制工業生産が要求する労働の質が増進され、生産性が高まり、したがって、労働者の賃銀が上昇することが、明らかに確認されたのである。これは、すべての人に理解され得る問題提起の方法であった。それに加えて、コモン・スクールは、「夢想だにしなかった富の創造者」であることが明示されることによって、人々に驚愕さえ与えたのである。

子どもの教育について無関心であった貧困階級および富裕階級は、子どもの教育のために費された貨幣が、経済的価値によって償われることを理解するにいたれば、これまでとは異なった態度を示すであろう、ということは明らかであった。教育のための課税は、かれらにとって、負担と考えられていたが、今や利潤ある投資として考えられるにいたった。

これにも増して重要なことは、読み・書き・計算のできる労働者は、単に生産性において、高いだけでなく、勤勉、節約、節度、従順など、道徳的性格においても際立っていたということである。したがって、紛争に際してもかれらは、冷静に対処し、経営者に極めて協力的姿勢を示したのである。これらの徳性の涵養は、コモン・スクールにおける宗教教育を基礎とする道徳教育の結果であることは言うまでもない。

マンは、第十二年報で、「われわれの公立学校は神学のセミナリーでないということは納得できる。……しかしながらわれわれの学校制度は、熱意をもってあらゆるキリスト教の道徳を教えるのである。それは、その道徳を宗教の基礎の上に置く。それは、聖書の信仰をよろこんで迎え入れる。そして、聖書を受入れることにおいては、他の制度においては許されていないことが、この制度では許されている。すなわち聖書を註釈なしに読ませること――聖書自体が語ること――である。しかし、そこで聖書の教授は停止する」ことを主張していた。これは、明らかに、プロテスタンティズムの教義すなわち各人は聖書を自分自身で読み、そして、解釈することができるという考えに基づいていた。プロテスタンティズムは、固有の倫理観を形成し、アメリカ公教育の道徳教育に重要な影響を与えたのである。マックス・ウェーバーは、『プロテスタンティズムの倫理と資本主義の精神』の中で、「資本主義の精神」は、企業家・資本家だけに担われるのではなく、労働者にも担われなければ、近代資本主義は発展しないということを明らかにした。このことは、アメリカのコモン・スクールの性格を明らかにする上で、重要な関係を有しているので、無視することはできない。アメリカ資本主義の労働者層は、圧倒的にコモン・スクールにおいて育成されるからである。ウェーバーは、「資本主義の精神」の例示として、ベンジャミン・フランクリンの「若い商人に与える忠告」をとりあげ、事業において成功する心得を示した。

そこには、一切の幸福主義や快楽主義には目もくれずに生涯を職業的な労働に捧げるのだ、という観点が、徹底して終始一貫、あたかもそれが自己目的であるかのように、貫かれている。さらに、職業的な義務を、神から負わされた義務として、死の瞬間にいたるまで、自分の手足が動く限り実践しつづけ、それ以外に人生の目的はないとすることが指摘される。その意味で非合理主義に徹していくのである。それが、プロテスタンティズムの倫理として、ウェーバーが抽出した禁欲的職業労働の精神であり、言いかえれば、それが、「資本主義の精神」であった。

ウェーバーは、このような「資本主義の精神」が、労働者にも持たれなければ、近代資本主義は成立し得ない、と分析するのである。労働者が、そのような「資本主義の精神」を身につけることができるのは、長年月の教育の結果であり、しかも宗教的教育によって、その結果は最大になる、と指摘したのである。

このようなウェーバーの主張する「資本主義の精神」を身につけた近代的労働者の育成は、前述のマンの主張するコモン・スクール、とりわけ土着プロテスタントに依拠する宗教教育に基礎を置く道徳教育を重視するコモン・スクールによって、継続的に果たされることによって、アメリカ資本主義経済を支えたのである。

一九世紀前半における二、三〇年代の産業革命と、それにつづくアメリカ資本主義の形成と併行して、コモン・スクールは確立されていった。教育改革者を中心とする教育関係者たちは、コモン・スクールの最高の教育目標として、徳性の涵養と社会的責任の形成とを強調した。プロテスタントの徳性——「資本主義の精神」——、そして、拡大する資本主義経済、充分な読み・書き・計算能力と個人の地位の向上は、社会的進歩と調和と全く両立するものであった。異なった階級に属する人々は、異なった政治的展望あるいは異なった教育の在り方を懐いていたが、コモン・スクールの教育目標の在り方については、意見の一致を見ることができたのであった。それらは、従順な子どもたちを、勤勉、節約、克己の徳性を持つように育む道徳教育、その結果、犯罪を減少させ、悪徳を思いとどまらせるものとなる。共和主義政治を擁護するための市民の資質の形成、生産性を高める読み・書き・計算の教育、移民者を同化し、統合するための文化教育等々である。

コモン・スクールの充実を主張する人たちは、とくにマンは、納税者にたいして説得するときは、コモン・スクールの教育を受けた子どもたちは、財産を保護し、治安・秩序の維持に心がけ、経営者や企業家にたいしては、教育された労働者は、無知な労働者よりも、より生産的であり、高い倫理性を有し、増大した価値の労働力であることを訴えた。下層階級および労働者階級にたいしては、子どもの教育は、経済的利益を促進し、貧困からの脱却を可能にし、富を手に入れる道でもある、と説いたのである。前述したように、人々を惹きつけるコモン・スクールの魅力は、このような多様な方向においての、その優れた役割を土着のプロテスタントのイデオロギーによって説明するのに役立つのである。

第十一年報にいたって、マンは、初めてコモン・スクールの義務制を主張するようになった。これまでは、かれは、「子どもが何をすべきを決定する親の権利」という当時の支配的な自由権的考えに立っていたが、コモン・スクールの目的実現のためには、州による就学強制の必要を、広く人々に訴えたのである。

第五年報で、教育の経済的生産性を主張する場合も、実業界の指導的人物の証言を基礎にすることによって、その主張に信憑性を与えようとした。第十一年報において、同じ手法を用いたのである。コモン・スクールの強制就学を含む改善策を提案する際に、経験豊かな著名な現場教員の証言を蒐集して、その提案に信憑性を与えることによって、その実現に大きく寄与したのである。八名の教員経験者に送られた質問紙は、「もし、すべての学校が、高度の知的・道徳的資質をもった教員によって管理され、すべての子どもが四才から一六才まで毎年一〇ヵ月これらの学校に就学するとすれば、貴殿の指導下にある子どもたちのどの位――何%――が、世の中に出ていった時、社会の損失とならず利益となり、恥辱とならず名誉となるように教育され、訓練され得るか」に関してであった。この質問は、これまで、政府、宗教団体および家庭が失敗してきたところのものであり、慎重に組み立てられた教育課程と科学的教育を整えた学校が成功することができるか否かを尋ねたものであった。マンの受けとった回答は、回答者はすべて仮説的に述べているということである。マンの設定した適切な条件、すなわち一〇ヵ月の年間開校日（当時のマサチューセッツ州の平均は八ヵ月であった）、訓練された有能な教員、組織された教育課程といったものは、当時は実現されていなかったが、もしもそれが可能だったらという観点からのものであった。つぎに、そのような条件が揃えば、これまでの経験から言って、すべての子どもたちは、世の中に出て、立派で有用な市民となるよう教育することが可能であるということであった。

その一人、グリスカムは、つぎのように答えている。「……この回状に述べられている状態においては、そして、福音の精神を吹き込まれた教員を想定すれば、『賢明な判事も見込みなく矯正し難いと判決せざるを得ない』子どもたちは、教育された子どもの一％の半分以上も存在しないであろうと信ずる」と。

ヤコブ・アボットは、「もし、すべての私たちの学校が、正しい知的および道徳的資質と私が見なすところのものを、保持している教員の責任の下に置かれるならば、そして、地域社会のすべての子どもたちが、年間一〇ヵ月間、これらの学校の影響下で、教育されるならば、全地域社会の人々を、知的に、そして、有徳にまで育成する仕事は、間もなく達成されるだろう」と述べていた。

ビーチャー女史は、「すべて、これらの子どもたちが、引き続き一六才まで、これらの教員の下に留まるように手筈を整えて見よ。そして、またかれらは、この都市で生活をさせるようにさせて見よ。そうすれば、私は、躊躇なくつぎのように言うことができるでしょう。――私は、一人否たった一人さえも、社会の尊敬し得る、また裕福な構成員となることに失敗することはないと信じております」と回答していた。

このような、コモン・スクールの果たし得る教育力についての有力な証言を与えられたマンは、改善された条件の下での義務教育制度の実施を提案したのである。その三年後に合衆国最初の義務教育法（一八五二年）が、マサチューセッツ州に成立したのであった。その法の内容は、マンの提案した条件を著しく後退させたものであったが、すべての子どもの強制就学制度の持つ教育史上の意義は、重大であった。

マンの努力を傾注したコモン・スクールは、前述したように、千年至福のプロテスタントのキリスト教の信条である、道徳改革と社会進歩という命題の中核に位置づけられていた。コモン・スクールは、多くの面で、この信条の網状組織に組み込まれていた。コモン・スクールは、良き市民になるべく、子どもたちを教育したし、また道徳的性格や勤勉、節約の労働の慣習を発展させ、人々を土着のプロテスタントのイデオロギーに基づいて、共通の文化にまで引き入れてきたし、読み・書き・計算の能力を広め、個人的地位の向上のために、機会を提供してきた。

この道徳改革と社会進歩という命題を信条とする土着のプロテスタントのイデオロギーは、さまざまの教義を結びつけ、教育および改革にとって、きわめて重要なものとなるのである。キースルは、それについて、つぎのように述べている。

「共和主義の政府は、個人の人格に依存する。個人的人格の欠陥は、貧困にその原因が在る。共和国にとっての適切な人格の発展は、婦人の家庭的役割に依存している。キリスト教は、家庭の婦人の従属を支持している。キリスト教は、私有財産を支持している。私有財産は、勤勉と行動への動機の拍車となる。かくて、私有財産は物質的進歩と繁栄の原因である。財産権は、共和主義の大目的の中心的なものである。プロテスタント、キリスト教の原則は、民主主義の共和主義政府の原則と同じである。経済生活における個人の自由は、政治的自由を強化するものである。適切な環境は、教育および改革にとって、きわめて重要なものである。」(259)

こうして、民主主義、資本主義および土着プロテスタンティズムは、分ち難く結びつき、相互補完し合いながら、道徳改革と社会進歩の命題に、収斂されていくが、コモン・スクールは、必然的にこれらによって強く規制されるとともに、他を大きく条件づけることもまた事実である。これは、教育史によって明証されるところのものである。

マンは、他の教育思想家と異なり、その思想が、現実の教育の変革を意識し、そして、特定の社会階級へのアッピールの性格を帯びている以上、その思想を現実の社会構造との対応関係においてとらえることが必要であろう。この側面から見れば、マンの民衆教育の必要性にたいする深い信念と理解は、教育の個々の面において——教育行政機構の確立、教育課程の改善、校舎の改善、学年制、学級編成、教授法の改善、教員養成機関の設置、宗派教授の排除と宗教教育の確立、学校図書館の奨励等々——、多くの先駆的役割を演じさせることになった。しかし、この時代の中で、誰もまだ資本主義の将来の発展と、これに伴う社会状態の変化を予測することは困難であったが、かれは、その中で、民衆教育が実現されるためには、資本主義経済に寄与する発想に傾斜していったのである。教育は人々の状態を平等化する偉大な働きをするものであり、社会という機構の平衡輪である、という主張、そして、教育の経済的生産性を強調し、それらを、資本家階級および労働者階級に訴えなければならなかった。とくに労働者階級や下層階級にたいしては、読み・書き・計算の能力を身につけることは、労働力の質を高め、賃銀を上昇させることになること、勤勉、節約、克己、従順、節酒等の徳性は、富を手に入れる手段であることを訴えるのであった。

このようなマンの論理を過大評価することは、慎重でなければならないし、したがって、これをいかなる文脈において把握するかが問題であろう。もとより資本主義経済機構の下においては、教育は、マンが主張したように、十分に「社会機構の平衡輪」にはなり得なかった。かれが、支援し、改善したコモン・スクールは、資本主義社会の生み出した病弊である犯罪、悪徳、無知、非衛生、貧困の除去に役立ったことはもちろん、それは、下層労働階級にとっての利益より、一層上層階級、資本家階級にたいし、その地位をより有利に、かつ安全にさせるのに役立つものであった。

コモン・スクールは、教育の民衆化にとって基本的要請であるが、その現実化の過程において、経済的利害の対立の渦中にまき込まれ、その結果として、コモン・スクールは、資本家的要求に基づく階級的傾向をもって立ち現れることになった。したがって、当時の労働運動の指導者スキドモア(Thomas Skidmore)やグリレー(Horace Greeley)が、「教育が労働階級の地位を高めるというのは疑わしい。それが可能となるためには社会条件の改革が必要である。それをまってのみ教育は、その意義を持ち得るのである。無月謝学校は達成された。労働者階級の子弟は、それによって利益を受けた。しかし、低賃銀、失業は依然存在した」(260)と言ったのは、このことを示している。

また、つぎのような批判が、現代の研究者たちによって、マンに向けられていた。

「……かれら（現代の研究者）によれば、マンは急進的民主主義とジャクソン的平和主義を恐れて、法律と財産との諸制度の中に避難したのである。すべての者が読み書きができるように機会を保証するために、かれが努力したことは承認されている。しかしながら、このことは民衆をして他者の財産権になじませ、それを尊ぶようにする世俗的道徳を、かれらに最も効果的に訓練するために必要な手段に他ならなかったと論ぜられる。これは、マンを、本質的に社会体制を維持し、政治活動をして、それが財産のある社会的エリートを支持する程度においてのみ認められたとする、いわば限られた制限つきのヴィジョンであった。この当然の結果として、マンにたいする現代の批判は、個人の社会的・経済的上昇への道が、巨大な法人の出現によって圧縮された、まさに自助と個人主義といった古臭いプロテスタント倫理をマンは促進したのだと述べている。かれらによれば、工場の町になり、児童労働が盛んになり、棟割り長屋の共同住宅に住み、黄犬契約（労働組合不加入を条件とする雇用契約）の出現した時代にあっては、一生懸命に働き、蓄え、そして、その所得を投資したすべての者は、アメリカの無限の豊かさにあずかることができるなどと説くことは、残酷に人を欺くことであった。」(261)

――と。

このような批判を見ると、マンの立場は、産業資本家の利害関係と意識的にか、あるいは無意識的にか癒着していたと見ることができよう。マンは、資本主義がもたらす悪弊にたいして、決して盲目ではなかったし、また資本家が人権を蹂躙する冷酷な搾取を前にして、ただ沈黙を保っていたわけではない。マンは、資本家にたいする憎悪や労働者階級にたいする共鳴の感情を持っていたにもかかわらず、アメリカ社会における利害関係の基本的矛盾を剔抉し、対決させるよりも、道徳改革と社会進歩の道を優先させる土着のプロテスタントのイデオロギーに依拠して、コモン・スクール改革に、全エネルギーを傾注したのであった。教育の経済的生産性の強調や教育の社会機構の平衡輪に関する命題も、このような社会的思想に立脚したものであり、時代的宿命であったとともに、資本主義の制度の下でなし得る限界線でもあった。このような限界において、マンの教育思想の進歩的性格を評価しなければならないであろう。かれは、産業革命が生み出した教育問題をとりあげ、教育の公共性に関する基礎的課題の解決にあたった（宗教教育問題は二〇世紀中期まで未解決であった）。それは、資本主義社会において避けることのできない階級的性格を帯びた主張と立場であったが、それによって形成されたマサチューセッツ州の民衆教育の制度化は、合衆国内におけるだけでなく、日本をふくむ他の国々のモデルにもなっていったものである。それほどまでに、公教育の形成にあらゆる努力を集中した点に、一つの重要な意義があった。こうして、アメリカ公教育思想の形成に深く影響を与え、またその性格賦与にあづかって力のあったことも見逃すことはできないのである。

注

※『民衆教育論』（一九六〇年）所収のマンの年報からの引用は、そこでの筆者の旧訳を基にしているが、本書全体の表記に準じて、表記・表現を改めた場合がある。

第一章

（1）*Tenth Annual Report of the Board of Education,* 1848, (Massachusetts), p.96
ホレース・マン著　久保義三訳『民衆教育論』明治図書　一九六〇年　一三ページ。

（2）*Ibid.* p.100
前掲書　一五一一六ページ。

（3）（4）　*Ibid.* p.106-129　前掲書　一九一三六ページ。

（5）J.S.A. Brubacher, *A History of the Problems of Education,* 1947, p.554

（6）Lawrence A. Cremin, *The Repulbic and The School, Horace Mann,* 1974, p.19

（7）*Ibid.* p.8

（8）Carl F. Kaestle, *Pillars of the Republic,* 1997, p.xii

（9）*Twelfth Annual Report of Board of Education,* 1849, (Massachusetts), p.76
前掲書　一三七ページ。

（10）*Ibid.* p.78
前掲書　一三九ページ。

（11）*Ibid.* p.84
前掲書　一四六一一四七ページ。

（12）C.F. Kaestle, *op.cit.* p.x

（13）*Ibid.* pp.76-77

（14） *Twelfth Annual Report of Board of Education*, 1849, p.85
前掲書　一四八ページ。
（15） *Ibid.* pp.86-89
前掲書　一四九―一五三ページ。
（16） C.F. Kaestle, *op.cit.* p.81
（17） マルクス、エンゲルス著　大内兵衛、向坂逸郎訳『共産党宣言』岩波文庫　一九七一年。
（18） *Twelfth Annual Report of Board of Education*, 1849, pp.55-62
前掲書　九九―一〇六ページ。
（19） C.F. Kaestle, *op.cit.* p.102
（20） *Fifth Annual Report of Board of Education*, (Massachusetts), 1842, p.92
（21） *Twelfth Annual Report of Board of Education, op.cit.* pp.59-60
（22） *Tenth Annual Report of Board of Education, op.cit.* p.100
（23） *Tenth Annual Report of Board of Education, op.cit.* p.109
（24） *Fifth Annual Report of Education, op.cit.* pp.95-100
前掲書　五五―六五ページ。
（25） *Ibid.* pp.101-109
（26）（27） Merle Curti, *The Social Ideas of American Educators*, 1935, pp.77-78
（28） アダム・スミス著　水田洋監訳『国富論』4　二〇〇一年　五九―六〇ページ。
（29） S.S. Randall, *History of the Common School System of the State of New York*, 1871, pp.119-127
（30） I.L. Kandel, Rising the School-Leaving Age "Ecucation as investment", 1951, Unesco, p.26
（31） *Fourth Annual Report of Board of Education*, 1841, p.48-49
Sixth Annual Report of Board of Education, 1843, p.53
（32） *Sixth Annual Report of Board of Education, op.cit.* p.56
（33） *Ibid.* p.160
（34） *First Annual Report of Board of Education*, 1838, p.27

(35) *Third Annual Report of Board of Education*, 1840, pp.39-41
Fourth Annual Report of Board of Education, op.cit. pp.28-32
Tenth Annual Report of Board of Education, op.cit. pp.64-68
L.A. Cremin, *op.cit.* p.11
Eighth Annual Report of Board of Education, 1845, pp.124-125

(36) *Ibid.* p.119

(37) L.A. Cremin, *op.cit.* p.12

(38) *Third Annual Report of Board of Education, op.cit.* pp.87-88

(39-A) *Twelfth Annual Report of Board of Education, op.cit.* pp.92-96

(39-B) ホレース・マン著　久保義三訳　前掲書　一六四ページ。

(40)(41) アメリカ学会編『原典アメリカ史』(第二巻)一九六四年　岩波書店　二〇七―二〇八ページ。

(42) Edward and Richey, *The Scool in the American Social Order*, 1947, pp.111-112

(43) Sol Cohen, *Education in the United States ; A Documentary History*, 1974, Vol.2, p.794

(44) *Twelfth Annual Report of Board of Education, op.cit.* p.112
ホレース・マン著　久保義三訳　前掲書　一九四―一九五ページ。

(45) *Ibid.* p.107
前掲書　一八〇―一八一ページ。

(46) *Ibid.* p.108　前掲書　一八一―一八二ページ。

(47)(48) *First Annual Report of Board of Education, op.cit.* pp.61-62
Eighth Annual Report of Board of Education, op.cit. pp.75-76
Twelfth Annual Report of Board of Education, pp.116-117
前掲書　一八六ページ。

(49) Rush Welter, *Popular Education and Democratic Thought in America*, 1962, pp.105-106

(50) 『岩波キリスト教辞典』岩波書店　二〇〇二年　九九四ページ。

(51) 前掲書　一一四一ページ。

(52) Raymond B. Culver, *Horace Mann and Religion in the Massachusetts Public School*, 1929, p.124
(53) *Twelfth Annual Report of Board of Education, op.cit.* p.120
ホレース・マン著　久保義三訳　前掲書　一九二ページ。
(54) C.F. Kaestle, *op.cit.* p.98
(55) *Ibid.* p.99
(56) *Ibid.* p.82
(57) L.A. Cremin, *American Education — The nations experience, 1783-1876 —*, 1980, p.258
(58) マックス・ヴェーバー著　大塚久雄訳『プロテスタンティズムの倫理と資本主義の精神』岩波文庫　一九九九年　四六–四八ページ。
(59) 前掲書　六七–六八ページ。
(60) 前掲書　七〇ページ。
(61) C.F. Kaestle, *op.cit.* p.101
(62) *Tenth Annual Report of Board of Education, op.cit.* p.96
ホレース・マン著　久保義三訳　前掲書　一三ページ。
(63) B.A. Hinsdale, *Horace Mann and The Common School Revival in The United States*, 1900, p.2
(64) *Ibid.* pp.2-3
(65) *The Report of the Commissioner of Education for 1892, 1893*, Vol.II, pp.1225-1239
(66) R・F・バッツ、L・A・クレメン著　渡辺晶他訳『アメリカ教育文化』学芸図書　一九七七年　一一六ページ。
(67) *The Report of the Commissioner of Education for 1892, 1893*, Vol.II, pp.1225-1239
(68) B.A. Hinsdale, *op.cit.* p.5
(69) E.P. Cubberley, *Pulbic Education in the United States*, 1919, p.18
(70) B.A. Hinsdale, *op.cit.* p.5
(71) D.B. *Tyack, Turnig Points in American Educational History*, 1967, p.4
(72) *Ibid.* p.3
(73) *Ibid.* pp.24-25
(74) R・F・バッツ、L・A・クレメン著　渡部晶他訳　七四ページ。

(75) Mary Mann, Life of Horace Mann, 1891. *Life and Workes of Horace Mann,* Vol.1, p.13
(76) B.A. Hinsdale, *op.cit.* p.82-85
(77)(78) David B. Tyack, *op.cit.* p.5
(79) ルソー著　今野一雄訳『エミール』上　岩波文庫　一九六八年　二三ページ。
(80) David B. Tyack, *op.cit.* p.5
(81) Harold J. Laski, *The American Democracy,* 1949, p.323
(82) E.P. Cubberley, *The History of Education,* 1920, p.525
(83) Paul L. Ford, ed., *The Workes of Thomas Jefferson,* II, 1904, pp.414-415
ジェファーソン他著　真野宮雄他訳『アメリカ独立期教育論』明治図書　一九七一年　九―一〇ページ。
(84) Allen Oscar Hansen, *Liberalism and Education in 18th Century,* 1926, pp.48-61
F. Rudolph, ed., *Essays on Education in the Early Republic,* 1965, pp.9-23
(85) F. Rudolph, ed., *Ibid.* pp.3-8
(86) A.O. Hansen, *op.cit.* pp.71-126
(87) F. Rudolph, ed., *op.cit.* pp.138-139
(88) *Ibid.* pp.139-140
(89) A.O. Hansen, *op.cit.* p.178
(90) F. Rudolph, ed., *op.cit.* pp.120-212
(91) *Ibid.* p.217
(92) C.F. Kaestle. *op.cit.* p.28
(93) F. Rudolph, ed., *op.cit.* pp.271-372
(94) *Ibid.* pp.317-322
(95) R・F・バッツ、L・A・クレメン著　渡辺晶他訳　前掲書　二一五ページ。

第二章

(96) Samuel Bowles and Herbert Gintis, *Schooling in Capitalist America,* 1976, pp.178-179

S・ボウルズ、H・ギンタス著　宇澤弘文訳『アメリカ資本主義と学校教育』II　一九八七年　岩波書店　五五ページ。

(97) *Ibid.* p.154　前掲書　八ページ。

(98) (99)　Maris A. Vinovskis, *Education, Society and Economic Opportunity,* 1995, pp.73-76

(100) Albert Fishlow, "The American Common School Revival: Fact or Fancy ?" in H. Rosonsky, ed., *Industrialization in Two Systems,* 1966, pp.42-46

(101) (102)　*Ibid.* pp.49-51

(103) C.F. Kaestle and M. A. Vinovskis, *Education and Social Change in Nineteenth-Century Massachusetts,* 1980, pp.246-247

(104) *Ibid.* p.15

(105) A.J. Field, *Educational Reform, and Manufacturing in Mid-Nineteenth-Century Massachusetts.* Ph.D. diss, University of California, Berkeley, 1974, p.32

(106) *Ibid.* pp.269-270

(107) A. Fishlow, *op.cit.* p.57

(108) A.J. Field, *op.cit.* pp.270-271

(109) M.A. Vinovskis, *History and Educational Policymaking,* 1999, p.149

(110) S. Bowles, and H. Gintis, *op.cit.* pp.157-158

S・ボウルズ、H・ギンタス著　宇澤弘文訳　前掲書　一五七―一五八ページ。

(111) M.A. Vinovskis, *op.cit*. p.150

(112) C.F. Kaestle, *op.cit.* pp.141-142

(113) E.W. Cubberley, *op.cit*. p.76

(114) G. Martin, *The Evolution of the Massachusetts Public School System,* 1901, p.92

(115) S. Cohen, *Education in the United States ; A Documentary History,* 1974. Vol.2. pp.794-795

(116) S.K. Schultz, *The Culture Factory — Boston Public Schools — 1789-1860,* 1973. pp.10-44

(117) C.F. Kaestle and M. A. Vinovskis, *op.cit.* pp.164-177

(118) *Ibid.* pp.142-146

(119) B.A. Hinsdale, *op.cit.* pp.75-77

(120) L.A. Cremin, *The Republic and The School. Horace Mann.* 1957, p.4
(121) Mary Peabody Mann, *Life of Horace Mann, Washington, D.C ; National Education Association,* 1937, p.19
(122) B.A. Hinsdale, *op.cit.* pp.86-87
(123) J. Messerli, *Horace Mann,* 1971, pp.75-76
(124) B.A. Hinsdale, *op.cit.* p.80
(125) J. Messerli, *op.cit.* p.84
(126) L.A. Cremin, *op.cit.* p.5
(127) J. Messerli, *Ibid.* pp.185-186
(128) *Twenty-second Annual Report of the Massachusetts Board of Education*, pp.38-53
(129) J. Messerli, *op.cit.* p.223
(130) *Ibid.* pp.224-225
(131) *Ibid.* pp.239-240
(132) B.A. Hinsdale, *op.cit.* p.105
(133) *First Annual Report of the Board of Education,* 1838 (Massachusetts), pp.5-6
(134) J. Messerlic, *op.cit.* p.241
(135) *First Annual Report of the Board of Education, op.cit.* p.17
(136) J. Messerli, *op.cit.* p.243
(137) *Dictionary of American Biography*, 1933. S.V. Dwight Edmund.
(138) B.A. Hinsdale, *op.cit.* p.147
(139) *Horace Mann, Journal,* May 6, 1837, MS in Massachusetts Historical Society（以下 MHS とする）.
(140) J. Messerli, *op.cit.* p.243
(141) *Horace Mann, Journal,* May 7, 1837. MS in MHS.
(142) *Horace Mann, Journal,* May 18, 1837. MS in MHS.
(143) *Horace Mann, Journal,* June 14, 1837. MS in MHS.
(144) *Horace Mann, Journal,* June 28, 1837. MS in MHS.

(145) *Records of the Board of Education* (Massachusetts). June 29, 1837, pp.5-9 Massachusetts State House Library.
(146) *Ibid.* June 30, 1837, p.9
(147) *Horace Mann, Journal*, June 30, 1837. MS in MHS.
(148) Mary Mann, *Life of Horace Mann,* 1891, p.80
(149) B.A. Hinsdale, *op.cit.* pp.119-123
(150) *Ibid.* pp.124-126
(151) *American Annals of Education,* VII (1837), pp.463-470
(152) *Records of the Board of Education* (Massachusetts), January 1, 1838.
Records of the Board of Education, January 2, 1838.
Mann Journal, January 1, 1838. MS in MHS.
(153) *First Annual Report of Board of Education, op.cit*. pp.22-25
(154) *Ibid.* pp.27-41
(155) *Ibid.* pp.48-66
(156) *Mann Journal*, January 1, 1838. MS in MHS.
(157) J. Messerli, *op.cit.* p.290
(158) *Mann Journal,* January 18, 1838. MS in MHS.
(159-A) *Mann Journal,* March 10, 1838. MS in MHS.
(159-B) *Mann Journal,* March 13, 1838. MS in MHS.
(160) *Ibid.*
(161) *Records of the Board of Education* (Massachusetts), April 19, 1838, p.16 Massachusertts State House Library.
(162) *Ibid.* May 31, 1838, p.22 June 1, 1838, p.24
(163) *Second Annual Report of Education* (Massachusetts), 1839, p.10
(164) R.B. Culber, *op.cit.* p.113
(165) *Second Annual Report of Education,* 1839, *op.cit.* p.13
(166) *Ibid.* p.15

(167) R.B. Culber, *op.cit.* pp.119-123
(168) *Tenth Annual Report of Board of Education,* 1847, *op.cit.* pp.219-222
(169) *Ibid.* p.221
(170) *Fourth Annual Report of Board of Education* (Massachusetts), 1941, pp.4-5
(171) *Eighth Annual Report of Board of Education* (Massachusetts), 1845, pp.20-26
(172) *Records of the Board of Education* (Massachusetts), December, 28, 1838.
(173) R.B. Culber, *op.cit.* pp.130-131
(174) Addres of His Excellency Marcus Morton to the Two Branches of the Legislature, on the Organization of the Government, for the Political Year Commencing January 1, 1840 (Massachusetts General Court, House Documents No.9, Boston, 1840), p.30
(175) C.F. Kaestle and M. A. Vinovskis, *op.cit.* p.215
(176) *Report on the Reduction and the Abolishing of Commissions* (Massachusetts General Court, House Documents No.22, Boston, 1840), pp.1-48
(177) C.F. Kaestle and M. A. Vinovskis, *op.cit.* p.215
(178) *Reports on the Reduction and the Abolishing of Commission, op.cit.* pp.21-22
(179) *Ibid.* pp.22-23
(180) Mary Peabody Mary, *Life of Horace Mann,* 1937, pp.123-124
(181) C.F. Kaestle and M. A. Vinovskis, *op.cit.* p.217
(182) *Report of the Committee on Education* (Massachusetts General Court, House Document No.49, Boston, 1840), pp.2-3
(183) *Minority Reports of the Committee on Education* (Massachusetts General Court, House Document No.53, Boston, 1840), p.2
(184) C.F. Kaestle and M. A. Vinovskis, *op.cit.* p.219
(185) *Mann Journal,* January 5, 1840. MS in MHS.
(186) *Mann Journal,* Sept.12. 1841. MS in MHS.
Maris A. Vinovskis, *Education, Society and Economic Opportunity,* 1995, p.98
(187) *Mann Journal* Sept.14, 1841. MS in MHS.
(188) この節での *Fifth Annual Report of Board of Education,* 1842 の引用は、pp.100-116
ホレース・マン著、久保義三訳　前掲書　七七ー九六ページ。

(189) ここでの *Fifth Annual Report of Board of Education,* 1842. の引用は、pp.77-100 である。前掲書　四八－七七ページ。
(190) R.B. Culber, *op.cit.* pp.163-180
(191) Merle Curti, *The Social Ideas of American Educators,* 1965, p.113
(192) Albert Fishlow, *op.cit.* pp.40-41
(193) D.B. Tyack, "Ways of Seeing, An Essay on the History of Compulsory Schooling". *Harvard Education Review.* Vol.46, No.3, August 1976, pp.377-379
(194) M.A. Vinovskis, *op.cit.* pp.92-98
(195) *Ibid.* pp.99-102
(196) *Ibid.* pp.102-103
(197) D.B. Tyack, *op.cit.* p.382
(198) マックス・ヴェーバー著、大塚久雄訳　前掲書　一〇九－一一四ページ。
(199) 前掲書　三〇九－三一一ページ。
(200) 前掲書　三三九ページ。
(201) 前掲書　七〇ページ。
(202) 『フランクリン自伝』松本慎一・西川正身訳　岩波文庫　一九九九年　一三六－一四八ページ。
(203) Lawrence A. Cremin, *American Education — The National Experience, 1783-1876* — , 1980, pp.257-258
(204) C.F. Kaestle, *op.cit.* p.102

第三章

(205) *Sixth Annual Report of Board of Education* (Massachusetts), 1843, pp.20-23
(206) F.C. Ensign, *Compulsory Attendance and Child Labor,* 1969, p.48
(207) *Common School Journal*, X (June 15, 1848), p.178
(208) S.K. Schultz, *op.cit.* p.297
(209) *Common School Journal*, X (June 15, 1848), p.179
(210) S.K. Schultz, *op.cit.* p.299

(211) *Ibid.* p.280　p.298
(212) *Ibid.* p.300
(213) J. Messerli, *Ibid.* p.442
(214) *Eleventh Annual Report of the Board of Education* (Massachusetts), 1848, p.56
(215) J. Messerli, *op.cit.* p.444
(216) *Eleventh Annual Report of the Board of Education*, pp.63-64
(217) *Ibid.* p.68
(218) *Ibid.* p.129
(219) *Ibid.* p.129
(220) *Ibid.* pp.66-67
(221) *Ibid.* pp.107-108
(222) *Ibid.* pp.39-40
(223) *Ibid.* pp.40-42
(224) *Ibid.* pp.42-44
(225) *Ibid.* pp.44-48
(226) *Ibid.* pp.48-49
(227) *Ibid.* pp.47-51
(228) *Ibid.* pp.51-55
(229) *Ibid.* pp.55-58
(230) S.K. Schulz, *op.ct.* p.304
(231) ホレース・マン著　久保義三訳　前掲書　三〇一三一ページ。
(232) 前掲書　三六ページ。
(233) *Eleventh Annual Report of the Board of Education*, pp.58-64
(234) *Ibid.* pp.64-66
(235) *Ibid.* pp.66-71

(236) *Ibid.* pp.72-74
(237) *Ibid.* pp.74-78
(238) *Ibid.* pp.79-81
(239) *Ibid.* pp.81-83
(240) *Ibid.* pp.83-85
(241) *Ibid.* p.87
(242) *Ibid.* pp.100-112
(243) *Ibid.* pp.120-123
(244) *Common School Journal,* X (February 1, 1848), p.40
(245) S.K. Schultz, *op.cit.* p.305
(246) *Common School Journal,* XIV, 1852, p.226
(247) *Boston School Reports,* 1853, pp.22-25
(248) F.C. Ensign, *op.cit.* p.39
(249) *First Annual Report of Board of Education,* 1838, p.67.
(250) F.C. Ensign, *op.cit.* p.49
(251) S.K. Schultz, *op.cit.* p.306
(252) *Ibid.* p.306
(253) *Ibid.* p.307
(254) *Boston School Report,* 1853, pp.19-20
(255) S.K. Schultz, *Ibid.* p.307

終章

(256) L.A. Cremin, *Horace Mann,* 1974, p.8
(257) C.F. Kaestle, *op.cit.* pp.75-103
(258) L.A. Cremin, *op.cit.* p.8

(259) C.F. Kaestle, *op.cit.* p.102
(260) M. Curti, *The Growth of American Thought*, 1951, p.150
(261) J. Messerli, *op.cit.* pp.440-441
青木薫著『アメリカの教育思想と教育行政』ぎょうせい　一九七九年　一一二ページ。

〔ワ行〕

〔ヤ行〕

〔ラ行〕

〔ハ行〕

〔マ行〕

事項索引

※〔 〕内は同種または同義の別表現を示す。

〔ア行〕

〔カ行〕

〔タ行〕

〔ナ行〕

〔ハ行〕

〔マ行〕

〔ラ行〕

人名索引

著者略歴

久保義三（くぼ よしぞう）

1927年生まれ

東京文理科大学教育学科卒業、同大学特別研究生修了

武蔵野美術大学名誉教授

主要著作

『日本ファシズム教育政策史』明治図書、1969年

『天皇制国家の教育政策』勁草書房、1979年

『対日占領政策と戦後教育改革』三省堂、1984年

『占領と神話教育』青木書店、1988年

『昭和教育史』上・下、三一書房、1994年

『久保義三教育学著作集』全七巻、エムティ出版、1995年

訳書

ホレース・マン著、久保義三訳『民衆教育論』明治図書、1960年

共編

『現代教育史事典』東京書籍、2001年

教育の経済的生産性と公共性—ホレース・マンとアメリカ公教育思想—

2004年8月30日　　初　版第1刷発行　　〔検印省略〕

定価はカバーに表示してあります

著者©久保義三／発行者 下田勝司　　印刷・製本／中央精版印刷

東京都文京区向丘1-20-6　郵便振替00110-6-37828　発行所

〒113-0023　TEL (03) 3818-5521　FAX (03) 3818-5514　株式会社 東信堂

Published by **TOSHINDO PUBLISHING CO., LTD.**

1-20-6, Mukougaoka, Bunkyo-ku, Tokyo, 113-0023, Japan

E-mail：tk203444@fsinet.or.jp

ISBN4-88713-569-6　C3037